改訂増補

私説
対象関係論的心理療法入門
精神分析的アプローチのすすめ

松木邦裕 著
Matsuki Kunihiro

金剛出版

改訂増補版　まえがき

　10年という歳月は，それを長いと感じる人もいれば，それではまだ短いと思う人もいるでしょう。

　生まれたばかりの乳児が10歳になるまでの時間は，途轍もなく長く感じられるかもしれません。しかし，55歳の人が65歳になるまでの10年は，さほど長くないと感じられそうです。私自身のこの10年は，精神分析個人開業から大学教員の約7年を挟み，精神分析個人開業に戻るという特別なときでした。それは，人生の長い週末であり短い旅のようでした。この10年間に多くの人に出会い，多くのことを学ぶ機会を得，また学びました。

　本著『私説 対象関係論的心理療法入門』も，2005年の出版から10年余が経過しました。幸いに多くの臨床家に手に取ってもらうことができ，重版を重ね，此の度，改訂増補版として新たな体裁で出発することになりました。

　現在私は，金剛出版から発行されている『精神療法』誌に「精神分析の一語」と題して，精神分析用語のひとつを毎回取り上げる形で連載執筆していますが，本書も同社の専門誌『臨床心理学』に2年間連載し，完結後に加筆して2005年に出版するに至ったものです。その内容については，名が体を現していますので，改めてここで詳しく述べる必要はないように思いますが，対象関係論という視座から臨床実践に即して著述した，精神分析的心理療法/精神療法のための入門書です。

　この10年間の精神分析臨床は私に経験から学ぶ機会を多く与えてくれ，さらにそれと並行したビオンから学ぶという試みを通して，私にとっての精神分析体験の質は飛躍的に深化したと感じているところです。それらは，私の中の精神分析をより確かなものにしてくれました。

　ただ，その成果をそのまま表現するには本書の全面改稿が必要であり，改訂という形で反映することは困難でした。また，改稿によって入門書という本書の性質を損なうことも望まれません。

　そこで私の最新の到達点を示すことであり，かつ現在の精神分析観を示すことでも有意義であろうと考え，2016年3月に行った京都大学での最終講義『私説 精神分析入門』を書き下ろし，特別章として本書末尾に収めました。この講義の映像は京都大学ホームページ・動画コンテンツからアクセスできます。実際の講義では，スライドと語りという視覚と聴覚を通して伝える形を採用し

ました。当日私は原稿を用意しませんでした。本書に向けて改めて文章化するに際しては，読まれることを念頭に置き，その構成に若干変更の手を加えました。

　私的なことで恐縮なのですが，私はこれまで改訂版や増補版を出したことがなかったので，金剛出版 立石正信社長からお勧めいただいたときにはいささか戸惑いました。しかし，出版が厳しい現在の社会環境の中で，新たに出そうという立石氏の熱意に打たれました。立石氏の高い志が大いに報われることを願っています。編集では中村奈々さんにお世話になりました。彼女も，10年前にはまだ就職しておられず，そしてこの間に出産，育児と新たな体験をしてこられています。お二人に感謝いたします。

　こうして本書は私の手元を離れました。読者によって臨床の糧として手垢にまみれる機会を与えていただけるなら，望外の喜びです。

2016年　波間の夏

　　　　　　　　　　　　　　　　　　　　　　　　　　　　松木邦裕

本書の紹介

　精神分析の治療者の立場，この場合は精神分析的心理療法家（精神分析的精神療法家と読みかえられてもよいものですが）としての始まりを，私自身の治療者としての経験とその過程で学んできたことを踏まえて，未だ精神分析的治療の経験を重ねていない方たちにいくらか道案内できれば幸いだと思いながら，本書では筆を進めていきました。ですから第一には，精神分析的心理療法を自分の方法にしたいと思っておられる初心の方に向けて書いています。しかしその後加筆した部分には，いくらか経験を積んだという方にも役に立つのではないかと私に思える細部も含まれています。

　また，精神分析的治療に興味はあるが，その道の専門的な治療者になるつもりはないという方もおられるでしょう。そのような方が精神分析治療や治療者はどんなふうなのかを知りたいと思っておられる場合にも，本書は参考になるかもしれません。もちろん体験そのものには代えられませんが，精神分析の治療者であり続けることが，私の知るかぎり，報われると同時に内的にも外的にも厳しいものであることをわかっていただけるかもしれません。

　本書の章立ては，実際の精神分析的心理療法が展開していく時間の流れにおおまかに沿っています。序章で面接室の創り方から始まり，続いてその面接空間で進められることに向かいます。見立て，治療契約，聴く，伝える，知る——転移と逆転移，さまざまに体験し理解することです。そして最終章は治療の終結とその後を述べて終わります。

　この構成を書きながら，私が本書に書いてきたことがあまりにオーソドックスであることにわれながら，いささかあきれています。こうした構成で精神分析の治療を述べた著書はこれまでに多くありました。けれどもわが国においては，精神分析的心理療法の全経過を踏まえた入門書は何人かの共著として書かれた編集書はあっても，ひとりの著者によって書かれたものはあまりなかったようにも思います。そこに本書の存在場所が得られるのかもしれません。

　ここに私の書いていることは，私自身がこのセッティングややり方が精神分析的心理療法であると思っていることを書いているにすぎないのですが，読者という第三者の視点に立つ人にとっては，私の染まっている色合いがきちんと見えていることが望ましいと考えました。一口に精神分析といっても，いまやかなり異なる見解や技法があります。

書名を精神分析的心理療法入門ではなく,「対象関係論的心理療法入門」としたのはそれゆえです。精神療法ではなく,心理療法としたのも同じく私の個人的な感覚からです。精神療法という用語が何か仰々しすぎるように私には感じられるようになりました。もちろん対象関係論という表題をつけたからといって,私は対象関係論の代表者になるつもりはありませんし,私は私というサイズの私でしかありません。ゆえに「私説」なのです。

　本書は同じタイトルで『臨床心理学』(金剛出版)に2年間連載した文章をベースにしています。その連載を書き終えた後に,初心や中堅の幾人かの精神分析的心理療法を実践している方に意見を求め,さらにすでに出版されている評判の高い何冊かの同じテーマの入門書を新たに読み,それらを参考にして原文に手を加えました。そのため,3割か4割の増頁になっているのではないかと思います。章によっては2倍半の増頁になりました。ですから,おそらく連載していた時点よりは実践書としての向上がいくらかは認められるのではないかと思います。

　私の個人的な見解に過ぎませんが,私たちが誰かのこころに援助したいと真剣に思うのなら,私たちの理解と技量はこれぐらいでいいんだとの安易さや簡便さは望まれるべきではありません。またこころを私利や欲望から安易に扱うのは罪悪です。大いなる努力や没頭,禁欲,根気,ときとして犠牲が必要であるとしても,こころのもっとも深いところに出会い,働きかけられるものを真摯に学ぼうとしてよいではありませんか。

　私の知るところ,そのための最良の道具が精神分析であり,精神分析はそれに応えてくれると私は確信しています。さあこれから,対象関係論的心理療法の旅にいっしょに出かけませんか。

松木　邦裕

目　次

改訂増補版　まえがき　3
本書の紹介　5

第1章　**分析空間の創り方**……11
　　Ⅰ　心理治療のための部屋を確保する／Ⅱ　分析空間の構成要素としての治療者／Ⅲ　面接室を取り巻く環境

第2章　**治療対象の「見立て」とその進め方**……23
　　Ⅰ　見立てという「一期一会」／Ⅱ　見立てる力のつけ方／Ⅲ　見立ての目標／Ⅳ　見立てのためのセッション数／Ⅴ　パーソナリティを見よう／Ⅵ　精神分析的心理療法の利用可能性を知ろう／Ⅶ　見立てにおける介入のポイント

第3章　**治療契約と治療者の身の置き方**……54
　　Ⅰ　見立ての伝え方と治療を始めるための説明／Ⅱ　治療の頻度を決めます／Ⅲ　治療を契約します／Ⅳ　治療者の身の置き方／Ⅴ　その他の治療者が注意すべきこと／Ⅵ　途中で起こる治療契約の変更の取り扱い

第4章　**耳の傾け方──聴き方，ひとの読み方**……78
　　Ⅰ　耳を傾けることは，ひとを読むことです／Ⅱ　あらゆる感覚を使う

第5章　**口のはさみ方**……91
　　Ⅰ　なぜ治療者は口をはさむのか／Ⅱ　沈黙を学ぶ／Ⅲ　口のはさみ方の種類／Ⅳ　口をはさむときの配慮

第6章　**分析空間でのできごと──始まりからの転移と逆転移**……109
　　Ⅰ　分析空間に何が起こるのか／Ⅱ　私たちは前概念を持っていること／Ⅲ　転移と呼ばれるもの／Ⅳ　逆転移と呼ばれるもの／Ⅴ　転移と逆転移の交わり／Ⅵ　この時期に治療者がなすこと

第7章　**解釈というかかわり**……124
　　Ⅰ　「解釈」とは／Ⅱ　解釈の種類／Ⅲ　望ましい解釈／Ⅳ　解釈の組み立て方

第8章　解釈の伝え方……137
　　　Ⅰ　解釈の伝え方の実際／Ⅱ　解釈を伝えた後

第9章　精神分析的心理療法のプロセス
　　　──転移の深まりとそのワークスルー……151
　　　Ⅰ　治療のプロセスを知ることの無意味さ／Ⅱ　精神分析的心理療法の全体プロセス／Ⅲ　開始期／Ⅳ　展開期初期／Ⅴ　展開期中盤／Ⅵ　展開期後期／Ⅶ　終結期／Ⅷ　おわりに

第10章　精神分析的心理療法プロセスで起こること
　　　──予想されるできごとや予想を超えるできごと……166
　　　Ⅰ　はじめに／Ⅱ　退　行／Ⅲ　行動化／アクティング・アウト／Ⅳ　面接中のクライエントに重篤な危機が認められるとき／Ⅴ　中断，あるいは早すぎる終結／Ⅵ　行き詰まりと陰性治療反応／Ⅶ　その他のささやかなこと／Ⅷ　おわりに

第11章　治療の終結と終結後……205
　　　Ⅰ　はじめに／Ⅱ　なぜ終結が問題とされるのか／Ⅲ　どのようにして終結が予定されるのか／Ⅳ　誰が終結を提案するのか／Ⅴ　終結の実際のあり方／Ⅵ　終結における諸問題／Ⅶ　最終回のセッション／Ⅷ　治療終結後の関係と再開の可能性／Ⅸ　おわりに

特別章　私説　精神分析入門……221
　　　Ⅰ　幼い子どもの頃の疑問と事実の探究／Ⅱ　精神分析は大人への静かな反抗である／Ⅲ　精神分析と事実／Ⅳ　転移という現象と思考／Ⅴ　私の結論／Ⅵ　長いエピローグ：精神分析，そして精神分析家／Ⅶ　おわりに

　　　あとがき　240
　　　文　献　243
　　　困ったときの使える索引　247
　　　索　引　250
　　　著者略歴　253

◆◆◆ *column* 精神分析での疑念と精神分析への疑念
　　　20, 39, 57, 70, 79, 87, 92, 101, 117, 131, 145, 157, 162, 193, 207

［改訂増補］私説 対象関係論的心理療法入門
精神分析的アプローチのすすめ

第1章

分析空間の創り方

　精神分析的心理療法をこれから始めるとして，それではそれにどこから手をつけるかということが，さしあたりの問題として出てきます。
　精神分析の治療はその治療を容れる適切な枠組み，すなわち**治療構造，治療セッティング**と呼ばれる外枠があって初めてその内なる空間に，分析技法が生きてきます。またしっかりした恒常的な枠のなかにこそ，この治療によるこころの動き，変化がはっきり見えてくるものです。ですから私たちは最初に，精神分析治療に見合った面接室を確保することから始めるべきでしょう。まず私たち自身の分析空間のハード部分を創りましょう。

I　心理治療のための部屋を確保する

　分析的面接のための部屋について私の考える必要な条件は，次のふたつです。

①クライエントと治療者のふたりだけがいる，**落ち着いた雰囲気**の部屋であること
②クライエントの**プライバシー**が**保護**され，外からの侵入がなく**安全なこと**

　精神病の精神分析療法を生涯実践していたクライン派精神分析家ハーバート・ロゼンフェルド Rosenfeld, H.（1965）は，ナチスのユダヤ人迫害のため若いころ英国に移住した人ですが，第二次大戦前後の状況下では，彼はドイツから来た敵国外人なので精神科医としての就職先に条件のよくない精神科病院しか見つかりませんでした。その病院で彼は院長の許可を得てスキゾフレニア（統合失調症）の分析的治療をはじめようとしました。しかし，その病院には面接室がありません。そこで彼は病院の一角に雑然と物が置かれていて物置のようになっていた広い部屋を見つけ出し，面接室として使わせてもらうことにしました。あるときその部屋での面接セッションで，スキゾフレニアの若い男性が，その部屋に置かれていた箱のなかから，突然，人骨のあごの骨を取り出し，も

てあそびはじめました。彼はその行為を患者の口唇的攻撃性の表れとして，患者に解釈して伝えました。

雑然とした部屋でしたので，ロゼンフェルドはそれまでも戸惑っていたようですが，人骨が出てきたのには，さすがに驚いたようです。それでも彼が分析治療者としての姿勢を保ったのは，彼の面目躍如たるところです。

先達も，このように部屋の確保には苦労してきたのです。

部屋の条件をもうすこし細かく見てみましょう。

1. 個室を探す

ともかく個室が必要であることはおわかりかと思います。**クライエントと治療者のふたりだけがそこにいる個室**です。それをなんとか確保したいものです。

そしてその部屋は，できるだけ静かで落ち着いた雰囲気に保ちたいものです。それは，分析的面接が続いていくなかで，人はささやくように，あるいはつぶやくように話したいとき，しんみりと泣きたいとき，さらには怖れながらも怒りをぶちまけるときがあるものです。そうした思いを抑制することなく表出する自由がクライエントにあり，そしてそれが治療者だけに伝わる，安心できる環境があってほしいからです。

2. 部屋の広さ（図1-1参照）

面接室の広さについては，あまりに狭く，さらに窓がまったくないような部屋は窮屈な圧迫感をクライエントに，さらには治療者にも与えそうです。一方，10人や20人がゆったりと会議できそうなあまりにだだっ広いのも，どこかにふたりの空間が拡散してしまいそうです。ふたりを囲んでいる空気の密度が薄くなってしまいます。

その広さは，一般家庭住居のプライベートルームや書斎に近いサイズか，それを少し大きくしたぐらいが，目安にしてよい大きさかもしれません。

部屋のなかにやたら物品がたくさん，しかも雑然と置かれていたり，机や棚，壁掛けのたぐいが多いと狭苦しく感じられます。面接室の備品は少ないほどよいでしょう。

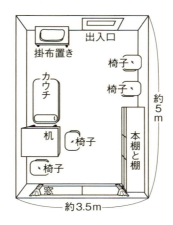

図 1-1　個人開業面接室の室内

3. 静けさ

　この空間のなかでは，人がこころの奥に秘め続けていた切なる思いを語ることがあるのですから，**静かなとき**が保持されていたいものです。「閑さや，岩にしみ入る蝉の声」という松尾芭蕉の名句がありますが，この句から感じられてくるような静寂が理想でしょうか。

　ここでこの静けさを破るものとして，その部屋への人の出入り，電話の呼び出し音，あるいは電話による呼び出し，施設内放送でのアナウンス，外の雑音や話し声といった侵入的な物音を検討してみる必要があると思います。というのは，これらの物音や人が突然に侵入してくると，それまでこの分析空間に流れていた独特で微妙な空気の漂いや動きがすっかり断たれてしまうからです。

　精神分析治療中の面接室への第三者の出入りについては極力避けてもらうよう，周囲の人たち（看護スタッフや事務などの職員等）に協力を求めたり，出入りを断るためのアレンジをあらかじめしておくようにしたいものです。それには，面接のこのやり方への理解を得られるための普段のコミュニケーションがなにより大事ですが，さらに，部屋の入り口に使用者名も一緒に表示できる「面接中」，「分析中」といったプレートを掲示しておくこともひとつの方法です。

　以前働いていた精神科病院で精神分析的面接を始めた当初は私も，なかなかこの点を理解してもらえず，面接中に病院スタッフが入ってきてしまうことや呼び出しの電話が鳴ることが繰り返されました。数年のうちに私に用事があっ

てもその面接が終了するまで入室を待ってもらえるようになりましたが，その
きっかけはあるヒステリーの女性が大声で叫んだことでした．

　当時私はその病院で外来医長でもありましたので，地域の保健センターから
急ぎの精神鑑定依頼を受けた件で外来看護師長と主任が，私がある女性と面接し
ていた面接室のドアを開けて入ってきたのでした．おりしもその女性患者は転移
体験のさなかで凶暴な人物に襲われる恐怖のただなかにいました．そのとき，ド
アが開いたのです．彼女はそれに反応して，恐怖の大きな叫び声をあげました．
これには師長たちもすっかり驚いてしまいました．あとで私はスタッフに面接室
で何が起こっていたのかを説明したところ，スタッフは理解してくれ，それから
はそのような侵入はなくなりました（それに，私は「急ぎ」は保健センターにとって
そうなのであって，私たちはそれにただ同調して急ぐのではなく，私たち自身が
自分の意見として急ぐべきかどうかを判断してよいと思うことも伝えました）．

　その後あるとき，あるスタッフが朝早い時間の面接中に面接室に入ってきた
ことがありました．これは私の担当患者が病室で縊首してしまったという緊急
事態を伝えるためで，面接が中断されてよい適切な判断でした．

　電話での呼び出しも，面接時間中は極力しないように協力してもらうことも
大切に思います．また，電話の呼び出し音は消しておけるものは消しておいた
り，施設内放送などが部屋に流れる場合もその音量を落とせるものは落とし
ておくのは好ましいことと思います．

　静けさに関することとして，外からの物音があります．面接室の外の工事や
作業の音，あるいは話し声，笑い声などが室内にあまりに大きく，あるいはは
っきりと聞こえているのはいくら内側が静かでも，それを台無しにしてしまう
ものです．

　とくに部屋の外の話し声が大きくはっきり聞こえると，クライエントは同じ
ように，室内で話している自分の声も外に聞こえているのではないかと不安に
なります．これらの点も配慮できるところは配慮しておきたいものです．

　先日私の個人オフィスのすぐ前の通りに，夜になってその通りもすっかり静
かになった時刻に，突然流しのラーメン屋さんがまわって来るようになりまし
た．大きな音声で，「ご存知ですか．おいしい博多ラーメン××です．ぜひ食
べにきてください」というアナウンス・テープを繰り返し流すのです．しかも
小1時間，周辺をゆっくりぐるぐるまわるので，ずっとその間そのアナウンスが
部屋のなかまではっきり届きます．私はほとんど考えられなくなってしまいまし

た。これは困ったことになったと思いましたが，うるさかったのは私だけではなかったようで，数日でこの流しのラーメン屋は来なくなり，私はほっとしました。

　最近は，クライエントの携帯電話の**呼び出しメロディ**が面接中に突如鳴り響くことが起こるようになりました。この音も面接室の空気の微妙な流れをかき乱すものです。たいていはクライエントが鳴らないように事前に対処してくれますが，呼び出しメロディが頻繁に鳴ってしまう場合には，クライエントの**アクティング・イン**(註1)／分析的交流への抵抗のひとつの形として治療的な介入が必要となるでしょう。

4. 雰囲気・明るさ

　面接室の雰囲気はすでに述べたように，できるだけ穏やかな落ち着いた雰囲気であることが大切です。そのための工夫はいろいろできそうです。

　ひとつは，壁や床やカーテンをあまりにぎやかでどぎつい，あるいは暗く冷たい色合いやデザインにしないことです。おだやかな色に保ちたいものです。カーテンの色や柄ひとつで部屋の雰囲気はけっこう変わるものです。

　雰囲気は，照明をほどほどの明るさにすることなどでも調節できます。精神分析家藤山直樹氏の面接室は，照明に工夫がほどこされていて，思いをめぐらすための落ち着いた空気を醸し出すほのかな暗さのなかの明るさが用意されています。

　穏やかで静かな雰囲気という点でも，室内にはできるだけ不用な物品は置かないほうがよいと思います。できるだけシンプルな方がよいのではないでしょうか。

　備品としては，部屋のなかには，（自由連想法用の）**カウチ**，そのときにクライエントが使うかもしれない**毛布などを置く小さめの台**，治療者が座る１脚の**椅子**，対面法の面接のための**２脚の椅子**があることが，必要最小限であり，必要十分条件を満たすことになると考えます。

　ほかに必要なものとして，時計があります。この時計はクライエントがそれを始終見てしまう位置には置かないようにしたいと思います。クライエントはいくらか顔を動かすと見えるあたり，治療者がさりげなく目を向けることがで

（註1）アクティング・イン（acting in）とは，言葉で表現されるべき無意識の思考や感情が，面接室内での何らかの行為で表現されることを言います。これはクライエント，治療者どちらにも起こります。近年はエナクトメント enactment とも表現されます。詳しくは，第10章を参照ください。

きるあたりにシンプルなものをひとつ，ふたつ置いてもよいでしょう。またカレンダーも必要です。休みや日程の確認等で両者が見る必要が出てきます。カレンダーも基本的には数字をおもにしたシンプルなものがよいでしょう。人物をクローズアップしているタイプのカレンダーは避けたほうがよいと思います。私はこの数年，青空の雲を背景にした月間カレンダーでふた月続きで記載されている——たとえば3月なら，3月と4月が見られる——ものと，ちょっと離れても見えるほどほどの大きさの数字だけの年間カレンダーを置いています。また電話やパソコン等の事務機器はあまり目立たぬところに配置したいものです。

　私は対面式面接のときには，ふたりのあいだに机をはさまないほうがよいと思うので，応接机は常備していません。机で隔たりや境界を作らない，ふたりのあいだでの直(じか)の空気の交流が可能になるからです。ただこのときふたりの距離が近すぎると両者の緊張が高くなりますし，距離が離れすぎていると，情緒的空気が希釈されてしまいます。この距離はクライエントの病理の性質を考慮して決められるものでしょう。一般的なスタンダードは，椅子間の距離が**1.5メートルあたり**かと思います。3メートル置くというベテラン治療者もおられるようです[註2]。

　またこれらの椅子の種類は，その治療者が面接場面を考慮して選べるのが好ましいと思います。どちらかといえば個人的，家庭的な感じの肩に力の入らない，落ち着いた雰囲気の比較的シンプルなものがよいようです。既製のいわゆる応接セットや，医療用や事務用の機器そのままではない，なんらかの工夫をそれらの選択に加えたいものです。なぜなら，心理面接は社会的な交際とはちがうことを雰囲気でも伝えたいからです。

　ちなみに，対面式の面接には両者がまっすぐ向かい合っている直面式よりも，90度法が推奨されています（90度法の面接については，第3章の「b. 椅子か，カウチか」にくわしく述べています）。

　話を戻しますと，フロイト Freud, S. は面接室の自分の机や棚に遺跡から発掘された骨董類をたくさん並べていましたが，私としては全部除けるようアドバイスしたく思います。もっとも彼は，私のアドバイスなどは聞き入れそうもありません。

　ただ，落ち着いたおだやかな雰囲気を創るために，絵画や植物を目立ちすぎ

(註2) 大前玲子氏より聞いた某治療者の意見。

ないほどにうまく配置することはあってよい工夫と思います。

　面接室の模様替えは頻繁にしないほうがよいと，逆転移論文で著名なポーラ・ハイマン Heimann, P. (1989) は述べています。あるとき彼女が休暇のあいだに壁紙を張り替えることを含めて大きな模様替えをしたところ，多くのクライエントはなじんでいたものがなくなってしまった強い戸惑いを語り，唯一それを喜んだのは躁的な人物だったと書いています。

　面接室の温度や湿度に気を配るのも，分析空間を創る治療者としてこころがけておきたいことです。冷えた部屋は寒々しい雰囲気になります。一方，蒸し暑すぎる部屋は考えられなくなってしまいます。カウチに横たわる姿勢は，座っている姿勢よりも寒くなりやすいものです。そしてその姿勢での寒さは孤独感を強めます。

5. プライバシーが守られる（図1-2参照）

　面接室は，クライエントがより自由にどんなことでも安心して話せる空間であることが望まれます。思い切り泣きたいときがあります。大声で怒りたいときがあります。ですから，そこで話していることが治療者以外の耳に入らない，声が部屋の外に漏れないとクライエントが安心できる場でありたいものです。

　ここにはまた，治療者はクライエントにとって安心してなんでも話せる人物であると感じさせる雰囲気を治療者が持っていることも含まれるでしょう。

6. 安全さ

　この分析空間は，クライエントにも治療者にも身体的な危険が生じない安全な空間である配慮が治療者に求められます。刃物や，振り回すと凶器になりうるような危険物，あるいは危険物になりそうなものは，できるだけ置かないことです。

　普段の分析的治療にはそのような用心はいらないのですが，もしもの場合も治療者として普段から考慮しておくことは大切です。一時の感情の高ぶりからそのような事態が起こってしまったときに，罪悪感や後悔に両者が過度に苦しむことになってしまうのは望ましいことではありません。

　卓越した精神分析家ウィルフレッド・ビオン Bion, W.R. (1976b) は，米国で働いていたあるとき，面接室に患者が拳銃を持ってきたことを書いています。ビオンは，自分は軍医だったのでその拳銃の威力を充分に知っていたため，そ

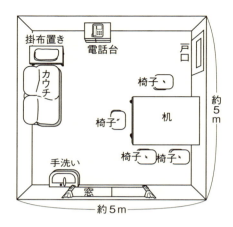

図1-2　A精神科病院外来面接室の室内（もともと洗濯室であった部屋を改造したもの）

の面接に集中できずそれが幸いしたとかなりシニカルに書いていますが，危険な事態は精神分析的心理療法の継続を困難にします。

II　分析空間の構成要素としての治療者

1. 治療者の外見，個性

　私が思うには，**治療者の存在そのものが分析空間を構成するもの**です。治療者がどんな年齢で，どんな風采で，どんな服装で，どんなふうにふるまい，どんなふうに話しかけるかは大きな要因です。そこには治療者の持つ文化,知性,思い，すなわちパーソナリティが確実に反映されます。もっともそこには誤解も生じます。ビオンは，健康で美しい外見を持った人ではこころも美しく健康であるかのように私たちは誤解してしまいやすいと語っています。ビオン自身，あまりにたくましい人だったために，とても繊細なこころを彼が持っていることを周囲にわかってもらえなかったようです。

　いずれにしても，こうした治療者の存在がよい意味での，その**分析空間の個性**を決めることになると私は思います。

　そのためには，そこには穏やかで暖かな雰囲気を提供できる治療者がいるとの印象を創り出す治療者のあり方が求められると思います。つまり，奇異さや軽々しい印象を安易に与えない，個性や趣味を極端に表に出さないような配慮

が必要でしょう。

　この点は、私たち自身がクライエントとして訪ねたとき、あるいは自分のもっとも親しい人をクライエントとしてみてもらうとき、どんな相手であれば安心してこころの秘密を話せそうかという視点からみずからを振り返ってみることでつかめるでしょう。

　成田（2003）は「打ち明けるとき、人は不安に打ち勝って『信頼』という、人間が人間に贈りうる最高の贈り物を贈る」と述べています。その信頼を得るにふさわしい内と外を治療者は普段から準備しているはずです。

　たとえば、私は男性が長髪を後ろに束ねたりしている姿とか、ジャマイカふうなヘアやヘアカラーは個性的すぎて治療者として奇異に感じます。服装も個性的すぎるべきではないと思います。女性では服装や化粧、装飾品がきらびやかすぎたり、露出度の高い服装は望ましくないでしょう。治療者が香りの強い香料をつけることも慎むべきことと思います。逆にあまりに女性らしさを欠く様子も好ましくないでしょう。

　要は、私生活の遊ぶときや趣味に浸るとき、ひとりでくつろいだときに重点を置いている在り方を、治療場面に持ち込まないことであり、日常での人のいる場面での礼節をわきまえた姿であることです。自分がくつろいだ格好をしていると相手もくつろげると考えるとしたのなら、それは単純な投影にすぎない、自己愛的なあまりに浅い考えです。

　要は、あなた自身かあなたの愛する誰かがこころの闇も打ち明けようとするときに、どんな様子の治療者ならみずからのこころを開いてみようと思えるか、その姿をあなたが実践すべきなのだと思います。

2. 面接記録のとり方

　治療者の面接記録のとり方も、この構成の質に関係するものです。

　面接中にクライエントの話に耳を傾けるのに真剣な治療者と用紙を抱えて面接記録を取るのに熱心な治療者とを対比するなら、前者が治療者として選ばれるでしょう。面接中の記録はとる場合があるとしても、メモ程度の**最小限**にすべきであると思います。なぜならその記録は、本質的に治療者にとってのものだからです。一方、この面接の空間と時間はクライエントのものです。

　ちなみに面接記録は、そのセッションの終わった直後にとる治療者が多いようです。フロイトのようにその日の夜にまとめて書くという治療者もいます。

いずれにしてもその日のうちに時間を見つけて記録はしておく方が，記憶が正確です。翌日になってしまうと，かなりが薄れてしまいます。

　この治療者の在り方については，第3章のなかの「治療者の身の置き方」でさらに述べています。

Ⅲ　面接室を取り巻く環境

　面接室を取り巻く環境について知っておくことも大切なことのひとつです。クライエントが通ってくる場合は，問題はそう多くありません。しかしそれでも受付の有無や待合室の様子が，面接内容に影響することがあります。クライエントのそこでの体験が，意義深い転移（転移については，第6章ほかを参照）の引き金になることは少なくありません。病院やクリニックのようなところの待合室では，クライエント同士が治療者についての個人的な情報を共有するこ

◆◆◆ *column* ──────────── 精神分析での疑念と精神分析への疑念

Q1 目に見えなくて形もない無意識というものが，なぜそこにあると言えるのか。

A 月の欠けている以外はすべて満ち足りていると詠った藤原道長のように，あなたが人生を自分の思い通りに生きているのなら，無意識はないと考えるのは無理もないと思います。しかし人生が思い通りにならないと感じているとしたなら，思い通りにならない理由をあなたは考えることでしょう。

　そこでのひとつの考え方は，まわりの誰かが悪いとか，社会や時代，極端には家相や前世が悪いとか考えることです。その考えにも無意識は必要とされません。問題はすべて自分の外の何かですから。

　けれどもあなたが，自分の**なか**の何かに問題があるのかもしれないと思うのなら，それが**意識されていなかったのかもしれない**とのことに気がつくでしょう。あるいは，まだわからないままかもしれません。

　それにしても，私たちは見たことも触ったこともないはずなのに，自分の脳が頭のなかに詰まっていてそれによって考えているとどうして確信しているのでしょう。どうして右腕で考えていると思わないのでしょう。すべて私たちは与えられた知識でそう思っているのです。無意識に限らず，私たちはたいていのことをほんとうに**自分**が知ろうとはしてきていないのです。

とが起こる場合もあります。

　入院や入所しているクライエントの場合は，治療者の姿がその施設の他所でももっと確実に見聞されますし，治療者と廊下やミーティングで話したり，ともに活動したりという状況も起こりますので，そうしたことの影響も治療者は考慮しておかねばなりません。

　また，面接室がその施設のどこに位置するかも関心を抱くべきところです。治療者がAというクライエントと面接しようとするのを，Bという別のクライエントがたびたび見る機会がどう影響するかなど，検討しておく必要のあるところです。

　これらの場面においては，そのクライエントが治療者をどのように見ただろうかということを，**クライエントの立場にわが身を置いて**治療者自身が一度はじっくり想像してみることは大切に思います。

　このような面接室外部からの影響は少ない方が望ましいのですが，施設が大きいほど，これらの調整は難しいことでしょう。しかし，精神分析的治療関係のわたくし性を面接室の外に広げすぎないでおくためのできる努力と工夫は普段からしておきたいものです。

　さて，こうして書いてきましたら，まるで宮沢賢治のなんとも楽しい作品『注文の多い料理店』みたいになってしまったと私は感じてきました。読んでこられた皆さんが，「やっぱり，こうだ。精神分析的治療とは，なんとわずらわしい注文の多い治療法だろう」と思われたのではないかとの恐れです。

　しかし，これほどではないとしても，面接室や治療空間をどのように確保するか，また治療者の個性の表出について，多くの種類の個人心理治療に共通する点はかなり多いのではないかと私は思います。

　そしてなにより，なぜ述べてきた条件にこだわるのかといいますと，それは比較的長期にわたる**精神分析的治療を，できるだけ外界からの侵襲が少なく，また治療者側の特異な変化要因のできるだけ少ない恒常的な形に保っておく**ことが大切だからなのです。それは，分析治療が展開していくなかで重要な変数となるクライエントが持ち込んでくる**転移をより純粋に**発展させ，その上でそれを見定め，治療的に対応するためなのです。ここに精神分析的治療の成果はかかっているのですから，そのための枠組みをしっかりこしらえ維持しておくことが大切なのです。

ふりかえり

　　　対象関係論的心理療法のための分析空間を創りましょう。

○ふたりが落ち着いているに好ましい，静かで穏やかな雰囲気の部屋を用意しましょう。
　　　個室であること
　　　外部からの音や人の侵入が抑えられていること
　　　部屋の備品の存在が控えめなこと
　　　室内の声が外に漏れないこと
　　　室内がふたりに安全であること

○治療者の外見や個性が分析空間の雰囲気に大きく作用することを覚えておきましょう。
　　　個性や趣味を含めて，治療者の自己—表出は控えめでありましょう
　　　記録よりも聴く姿勢を大切にしましょう

○面接室を取り巻く環境がどのようなもので，そこでのことが面接室の内にどのように影響しうるかをときどき検討しましょう。
　　　面接室の外の場面での治療者がどのように見えるかもじっくり考えてみましょう

第2章
治療対象の「見立て」とその進め方

I　見立てという「一期一会」

1. 診断面接，アセスメント，そして見立て

　治療セッティングという枠を持った分析空間の準備ができたのなら，私たちはこれから治療の対象となる誰かに出会っていくことになります。

　そこで始まるのが，何らかの形で治療もしくは相談にやってきた人たちとのあいだでの面接です。いわゆる「診断面接」，「アセスメント」，あるいは「見立て」と呼ばれる一連の面接です。精神分析的心理療法が望ましい対象の選択とその効果の予測，治療構造の選択のための面接です。

　私はとくに「**見立て**」という言葉を，この一連の面接に使いたいと思います。なぜなら，この面接のなかでも大事なところは，そのクライエントのパーソナリティとそのパーソナリティへの精神分析的面接の有用性を，とりあえず見立ててみることにあると思っているからです。そしてその方法は，「その砂山を富士山に見立てる」ように，そのパーソナリティを私たちの経験的理論的に知るパーソナリティ・モデルにあてはめてみるやり方であるからです。

　つまり，この見立ての作業は，その治療者の**それまでの経験と知識すべてを投入してなされるもの**なのです。ですから，見立ては一般に，経験豊かな治療者によってなされる方がより的確になされます。

2. 見立ててもらうこと

　こうしたことなので，経験の浅い治療者は経験豊かな治療者に見立ててもらって，その上で適切なケースを精神分析的心理療法に紹介してもらうというやり方も妥当な方法です。

　これはいわば，ひとまかせなのですが，それも好ましいと言えるのがこのときです。私も若く臨床経験が浅かったころは，上司であった牛島定信先生が精神分析的心理療法に適していると見立てられたケースを紹介してもらって治療

を始めたものでした。私自身の力量不足がありましたし，若い治療者に回されてクライエントががっかりすることもあったのでしょう。そうしたケースが治療開始後数回でドロップ・アウトしてしまうことも少なくありませんでした。

ところで，このように紹介されてきたクライエントに初めて会うときには，おだやかに「私がW先生から紹介を受けています松木です。よろしくお願いします」ときちんとあいさつすることを忘れないようにしないといけません。そして一息置いて，「W先生から一応のお話はうかがっていますが，どんなことに困っておられるか，あなたご自身からお聞かせくださいますか」と尋ねることから始めます。

a. 見立ててもらったときの出会い

そのクライエントとの出会いと本人の思いを大切にすることはここから始まります。このことを省略して，あたかも問題点（あるいは，主訴）が前の治療者を介してすでに分かち合われているかのように取り上げないでいてしまうと，面接の目的が両者のあいだで実際には大きくずれてしまっていて，分かち合われないままに進行しかねません。そうなってしまうなら，この面接は同床異夢，すなわち理解を分かち合う基礎がそもそも欠けた交流でしかなく，続くものにはなりにくいでしょう。

b. 見立ててもらったときの注意

さらに注意するべきことは，この上級者の見立てを神の神託のごとく（ビオンの用語では「定義的仮説」［定義化されてしまっている仮説：グリッド，42ページ参照］と言われるものですが），信奉し続けることは危険です。その後に繰り返される面接において必ず新しい側面が見えてきます。見立ては変わりうるものです。ですから**毎回の面接は見立てを改める機会**なのです。このことはこころしておかれねばなりません。もちろんこのことは見立てを私たち自身がした場合のその後の面接にもあてはまります。

3. 好ましいケースと避けたほうがよいケースとは

a. 好ましいケース

ここで少しそれてしまいますが，初心者が紹介してもらうケースは，**ヒステリー，恐怖症（不安ヒステリー），強迫神経症**といった，フロイトが治療関係に転移が生じてくる病態であるとして，古典的に「転移神経症」と述べた例がやはり望ましいように思います。まずは精神分析的関与が生み出すクライエン

トのなかでの，そして治療者－クライエント間でのダイナミクスの変化のオーソドックスなあり方を体験し，知ることが大切だからです。絵画でのデッサン，ピアノでのバイエルのようになにごとも基礎パターンの練習から始まります。

今日薬物治療を中心とする精神科治療の領域ではヒステリーの診断はされなくなっているようです。しかしあなたが精神分析的面接をやろうと思うのなら，精神医学的にうつ病，不安性障害，解離，身体化障害，心身症，境界パーソナリティ障害，ときに統合失調症といった診断を受けた人たちの本質がヒステリーである場合を見立てられる力をつけられるよう努めるべきです。ヒステリーとはパーソナリティの特定型なのです。

ただ初心者には，ヒステリーでは解離より身体化によって表現する方で，危険な行動が少ない例がよいでしょう。また治療者と性別が異なるほうがよいように思います（その理由は，性感情をベースとした陽性転移が早く生じるために防衛的なダイナミクスが弱まり，クライエントの内界が治療の場に持ち込まれやすくなるからです）。

恐怖症はより若くて強迫傾向の少ない方がよいのですが，ただ不潔恐怖の中年女性は改善が難しいので避けた方がよいようです（というのは，症状によって夫や家族をコントロールするという二次疾病利得が生じている場合が多いのです）。強迫神経症の場合は発病からその治療に入るまでの期間がより短い方が望ましいのですが，ほかのふたつの病態に較べると改善が難しいことはこころしておくべきです（そもそも強迫神経症のかなりの人は治療を受けようと決心するまでにかなりの期間が経っていることがたいていなのです）。

b．避けたほうがよいケース

初心者が避けるべきは，精神病圏内，心気症，中核的摂食障害，性倒錯・嗜癖・自傷・自殺傾向の強いパーソナリティ障害，ひきこもりの強い自己愛パーソナリティ障害等であろうかと思います。なぜなら，これらの人たちへの精神分析的対応は，いわば応用編だからです。あなたが外科医になったとして，経験の浅いうちに心臓置換手術や肺がん切除術に挑むべきではないでしょう。その前の訓練が必要です。

4．一期一会

このように見立てをひとまかせにすることも実際での方法のひとつですが，それでも見立てを自分なりに検討していくことはとても大切な訓練であると思

います。

　それは，見立てはまさに「一期一会」であり，それが治療者とクライエントの両者の未来を決定するからです。見立てによって，この両者はその後二度と出会うことがないかもしれませんし，あるいは数年，数十年と会い続けるかもしれません。この決定をみずからがより適切になすことは，精神分析的治療者の責任としてとても大事なことです。

　このときの治療者の在り方について神田橋（1990）は，「出会いの時点では，真正面から出会う姿勢が，礼儀作法であり，相手を尊重するふるまいである」と言います。さらにのちには「出会いの時点で，相手の雰囲気に合わせる努力」が求められると述べていて，一見両者は矛盾しているようでもありますが，治療者にはこうしたある種の硬軟をうまく使えるようになる訓練が求められます。

II　見立てる力のつけ方

1．深い治療を重ねる

　精神分析的治療のための見立てる力をつけるためには，なにより**長く深く治療した例**を積み重ねていなければなりません。またできれば，これらの例の病態が幅広いにこしたことはありません。この経験が私たちに見立てのための基礎枠組みを提供してくれます。治療期間の短い症例，あるいは浅い表面的なアプローチや支持的現実適応的なアプローチの症例がいくら多くてもさほど力はつきません。

　海水を吸い込むのを恐れて浅瀬で顔を上げてどれだけ繰り返し泳いでも，あるいはプールでの水泳を繰り返しても早く泳ぐのは上手になるのでしょうが，私たちが知る必要のある海面下の深い海中のありさまは見えません。

2．重い人をみる

　この意味，（とくに上級者の指導を受けながら）病理の重い人との面接にじっくり取り組んだ経験はとても貴重です。軽い病理は，正常心理の延長でなんとか想像できやすいものですが，重い病理はきちんと向かい合うことで，その重さや病理の深さのゆえんである質の違いが初めて実感できるものなのです。世に幅をきかせています「精神病はなおる」，「摂食障害がなおった」，「うつ病はすぐなおる」といった類の本はたいてい，その病理の深みにほんとうに目を

向けたことのない人が書いています。

3. 広範な疾患の空気／においをつかむ

　一方，精神分析的治療とは別に，幾つかの精神科病院，クリニック，施設などでできるだけ広範囲な精神疾患をできれば持続的に見聞，もしくは診療する機会を持つことも大切です。「百聞は一見にしかず」の機会です。

　このときには精神科病院なら，閉鎖病棟と隔離室の入院患者とある期間交流すべきです。クリニック等の外来診察には毎週同席させてもらうことです。そのときの病態だけでなく，経過を知ろうとすべきです。また使用されている薬物とその効果を知るよい機会であることも忘れてはなりません。

　こうした機会に，目にしているその病態についての特徴や疑問，さらに他疾患との異同などについての大いなる好奇心を持って，同席している先輩や同僚にそのとき，あるいはあとで積極的に尋ねることがこの見聞の機会をより有意義にします。こうして知的に知るだけでなく，その病態が持つ独特の「**空気／におい**」を私たちのなかに**体験感覚的に記憶させる**のです。

　この経験は，見立てるときに私たちの鑑別診断の範囲，つまり診断の選択幅を大きく広げてくれます。**統合失調症**（精神分裂病），**躁うつ病**，**ヒステリー**，**反社会性パーソナリティ**，**アルコールや薬物依存**，**中核的摂食障害**，**アスペルガー**，てんかんや頭部外傷などの**器質性精神疾患**，**痴呆**といった疾患についてはある程度，経験的知識を持っておくべきであろうと思います。

　先日，働いているある青年が紹介されて私の精神科外来を受診してきました。前医の診断は「精神運動興奮」（そもそもこれでは診断になっていませんが），私に紹介してきた医師の診断は「不明」，以前に診たときは「うつ状態」であったとのことでした。実はこの青年は１週間ほど前に，飛行中の飛行機の扉を突然に開けて外に出ようとしたことで警察に保護されたのでした。私は「アスペルガー症候群」であり，飛行機での件はある恐怖で「パニック状態」になったためと見立てました。これはその後の心理検査でも肯定されました。

　私はアスペルガーの方の分析的治療をしたことはありません。しかしかつて「強迫か精神病」（これもほとんど診断とは言いがたいのですが）として紹介されてきましたが，私はアスペルガー症候群と見立てて，精神科一般外来で１，２年診ていた青年がいました。この青年については初診のとき私はこの高機能自閉症を疑ったので，ついて来ていた母親に幼児期に「自閉症」と言われたこ

とはなかったかを尋ねましたら，母親は肯定しました。私は再来診療でこの青年と繰り返し会いながら，その独自の在り方を味わい，それをできるだけ言葉にして私の頭に置くようこころがけました。そうした内的作業のなかで，私の中学の同級生でときどき一緒に通っていた人物の風変わりな様子や大学の同級生の変わったふるまいといった，当時は不思議な考えや行動として理解できなかった在り方が，まさにこのアスペルガー症候群であったと思い至りました。そして飛行機パニック青年にも同じ空気を感じたのでした。

　まとめてみますと，精神分析の見立ての力をつけるには，平たく言えば，面接の質がなにより重要ですが，診た量，とくにケースの幅もある程度は経験されている必要があります。

　つまり見立てとは，経験を重ねてはじめて可能なところがあります。そのため，これからの記載には初心者にはいささか難しく感じられるところもあろうと思います。それは記載が説明のために，いわゆる精神分析の理論に頼られている側面が大きいからです。見立てには豊かな経験と総合的な知識が必要なのです。難しく感じられたところについては，本書の全体を読んだあとにこの章を再読するとか，とくにこれからの文のなかに書いていますほかの論文や書物で補うことも必要かと思います。

Ⅲ　見立ての目標

　何をめざして見立てのセッションを持つのかということを，ここでひとまず整理してみましょう。

①クライエントの抱える問題が，こころの問題として扱えるものか，それとも生物学的治療が必要なものか，あるいは両者の併用が必要かの判断。
②クライエントのこころのあり様のどこが，どの程度，どんなふうに問題にされうるところなのかの吟味。
③そのこころの問題が，精神分析的関与が有効なものかの予測。
④精神分析的交流にクライエントも治療者も耐えうるのか――また，そのためには，どんな治療構造が選択されるべきかの決断。

　これらの目標を簡単に解説しましょう。

①の心理的問題か生物的問題かは，精神医学での鑑別診断といえるものです。
　今日的には，ICD（世界保健機構による診断基準），あるいはDSM（米国精神医学会の診断基準）による診断の水準です。これはおもに，症状や行動の現象でなされます。
　まずは，葛藤や不安，抑うつといったこころの問題が前景に出ているとしても，そこにいわゆる脳の器質的病変や内分泌異常など明らかな身体疾患を基礎にしている可能性をルール・アウトするための見立てです。次には，器質的には特定できないが脳の機能異常が生物的基盤に基づいていると推量される病態，たとえば，いわゆる統合失調症，内因性躁うつ病などです（この診断は，精神医学においてもいまだ客観証拠のない仮説に過ぎません）。
　これらの疾患では今日の社会常識として，薬物治療という生物学的治療対応が第一に選択されます。これらの鑑別診断が必要です。
　また今日の精神科治療では，上述した病態ではないとしてもパニック障害や抑うつ状態として対症的な薬物治療で症状の軽減も図りながら，精神分析的心理療法を受けることは少なくありません。
　ですから，精神科医にリファーしておくかどうかの見立てもここでなされる必要があります。こうしたときに信頼できる精神科医との連携を普段から持っていることは役に立ちます。英国では非医師の心理療法家が治療をおこなう場合はその始まりの時点で，その治療に直接に関与することはないとしても，なんらかの形で医師との連携を持っておくことが求められていました。
　この鑑別診断はすでに医師の手によってなされていて，その上で心理療法にリファーされていることもあります。それでもこの課題は自分なりに再吟味しておくことも必要です。ときには時間の経過で新たな病理がいま浮かび上がってきていることもあるからです。
　本人も両親も心理面接を受けていたある20歳の青年が数年来の対人の恐怖，不登校，家庭内暴力でパーソナリティ障害として私にリファーされてきました。私が会いましたところ，いまでは明らかに妄想知覚や被害関係妄想が顕在化しており，統合失調症の診断のもとに薬物を中心とした治療を開始し，やがて恐怖は著しく改善しました。
　青年期に発症してくる統合失調症をきちんと鑑別診断しておくことは，とくに大事なことです。なぜなら統合失調症については薬物治療の方法がひとまず確立されており，それは高い確率で症状の早い改善をもたらしえますし，予後

にも大きく影響します。ゆえにこの病か否かをきちんと見極めておけるかは，私たちの見立ての基礎能力であり，治療者としての全般的な信頼性にかかわることなのです。

「始めよければ，終わりよし」，あるいは「始め半分」と言うではありませんか。精神病をきちんと見立てることは，その見立てが「始めよければ」になるための必要条件なのです。ですから，あらゆる見立ての面接で，精神病の可能性を吟味する妄想気分，被害関係妄想，妄想知覚，思考伝播，思考途絶，思考吸入，解体不安，幻聴などについての問いをどこかに入れておくべきです。

ところで土居（1977）は，診断面接での患者の「**わかられること**」についての思いからの診断法を提示しています。

その出会いにおいて，その人が自分（言い換えると，自分のこころの真実の歴史，物語）を「わかってほしい」場合は，**神経症**もしくは**健康**である。しかし，わかってほしい願望がない場合は，

「（自分には）わかっている」　　≒ パラノイア
「（自分は）わかられている」　　≒ **スキゾフレニア（統合失調症）圏**
「（自分が）わかりっこない」　　≒ **躁うつ病圏**
「（自分を）わかられたくない」　≒ **精神病質（反社会性のあるパーソナリティ障害）**

と診断できる可能性を述べています。さらに，その人にかかわる物語が読めない場合は，**器質性精神障害**が考えられるとものべています。とても臨床で有用な視点です。

②のこころの病理を見定め，その原因を推測する作業は，見立ての中心課題のひとつです。見立ての面接の時間のかなりは，このことに割かれるべきです。

この課題は，言い換えれば，広い意味での**発達的パーソナリティ診断**と言えそうです。これからの記述の中心もこの点にあります。そして，この作業が成し遂げられていく過程と織りなしながら，③精神分析的関与の有効性や④治療継続可能性や治療構造の選択が進められていきます。

Ⅳ　見立てのためのセッション数

　私は，**見立ては可能なかぎり，できるだけ短い時間でなされるに越したことはない**と考えています。見立てに数回のセッションを使用することは一般的なのですが，1回のセッションで見立てられるのなら，それがよいのです。それは，見立ての面接は本質的には，クライエントを知ろうとする治療者のための時間であるからです。つまりそのセッションが治療者のための時間になっている側面が大きいからです。もちろん，クライエントが治療者を知るためのときでもあるのですが，しかしこれは治療としての面接が始まっていてもクライエントにできることです。

　私の働く精神科病院で週に1日勤務の若い心理治療者に入院患者の心理治療を頼んだところ，最初の5回を診断面接としました。詳しい生活史や病歴を取る時間にあてたのです。そうした指導を受けてきているとのことでした。それではその間は，治療面接はなされないことになります。こうして入院期間の1カ月が過ぎてしまうとしたら，この患者が3～4カ月ほどの入院としたのなら，それはあまりに治療がされなさすぎると私は思います。少なくとも医療実践の世界では認められないでしょう。（週1日の勤務なのでしょうが，時間を作って別の日に見立ての面接に来ればよいのです。それが治療構造を壊すとは私は思いません。まだ見立てなのです。治療者としての意欲の問題です。）

　ただ見立ては，これから重ねられるであろう数年余の長期におよぶかもしれない精神分析的心理療法の方向性を決めてしまうものですから，その意味では慎重な判断が大切なことも確かです。

　実際のところ私は，できる限り1回の面接で見立てようと試みます。しかし1回ではそれが困難とわかったのなら，そのときにはいまだ判断の材料が足らないところも把握していますから，あとどのくらい会う必要があるかが想定できます。そこでその面接の終了時に，「今日はこれまでで終わりたいと思います。けれども，私はあなたのことをもっと知って，その上で私の見立てをあなたにお伝えしたいので，あとX回，今日のような私たちの面接時間を持ちたいのですが，いかがでしょうか」と伝えます。

　ところで，精神分析的心理療法のための見立ては，治療者が一方的に順番どおりに既成項目を問うてチェックしていくような構造面接によってではなく，

少ない回数の面接にクライエントにできるだけ自由に話してもらいながら，その治療者のあらゆる経験と知識を注ぎ込んだ問いかけと注意，推測による概念化，仮説形成とその修正という治療者内の密度の濃いプロセスによってなされるべきものでしょう。

しかしながら，それでも結局のところ，見立ては**予想**であって，予想とは，当たっているときもあれば，はずれもします。ですから，最初の見立てに固執してはいけません。本当のところは治療過程が展開して初めて，その人の在り方を私たちは知るのです。

V　パーソナリティを見よう

これから述べますことは，見立てをおこなうについてのいくつかのポイントです。

見立てにおいて，私たちはその人のパーソナリティを見ようとします。しかしパーソナリティには形もなければ，臭いもありません。それは目に見えるものではありません。それでは，私たちはどのようにしてパーソナリティを知るのでしょうか。

それは，私たちが知覚できるその派生物から類推するのです。私はこの頃，パーソナリティを「こころのくせ」と言い換えることがあります。このくせをつかもうと試みるわけです。

パーソナリティのつかみ方には大きく分けて，ふたつの方法があるように思います。

ひとつは**パーソナリティ全体をひとつの類型として把握する**やり方です。もうひとつは**細かな構成要素をチェックし，それらを総合してパーソナリティの全体像を知る**やり方です。まず前者に目を向けてみましょう。

1. パーソナリティ類型をつかむ

このためには，理論的準備とそれに結びついた経験が必要です。

あるとき私は，次のようなケースについての見立ての相談を精神科医から受けました。

中高年の勤勉な会社勤めの男性が強い不安と不眠で精神科クリニックを受診していました。その精神科医が語るには，不安と強迫的こだわりも強い。しか

表 2-1 精神分析理論からのパーソナリティ類型の例

リビドー論：口唇，肛門，男根それぞれへのリビドー固着
構造論　　：エス，自我，超自我　三域のバランス
疾病類型　：ヒステリー，強迫，パラノイア
対象関係論：抑うつ的（D），妄想‐分裂的（PS）　クラインによる
　　　　　　スキゾイド，ヒステリー，強迫，恐怖症，妄想　フェアバーンによる

し強迫の人に見られる心的距離をとったり，ある種万能的な傲慢さはない。むしろ依存してくるひとなつっこいところがあって，視野は狭いが妙に一途な真面目さがあるなど，その男性をどう理解してよいのか，とらえがたいということでした。

聞いている私にはあるコンステレーションが見えてきて，ひとつのパーソナリティが浮かびました。そこで私は伝えました，「この方は，森田神経質のようですね」と。私はパーソナリティ類型としての，このごろ極めて少なくなったと思える森田神経質を思い浮かべたわけです。その面接者には頭のなかにその類型がなかったので，気がつかなかったのです。

私はその治療者は一般精神科医なのでその患者に師弟的にかかわるほうが治療効果を上げると考え，この類型を伝えました。

ここに精神分析のいくつかの理論からパーソナリティ類型を示してみましょう（表 2-1 参照）。

a．リビドー論に基づくパーソナリティ類型

ご存知，フロイトの乳幼児の**リビドー発達論**に基づいた精神分析での古典的パーソナリティ類型で，口唇，肛門，男根と発達段階による区分で把握されます。つまり幼児の性欲動の発達水準とその心的取り扱いによってパーソナリティを見定めようとするものです。

口唇パーソナリティは甘え，かんしゃくもち，嗜癖的快感志向などが特徴とされます。**肛門パーソナリティ**は几帳面，倹約家，わがまま，恥へのこだわり，倒錯的傾向などが特徴です。**男根パーソナリティ**では自己顕示的，攻撃的威嚇的，精力的などが特徴です。

b．構造論に基づくパーソナリティ類型

心的構造論，つまり**超自我**，**自我**，**エス**の全体バランスのありようでパーソ

ナリティを見ようとするものです。

禁止や完璧さ，罪悪感，「ねばならない」，「あるべき」が強い人は，超自我が肥大しているパーソナリティと見られますし，エスの強いパーソナリティは，即座の欲求充足に走りやすかったり，欲求不満が感情化しやすいのです。

c. 疾病モデルに基づくパーソナリティ類型

精神分析がかかわってきた精神疾患による区分です。**ヒステリー**，**強迫**，**パラノイア**の3類型が基本になります。

ヒステリーは，情緒的ふれあいはできますが，とり入れがたやすくなされるため感情や症状の変化が激しく，感情表出や行為に移りやすいのが特徴です。強迫は，形式・作法はきちんとしていますが，情緒的に硬く遠く，現状維持に固執して変化を好まず，とり入れに乏しく投影に頼りがちなため，支配的侵入的です。パラノイアは一見穏やかで親しげにもありますが，内心猜疑的で被害的にとりやすく，投影を大量に使うため，突然攻撃的，拒絶的になります。

ここまで述べてみましたa., b., c.の類型についてさらに知りたい方は，とりあえず『精神分析事典』（小此木ら編，2002）を読まれるのは一助になると思います。

d. 対象関係論からのパーソナリティ類型

［メラニー・クラインの見方］

メラニー・クライン Klein, M. は，こころの発達をふたつの**態勢（position）**として描きました。それはおおまかなパーソナリティ類型ととらえることもできます。

つまりこころがおおよそ，**抑うつ的な（depressive）構え（D）**にあるパーソナリティか，**妄想-分裂的（Paranoid-Schizoid）構え（PS）**を取っているパーソナリティかという区分です。

前者（D）は内なる**罪悪感**や**喪失感**に苦しみ，その悲哀の受け入れに苦闘している葛藤的なこころで，自責的・現状肯定的ですがアンビヴァレントです。後者（PS）は内なる苦痛を投影し外在化した**迫害的な不安**に怯えているこころです。ゆえに後者は，パーソナリティの断片を全体像と見てしまう**部分対象関係的**であり，被害的・他罰的です。この被害感が激しいときは妄想的となり，持続性の場合は広義の精神病が推測されます。

さらに知りたい方は『対象関係論を学ぶ』（松木，1996）を参照ください。

[フェアバーンの見方]

　もうひとりの対象関係論者ロナルド・フェアバーン Fairbairn, R. は，乳幼児はもともとの愛する対象（母親）への欲求不満を解決しようと対象を分裂させ，よい対象と悪い対象という分裂した対象関係の在り方をこころの基礎に持つと考えました。つまり**スキゾイド**的であるとのことです。これが，ひとつのパーソナリティ特性です。

　その上でこの分裂状態に対してのこころの解決技法として，4種類の対象配置とその取り扱いを示し，それもそれぞれパーソナリティ特性と見ています。

　すなわち，外界と精神内の区分という文脈で，よい対象は外部（外界）にあり，悪い対象は内部（こころの中）にあると感じ，それを解決しようと試みている**ヒステリー**的，よい対象も悪い対象も内部にあると感じる**強迫**的，どちらの対象も外部にあると感じる**恐怖症**的，よい対象は内部に悪い対象は外部にあると感じる**パラノイド**的，と呼ばれるそれぞれ特徴的な心的対象操作をパーソナリティの基本とみました。なおフェアバーンの著書は『人格の精神分析学』（講談社学術文庫，1995：著者がフェアベーンとなっています）があります。

　これらのパーソナリティ類型を見出すやり方は，臨床的にとても有用です。それは，その人の在り方全体を見通せるからです。

　「木を見て，森を見ず」という言葉があります。ここには「森を見る」視点があります。いわば，その森が照葉樹林，落葉広葉樹林か，針葉樹林かなどといった識別にあたるものでしょう。おおまかなようですが，それによって雨の日の様子や生息している動植物の種類や生態などその森のダイナミクスがある程度推定できるのですから，大切なことです。

　パーソナリティについても同様で，その類型を知ることでおおよその特徴的ダイナミクスが予想できるのです。私たちはそれぞれが自分自身の臨床経験につながった自分が納得できるパーソナリティ類型をこころのなかに前概念として持って見立てに臨みたいものです。

　しかし同時に，それらのパーソナリティ類型にも個体差があることも忘れないようにしないといけません。類型だけで決め込んでしまうことは危険です。森を見ながら，木も見ていくのです。

　そこでパーソナリティ査定のための次のような「パーソナリティの構成要素」の各項目を踏まえて，面接を展開していく必要もでてきます。

2. パーソナリティの構成要素を検討する

より細かに見立てるためには、パーソナリティを構成しているその細部を査定していくことが必要です。これから私は項目を挙げて、それらを解説しておこうと思います。

a. 不安の性質
b. 不安への対応（こころの防衛メカニズム）
c. 内的（対象）世界
d. 思考機能水準
e. コミュニケーションの性質
f. こころの一次過程と二次過程／行動化・身体化・倒錯性

a. 不安の性質

次の2点、すなわち**不安の性質**と、**攻撃と愛情の欲動の強さ**に目を向けます。

ⅰ）不安の性質

不安の性質を発達的に早く、かつ重篤な順に見ると、次のようです。

a）**解体・断片化の体験感覚**：強度の困惑は見られても、現象としての恐怖や不安はない
b）**解体・破滅の不安**：自分がバラバラになってしまう、気が狂って自分がわからなくなってしまう、壊れてしまう、破滅してしまう、という内から壊れてくる恐れ
c）**迫害・妄想性の不安**：誰かが自分を苦しめる、外の誰かや何かが悪意で自分を見たり聞いたりしているとの外からの迫害性の恐怖・被害感
d）**抑うつ性の不安**：対象喪失の恐れ、喪失感、悲哀、罪悪感というこころのなかに感じられる痛み

これらの不安の性質とそれへの対処のしかたがその人のパーソナリティを作るといっても過言ではありません。ゆえに、どの不安がそのクライエントのこころを揺さぶっているのかを知ることは、その人の在り様の基底を知る大変大事なことなのです。

またこの不安の性質によってもこころの発達段階を推測できます。

a) 解体の体験, b) 破滅・解体の不安, c) 迫害不安というところまでの不安は, 妄想−分裂態勢の時期（生後6カ月以前）であり, それも前者ほどより早期と考えられます。d) 抑うつ不安は, 抑うつ態勢の時期（生後6カ月から生後2年）であり, このなかでも, 喪失の恐れは喪失ゆえの悲哀の時期より以前であり, その境目に離乳の時期が想定されます。

なおついでながら, この不安の性質や変遷については, 『対象関係論を学ぶ』（松木, 1996）を読んでいただくなら, 理解が得られやすいかと思いますし, 早期の精神病水準の不安については『精神病というこころ』（松木, 2000）を読んでいただくことが役に立つと思います。

ⅱ）攻撃欲動と愛情欲動の強さ

不安はこの両者の欲動の混ざったところに発生しているものですが, 攻撃欲動と愛情欲動, そしてそれぞれの**心的エネルギー量**をおおよそ測っておくこともしておきたいことです。それは, あまりに強い攻撃欲動や愛情欲動があり, しかもそれが行動に移されやすい傾向が強いようなら, **破壊的行動化**や**性愛転移**が治療を破壊しないよう抑止するための確固とした治療セッティングを準備する必要があるからです。あるいは精神分析的心理療法にただちに導入することは困難かもしれません。

またそのどちらについても, あまりにエネルギーが感じられないときには, 分析的治療を維持するためのクライエントの心的活力が欠乏している理由を検討する必要に迫られます。分析的治療が困難な可能性があります。

これらの**欲動の向き**にも注目しましょう。それが自己に向いているのか, 対象に向いているのかです。攻撃欲動が対象に向いているなら, 憎しみ, 羨望, 恨みといった感情になりますし, 自己に向いているときには, 自責, 罪悪感, 自己破壊となります。愛情欲動が対象に向くなら, 甘え, 性愛などとなり, 自己に向くなら, 自己愛的となり, 誇大感や自己憐憫などで表出されます。これらの欲動が, いわば, 調和しうる可能性も査定しておきたいものです。

b. 不安への対応（こころの防衛メカニズム）

前に述べましたいくつかの性質の不安を, こころがどのように取り扱っているかに目を向けます。つまり一般的に, **防衛機制**と呼ばれてきたこころの働きです。防衛機制という表現では, アンナ・フロイド Freud, A. (1936) の分類（著書『自我と防衛機制』）が有名ですし, それに分裂機制を加えたオットー・カンバーグ Kernberg, O. (1976) の分類（著書『対象関係論とその臨床』）も知られていると思います。それらを一通り学んでおくことは大事なことです。

しかしここで私が示しておきたいのは、こころが使うより原始的なメカニズムである**スプリッティング**（**分割**、すなわち**切り離す**）、**投影**（**投影同一化**、すなわち**排出・排泄する**）、**とり入れ**（**とり入れ同一化**、すなわち**呑み込む**）という方法がどれだけ使われているか、そしてその機能水準が思考や空想や夢などの**象徴的な水準**か、それとも**具体的な水準**、つまり身体やこころの分裂、感情や思考の排出、対象のある部分の体内化といった具体的な行為や身体感覚として体験されているものかというところです。

一般に防衛機制として伝統的によく知られている**抑圧**や**置き換え**、反動形成などはこれらの原始的メカニズムの組み合わせです。ゆえにそれらの防衛機制よりも、これらの原始的メカニズムを知ることがより本質的な理解となるからです。

分割や投影がとり入れより多く使用されていることは、一般にパーソナリティの病理の重篤さを示唆します。また原始的メカニズムが象徴水準で作動していることは、パーソナリティが非精神病部分を中心に機能していることでありますし、具体水準なら精神病部分が優位に活動していることになります。

さらに心的防衛構造がどこまで強固に形成されているかを見ることも必要です。それらが個人史において、どれほど変化したり、緩んだりたわんだりしてきたか、あるいは、かつての「性格防衛」（ウィルヘルム・ライヒ Reich, W. 著『性格分析』岩崎学術出版社, 1966）という表現や今日の「**病理構造体／自己愛構造体**」（英国クライン派、スピリウス Spillius, E.B. 編『メラニー・クライントゥデイ②』, 1993）と呼ばれるように、組織的にまとまったとても強固な形で構造化されていて、ほとんどそれ独自の自動性を獲得しているひとつのパーソナリティのように存在しているのかという点です。後者であれば、一見病理や心的問題はあまり重篤ではなさそうな場合でも、長期の精神分析的心理療法を考えねばなりません。

c. 内的（対象）世界

こころのなかの世界、**こころのなかの対象**を知ることは、精神分析的な治療を進めていくための見立てではとても大切なことです。なぜならこれらが精神分析的な治療過程において転移や逆転移、退行として重要な治療的意義を持ちながら、分析空間に姿を現してくるからです。

そのクライエントのこころのなかの世界は、どんな様子なのでしょうか、そしてどんな**内的対象**が、どんなふうに在るのでしょうか。私たちは見立てを試

みます。
　ⅰ）内的世界
　それは，**妄想－分裂的世界**，あるいは**抑うつ的世界**と呼ばれうるものの実態

---

　column　──────────精 神 分 析 で の 疑 念 と 精 神 分 析 へ の 疑 念

> **Q2** 投影（projection）と投影同一化（projective identification）はどうちがうのだろうか。
>
> **A** このことについては，『対象関係論を学ぶ』（松木, 1996）に述べていたと思いますが，対象関係論という理論モデルにかかわる大切なことなので，ここでもう一度簡略に述べてみましょう。
> 　**投影**という概念はおもに精神分析的自我心理学での**防衛メカニズム**として，抑圧，置き換え，とり入れなどと並べて述べられました。つまり自我という主体が，排出というやり方によって，エスや超自我の圧迫からみずからを守る方法のひとつです。すなわちその全体構成は，自我，エス，超自我からなるひとつの個体のなかを描写する**一者心理学**としてなのです。しかしクラインが**投影同一化**というときには，自我（今日的には，自己）と対象との関係という，あいだに空間をはさんだ**二者心理学**が背景にあります。この二者心理学の視点では，自我から排出されたものは必然的に，対象の**上**か**中**に投げ入れられます。
> 　しかしここで私が述べているのは，それぞれの立場に立ったところでの解説であって，投影と投影同一化を**臨床的には区別する必要はない**と私は考えています。実際私自身は，投影と投影同一化を区別しないで使っています。それは投影，つまり排出されたものは何らかのコンテイナー，すなわち対象に何らかの形で収まるからです。投影にはそれが同一化される対象はつきものなのです。ビオンの表現を借りれば，コンテインド──投影同一化──→コンテイナーなのです。
> 　臨床で重要なことは，投影同一化というメカニズムは，**万能的な空想**でありながら，それが**現実の関係**（たとえば，現実の親子関係，治療関係）**に作用する**ことにあります。
> 　ちなみに，投影**同一視**という訳出もありますが，これは不適切であると思います。なぜなら典型的には精神病状態に見られるように，「なってしまう」，すなわち同一化されるのです。自己や対象の一部が**排出**されるのです。もともとのところから**視ている**の**ではありません**。同一視という訳語にこだわっていると，この用語が臨床でなにより重要な意義を持つ，精神病のような原始的心性の理解に限界が生じてきます。

を知ることなのです。それはまた，治療が始まったら，そのふたりの間に繰り広げられていくであろう転移状況がどのような様相を呈してくるのかを推測させてくれるものでもあります。

では，どのようにして私たちはこの内的世界を知りうるのでしょうか。

それは，分析的セッションのなかで語られていくことの背後に見えてくる**「無意識の空想（unconscious phantasy）」**，夢，白昼夢，印象深い記憶やエピソード，遊びなどから浮かび上がってきます。

内的世界の表象かつ体験である，どのような「無意識の空想」をそのクライエントが生きているのかは，分析セッションが進むにつれて細かな詳細と物語が見えてくるものですが，見立てにおいて，いくらかでもつかみたいものです。

右腕にいっぱい切り傷を作ってやってきた若い女性は見立ての面接で，母親の愛人問題のために両親が不仲で，子どものころから死にたかったこと，そのため母親に隠れて洗剤を飲んだこと，別離している父親に会いたいが，会うと怖くて何も言えないし，母親はそれを許さないだろうこと，やさしさを求めて男性と刹那的な快感のない性的関係を繰り返してしまうことを語りながら，私にも「時間をとって，ほんとうにすみません」と繰り返しあやまってきました。夢でも不気味なものから追いかけられる怖い夢ばかり見ると語りました。

私には彼女の内的世界は，暗く寂しく殺伐としたところで，そこには愛しいが性的に搾取する怖い父親対象がはるか遠くにおり，生かしてくれるが支配的で彼女に冷たく厳しい母親対象が近くにいる，いわゆる「エディプス的三者関係のコンステレーション（布置，配置）」に，まったく孤独な彼女が怯えながら棲んでいるところのようでした。

ちなみに無意識の空想についての重要な必読論文にスーザン・アイザックス Isaacs, S. の「空想の性質と機能」（『対象関係論の基礎』松木監訳，2003 に収録）があります。

ⅱ）内的対象

こころのなかの世界にどんな対象が棲んでいるのかを知りたいものです。上の例のように，厳しく支配する対象や性的に誘惑する対象が棲んでいることがあります。抑うつ的な内的世界では，傷ついた対象，傷つきやすい対象，死んだ対象，死んでしまいそうな対象，支配し侵入してくる対象，恨みの対象，不在の対象，暖かく保護してくれる対象，抱きとめてくれる対象，慰めてくれる対象，誉めてくれる対象などが見出されます。また，妄想‐分裂的な世界には，

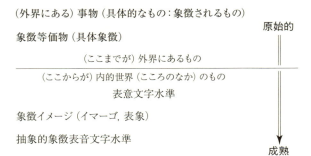

図 2-1　象徴の発達

よくも悪くも万能的な対象がいます。迫害対象，貪欲な対象，激しい怨みの対象，奇怪な対象，羨望してくる対象などが見出されます。自閉対象や搾取してくる対象といった対象が棲んでいる世界もあります。

そのクライエントがこころのなかでどんな対象と向かいあっているかを知りたいものです。その対象があまりに奇怪な対象や万能対象であるなら，見立てのなかで精神病的要素をもっと探る必要が出てきます。

　ⅲ）内的対象と自己の関係性

見出した内的対象と自己のあいだにどのような情緒交流がなされているのか，どんな感情や考えが，どんなふうにやりとりされているのかも知りたいところです。死んだ対象と向かい合っているクライエントは，償いとしてその対象を生き返らせようと絶望的な努力をしているのかもしれませんし，死んだ対象をとむらおうとして悲しんでいるのかもしれません。あるいは死んだ対象の恨みの報復に怯えているのかもしれませんし，自分が殺してしまったという罪悪感に圧倒されているのかもしれません。

ここにその人の生きざまの原風景が，なまなましく浮かび上がってくるのです。

d. 思考機能水準

ここでは象徴の能力をキーワードとして，思考の発達を整理してみます（図2-1参照）。

私たちが今使っている，私が書き，皆さんが読んでいる文字には，カタカナ，ひらがな，アルファベットという表音文字と，漢字，中国奥地に現存する象形

文字のトンパ文字のような表意文字があります。表音文字は，それひとつ，たとえば「あ」や「か」では何の意味も持ちませんが，両者をあわせて「あか」としたら，一定の色を表わしますし，かつては共産主義者を象徴していました。このように，「あか」という文字表現がなすのは**抽象的象徴**であり，私たちの言葉での交流は一般にこの水準にあたります。もっとも高い水準の思考，あるいは観念です。

　ある人に赤い色が思い浮かび，それが共産主義者を象徴するものとして理解されているのなら，それは**象徴イメージ**（イマーゴ，表象）です。鳩の絵やマークが平和を象徴するものと，こころにおいて感じられるときと同じです。夢のなかでの鳩や蛇，赤色の視覚イメージもこの水準です。

　分析的治療において，怖い父親や冷たい母親ということが話されていたのが，深まった転移状況のなかで，治療者が怖い父親や冷たい母親**そのもの**を表象する場合も同様です。ですから，転移が生じることは思考の水準が観念から**具体的な**イメージへとより未熟な方向に変化していることなのです。それによって固定化されていた誤った概念，たとえば「怖い父親」が**実際の関係のなか**で体験的に変容されうる機会となるのですが。

　漢字という表意文字も，この水準に近いものです。「赤」という文字はそうでもありませんが，「馬」やら「蛇」やらは，その視覚イメージからどこかその具体的な姿が感じられます。

　考えるという体験を理解するための心的活動を私たちがなすには，こうした象徴という形で，外のものをこころの内，頭のなかに入れないことには考えられません。思考操作，とくに細かな計算や形而上的な思考を細かく進めるには，抽象的象徴がとくに必要です。

　しかしながら，このように象徴化されておらず，そのため思考として頭のなかでは操作されず，実際の物のように扱われる思考水準があります。

　具体水準です。たとえば，頭を打って泣いている幼児にお母さんがその子の頭をさすりながら「痛いの，痛いの，飛んでいけー」といって，その子が泣き止むなら，大人では観念であるこの痛みは，この打撲箇所に付いている物のように具体的に扱われている物なのです。頭のなかで考えられているものではないのです。

　怒り狂った人が，「この糞垂れが！」とか「どあほうめ，死んでしまえ」とか怒鳴るときは，それは決して「あなたは，うんこを垂れ流してしまう人なの

表 2-2　ビオンのグリッド（松木，1996 より）

THE GRID

	定義的仮説 1	ψ 2	表記 3	注意 4	問い 5	行動 6	…n.
A β要素	A 1	A 2				A 6	
B α要素	B 1	B 2	B 3	B 4	B 5	B 6	…Bn
C 夢思考，夢，神話	C 1	C 2	C 3	C 4	C 5	C 6	…Cn
D 前概念	D 1	D 2	D 3	D 4	D 5	D 6	…Dn
E 概念	E 1	E 2	E 3	E 4	E 5	E 6	…En
F コンセプト	F 1	F 2	F 3	F 4	F 5	F 6	…Fn
G 科学的演繹システム		G 2					
H 代数学的微積分							

※縦は思考の発達，横は思考の使用法を表している。

ですね」とか「あなたは，ひどい間抜けです。だから，死ぬように」と意味を伝えているわけではありません。それはただ，自分のなかの不快感という**物**を自分のなかからその相手に排出しているに過ぎないのです。これらの言葉は意味を運んでいるのではなくて，耐え難い感情の**具体的な排出**の行為そのものなのです。言葉は使われているようでも，自分のなかでの思考操作はなされていないのです。

　ある統合失調病の男性が「自分のごはんのここのところに毒薬が入れられている」というとき，この毒薬のかかったごはんは，殺人的憎しみという感情の**具体象徴（象徴等価物）**であり，食べないという拒絶の行為で扱える物ではあっても，考えることで扱えるものではありません。

もうひとつ具体象徴の例を示しましょう。思春期の統合失調症の男子が、いっしょに寝ていた子猫を押しつぶして死なせてしまいました。彼はその死を、その喪失の悲哀をこころで（象徴的，抽象的に）扱えませんでした。そこで彼はその子猫そのものになって，じっと寝た姿のまま1週間ほどを過ごしました。彼自身がその子猫を具体的に表していたのでした。

　これらの例のように，クライエントが言葉を使っていても，それが抽象的象徴水準で考えられているものなのか，象徴イメージ（イマーゴ，表象）水準で思い浮かべられたり，考えられたりしているものか，むしろ具体象徴（象徴等価物）や外界の事物として具体的に扱われており，内部のものとして考えられているのではないということなのかを判別してみようとすることが，見立てにおいて求められます。

　ビオンは「グリッド」においてその縦の欄に思考の発達段階を示しています（表2-2参照）。グリッドを学ぶことも，語られている言葉の思考水準を知るのに役立ちます。内容はさらに細かく難しいのですが，とりあえずここにその表を示しておきましょう（グリッドについては，『対象関係論を学ぶ』[松木，1996]『精神分析体験：ビオンの宇宙』[松木，2009]に少し解説しています。詳しくは，かなり難しいのですが，ビオン『精神分析の方法Ｉ』[1963]の第二部「精神分析の要素」を読んでください）。

e. コミュニケーションの性質 （表2-3参照）

　相手がそこにいて，その存在が私たちに認識されるのなら，そこには何らかのコミュニケーションが生まれます。そしてそのクライエントが精神分析的心理療法にいるなら，あるいは人生において何かを変えたいと願っているのなら，その人はみずからを知りたく思っているにちがいありません。そして知ることのためにコミュニケーションをしていることでしょう。

　この性質のコミュニケーションを，ビオンは「**K**」／knowing と名づけ，ふたりのあいだでのコミュニケーションのこのつながりを「**K－リンク**」と呼んでいます。しかしながら，実際のコミュニケーションには，知らないまま（無知）にしておこうとしたり（「**no K**」とビオンが呼ぶリンクです），あるいは反社会的なパーソナリティにみられるように，偽って，たとえば嘘をついて，事実を知ることから逃れようとすること（ビオンは，「**マイナスK**」／－Kと呼んでいます）があります（ちなみに－Kの人は精神分析治療が困難な存在です。自分自身にも－Kでコミュニケートしていくからです）。

表2-3 K−リンク（コミュニケーションの情緒的性質）

K	知ること
no K	知らないこと
−K（マイナスK）	真実を偽りでおおうこと
L	愛すること
H	憎むこと
（−L，−H）	

　もしくは，知ることのはずが，愛し合うことや憎みあうことといった情緒的なコミュニケーションに置き換えられてしまうことがあります（前者を「L」／loving そして後者を「H」／hate と呼んでいます）。

　私たちは，私たちに向けられているコミュニケーションの性質を見立てることが必要です。

　さらに大切なことは，クライエントが**自分自身に向けているコミュニケーション**の質，クライエント自身のなかでの対話の質を見立てることです。それらが，Kによるリンキングであるのなら，理解が進み，精神分析的治療は順当に展開していくでしょう。しかしほかのリンキングであるのなら，理解は妨げられます。ゆえに，その悪性度を把握する必要があります。

f. こころの一次過程と二次過程

　そのクライエントのこころが，**現実原則**に沿い思考が介在する**二次過程**で活動するより，**快−不快原則**優位で思考の介在なく行為に移る**一次過程**を使っているかを査定することも大切です。そもそも病理性は，快と不快（苦痛）に沿うこころの一次過程の活動によるとも言えますから，一次過程がどれだけどのように作動しているかを知ることは，こころの病理部分を見つけることでもあります。

　ここではとくに，苦痛を発散・排出する**衝動的行動化**の傾向，身体化の傾向（身体症状には**からだへの行動化**と言えるものがあります。たとえば，自発性の嘔吐，拒食症の低栄養状態，肥満，皮膚炎など），心的苦痛を快感行為（酒，薬物，性活動，食行為など）で消す**こころの倒錯性**を査定しておくことを指摘しておきたいと思います。

　これらの傾向は，精神分析的心理療法過程に求められる，考えることの苦痛や，みずからの事実を知る苦痛にもちこたえその事実を見続けることに拮抗し，

治療の中断や停滞の大きな要因となります。

　こころの一次過程と二次過程については，フロイト「精神現象の二原則に関する定式」(1911)，もしくは『精神分析事典』(小此木ら編，2002) を読まれるとよいでしょう。

　ここまでで見立てに考慮しておく方がよい「パーソナリティの構成要素」についての解説を終わります。

Ⅵ　精神分析的心理療法の利用可能性を知ろう

　そのクライエントが精神分析的な治療を実際にうまく利用できるかどうかを知ることも，見立てでの大事な仕事です。そのクライエントの知性の程度，ひとへの好奇心，情緒の表出力，依存することへの考え方，考え葛藤する能力，空想力，治療者との相性などさまざまな要素がここには組み込まれています。これらの要素も治療の過程で変化しうるものですが，しかし見立てにおいて，一応の見通しは立てておくべきところです。

　次の点が，注目しておいてよいところでしょう。

1. 内的コミュニケーションの方向性

　みずからのこころを省みようとする傾向と言ってよいかもしれません。なにかを体験したり感じたりしたときに，自分自身の思いや考えとつなぐことがどの程度なされるかというこころの姿勢です。

　たとえば，小さな娘が母親であるクライエントに「お母さんの馬鹿」と言ったことを彼女が面接で思い出したとします。このときに，この子は何てことを言うのだろうと，子どもにだけ目を向けるのではなく，馬鹿といわれたときの自分のなかの情緒を味わったり，「私がこれこれ言ってきた，してきたことがこの子に馬鹿と言わせたのではないか」とみずからのかかわり方を振り返ったり，自分自身が自分の母親に馬鹿と言ったときを省みたりする姿勢です。

　これは別の表現をするなら，（前述したＫ水準で）**自分自身と対話する能力**と言えるのかもしれません。自分のなかでのもうひとりの自分を認め，その自分とのあいだでの自分を知るための対話です。これができている人は，そこに治療者を交えて３人で対話していくことへ滑らかに進んでいきます。ちなみに精神病ではこの内なる対話がＨ水準で，自己愛的な人ではＬ水準でなされてい

るため，外部者には秘密にされやすいのです。

　ここには体験や感性を意識化し言語化する能力も反映されますし，みずからの過去を見てきた内なる歴史も反映されます。さらには基本的な感情の湿度も反映されます。つまり望ましくは，あまりに躁的な感情が支配的な乾いた感情でなく，適度に湿った抑うつ的な感情があることです。

2．想起のしかた

　クライエント自身による想起がどの程度自発的になされるかは，もうひとつの要因です。

　治療者からある刺激，すなわち質問や，注目，解釈が与えられたときに，それに対応することとして，**想起がどのようになされるか**は大きな要因となります。

　「べつに」とか「なにもないです」といった返答が頻発する場合は，これからの展開での困難が予想されます。また，過去が想起されるとしても，「よく泣いてましたね。それだけです」など紋切り型でそこから広がらなかったり，あるいはあまりに整然と語られたり，あまりに抽象的な表現，たとえば「母親とのあいだですか，苦悩の連続でしたね。どんな苦悩かですか。苦しみとしか，言いようがありません。苦しみです」，「ええ，いろいろありました。さまざまです」といった答えしか返ってこない場合も，同様です。

　それに対して，治療者からの刺激に反応して，それが直接には関係しないようであってもこれまでの体験や考えや感じたことを自由にまた実際的に思い浮かべ，言葉にできるなら望ましいことです。また自発的であれ問われてであれ，**夢や空想，想像を自由に語れること**も同様に望ましいことです。

3．情緒の表れ・動き

　感情があまりに統制，抑制されすぎず自由に表現されることも好ましい要因です。あるいはじかには表出されずとも，治療者にはクライエントのなかに感情が生々しく動いている気配が明らかにうかがえるとき，たとえば私たちが何かを伝えたり尋ねたときに泣き出しそうになるのを固くこらえている表情とか，ふと真剣な目つきが現れるときです。けれども極端に抑制を欠いた感情表出は，精神病の性質であるまとまりの欠落を示していることがあります。

　また言葉として語られる**思考が**，どれほど**それに見合う感情をともなっているか**も査定しておきたいところです。いくらかの不釣り合いは問題にすること

ではありませんが，深刻な話にもかかわらず感情がまったく欠けていたり，逆に感情があふれていたり，さらには思考内容とちぐはぐな感情だったりするような極端な不釣り合いには注目する必要があります。

4. 依存をめぐる思い

　精神分析的な治療関係では，その経過に治療者への依存のときが含まれます。この依存を過度に自己の無力ととらえる，自己鍛錬や独立への強いこだわりがある場合，逆に依存しているだけですべてが治療者に解決してもらえるという，「神頼み」的在り方のどちらも，治療経過での困難を予想させます。
　治療関係における依存は，当然クライエントがその**依存をめぐって葛藤する**状況をもたらしますが，この葛藤をそれとして感じながらもちこたえていくことで，分析は活用されるのです。

5. 治療者の解釈へのクライエントの反応

　これもだいじなポイントです。見立ての面接において治療者は，クライエントの無意識部分についての**解釈**をおこなう必要があります。
　精神分析での解釈という介入は，「それはなにか」を伝えますが，「それをどうするのか」という具体策については何も伝えません。そのことへの反応を見るのです。
　その治療者の解釈をクライエントが自己理解に使えるのか。そうであれば，精神分析的心理療法の効果が期待できます。しかし，その解釈をあたかも治療者からの攻撃的襲撃や批判・非難のように受け取ったり，解釈がすっかり無視されてしまうか，さらには，解釈を何も意義のないものと感じているようであることなどは，ネガティヴな反応と言えます。これらの性質の反応は，治療の停滞や不毛をうかがわせます。その予測をこの試みでおこなうのです。

6. 相性のよさがあるか

　相性というのは，そのかなりにおいて非言語的な感覚を含むものです。そしてそうであるがゆえに大切なものを含んでいると私は思います。私たちは印象や直感というみずからの無意識でとらえていて，しかしいまだ言語化できないものも尊重する必要があります。それらは見立ての段階では，治療者自身がまだ言語化できていないものを含んでいます。もちろん，それらに頼りすぎるの

は危険ですが，そこにいわば，こころの隠し味があるのです。

　見立ての面接での交流でお互いが，相性をどう感じているかもつかんでおきたいところです。クライエントが治療者にどこか不快さを感じているように思えるときには，それを話題にしてみてよいでしょう。

　治療者側も同様です。つまるところは逆転移（第6章を参照）の問題ですが，なにか相性が悪い，あわない感じが強すぎるときには，治療を始めていくかどうかを熟考するべきです。もし治療者が制御しがたい苦痛な感覚を強く抱きながらそれを抑えて治療を続けていると，逆転移からの治療者自身の行動化が，ちょっとしたきっかけでその制御を破って暴発しやすくなります。自分がそのクライエントの治療者として適しているかを検討すべきです。

　また一方，その関係がとてもここちよいとしたなら，つまり相性がとてもよいと感じられるようであれば，これも検討すべきでしょう。それが一般社会での友人関係や職場での同僚関係，夫婦，恋人関係ならおそらく結構なことでしょうが，分析的関係でのここちよさは，そこに何かがあると検討すべきです。クライエントが治療者に過度に合わせているのかもしれませんし，治療者が無意識に陽性の逆転移を向けている，あるいはその両者かもしれません。

　精神分析的な治療は，how to（どのようにするのか）を指導するものではなくて，what（どんなことなのか）を見ていくものです。クライエントが what に気づくことから，押しつけられたものではない自発的なみずからの how to がクライエントに生まれるものなのです。そしてそうあることが，その人がその人自身の人生を生きることなのです。精神分析的心理療法の利用可能性を知ることは，このあり方をそのクライエントがどこまで受け止められるかを見定めることでもあるのです。

　最後にひとつ，実際の臨床現場では有用かもしれない極端なことを述べましょう。そのクライエントを精神分析的治療に導入するかどうかの判断をするとき，あなたがその人にじんわりとした哀しみを感じられること，その人があなたにいくばくかの好意を感じているようであり，かつどうして自分はこうなのだろうと自己の内側に目を向ける姿勢があるのなら，治療を始めてよいでしょう。そしてもしこのときの判断が大きく間違えていたと後にわかったのなら，そのときにやめることを提案するのです。

Ⅶ 見立てにおける介入のポイント

　ここまでかなりくわしく，見立てにおける注目のポイントを述べてきました。そこでここでは，治療者としての介入のポイントを見てみましょう。

1. 介入の基本

　治療者の介入法の基本は，精神分析的な面接のしかたの基本そのものですから，くわしくはこれからの章で述べていくことになります。しかし簡単に紹介しておきましょう。

　まず時間や場所など，**基本となる枠組みを守ること**です。

　次にそのふたりのあいだでは，共感的に，**穏やかに耳を傾ける姿勢**です。すなわち治療者は，語ろうとするよりも，受容的に聴こうとすることです。そして能動的に**パーソナリティを読もう**とすることです。

　また，治療者の**個人的価値観に基づいた評価を伝えないこと**，治療者の**個人的な好悪の感情をあらわにしないこと**です。

　さらには，治療者は行動しないこと，**行為では交流しないこと**です。交流は言葉でなされます。

2. 見立ての面接での介入の特徴

　ただ見立ての面接では，治療面接よりは，治療者の共感性をやや強めに，ときには言語化して表出すること，そして言語的介入の頻度が多いことが特徴です。

　見立ての面接は，そのふたりにとって初めての出会いですし，クライエントは自分が評価される，拒絶されるという**恐れ**を強く抱いてやってきていることが多いものです。ですから，クライエントはかなり緊張しています。ゆえに一般に治療者は，うちとけた穏やかな共感，暖かな雰囲気をいくらか能動的に表わすほうがクライエントはリラックスできます。しかしクライエントによっては，そうした治療者の態度をある種の**誘惑**と感じることもあります。この点も考慮しておき，状況に応じて治療者の対応の質を変えることも考えておかねばなりません。

　つまり見立ての面接もやはり治療面接と同じく，治療者－クライエント間での相互作用的なものなのです。ですから，治療者のどんな動きや介入にクライ

エントがどのように反応するか，しないかが見立ての大きなポイントになります。土居は「面接者は最初からこの関係に注目し，この関係が相手の状態にどのような影響を与えているか，よく注意していなければならない」と言っています。

　見立ての面接では，限られた時間のうちにクライエントのパーソナリティを読み，分析的な治療可能性を探ろうというのですから，解釈という技法だけでなく，問いかけ，注目や「明確化」（クライエントが語っていることでのポイントを浮き彫りにする）という形式での能動的な言語的介入が増えていきます。

　また，見立ての面接では，「直面化」として，クライエントの話の展開において意識的無意識的に避けられている，もしくは素通りされてしまっている葛藤や不安でありうるところをあえてはっきり取り上げることも必要です。取り上げた葛藤を，クライエントがその場でどのように扱おうとするかを見ることは，その人を知るのに大切なポイントです。

3. 内的ストーリーを読む

　こうした言葉による介入は，クライエントが語っていくことから，その人の内的な世界や内的なストーリー（言い換えるなら，その人独自の自分自身や自分を取り巻く人たちについての神話）についての仮説を治療者が自分のなかで作っていきながらおこなってみるようにします。

　ただ形としての生活史や病歴のチェック事項を埋めていくのではなく，その人の内的世界やそのストーリーについての仮説を作っていくための治療者の好奇心を活動させることです。土居は「ストーリが読めないと見立ては立たない」と言い，また「わからないというのも一種の認識である」，「精神科面接の勘所は，要するにどうやってこの『わからなさ』という感覚を獲得できるかということにかかっている」と言います。すなわち，クライエントの語りについていきながら，治療者自身の感覚や浮かび上がってくるクライエントの内的世界像を味わいつつ，クライエントの語りと治療者自身の感覚や認識とのずれ，わからなさが生じたときに，問いを発するのです。あるいは，そのずれや一致を明確にしようとするのです。

　私は**クライエントの内的なストーリーを知ろうとする好奇心が治療者に欠けているなら，その人全体との生き生きとした人としての出会いは起こらない**だろうと思います。ただ部品としてのその人の機能を査定するだけの面接になっ

てしまうでしょう。それは心理士や精神科医の仕事を退屈な意義のないものに感じるようにしてしまうでしょう。

　抽象的な問い，たとえば「あなたは，どんなひとですか」，とか「あなたにとって人生とは何ですか」とか「生きていることは，何なのでしょうか」といった問いかけも，見立ての面接にはあってよいと思います。ときとしてそこに，その人の生き方や在り方の芯を垣間見る機会が出てきます。

　すでに述べたようにクライエントの無意識の内容についての解釈も，タイミングを見てなされるべきです。当然のことかもしれませんが，見立ての面接においてはふたりの関係がすでに始まったのですから，意識的には治療面接とはちがうと区別しようとしても，無意識にはすでに連続したものとして，それは治療としての関係が始まっていることでもあります。ゆえに解釈は不可欠なのです。

　さて，あなたの見立ての面接の結果はいかがだったでしょうか。そのクライエントと精神分析的心理療法に入っていけそうでしょうか。

ふりかえり

○精神分析的心理療法のための見立ての面接は，その人との「一期一会」です。

○見立てる力は，治療者の総合力です。
　　深い治療の経験を積み重ねます
　　病理の重い人をみます
　　広範な疾患の空気／においをつかみます
　　その推進力は，人生への好奇心です

○見立ては，その人のパーソナリティを読むことです。
　　パーソナリティ類型をつかもうとします
　　パーソナリティの要素を検討します
　　その人の内的ストーリーを知ろうとします

○**精神分析的治療の利用可能性を知ります。**
　　何をしてでも楽になればよいという人には向きません
　　自分自身という人間をどうにかしたいと思っている人には向きそうです

○見立ては，セッションのたびにその修正を求めています。

第3章
治療契約と治療者の身の置き方

　面接室の準備ができ，見立ての面接が終わり，クライエント（患者）も定まってきました。それでは見立てを伝え，週に何回の治療セッションを持つかという治療頻度を含めて約束事を取り決め，いよいよ本格的に精神分析的心理療法を始めようと思います。

I　見立ての伝え方と治療を始めるための説明

1．見立ての伝え方

　まず私たちの見立てを伝えるという作業があります。検査をおこなったのなら，検査結果を伝えることが当然の義務であるように，見立ての面接をおこなったのであるなら，その結果を伝えることは責務です。ただそれと同時に，伝えることはそのクライエントのあり様についての理解を本人と分かち合うことでもあります。それはこれからおこなう分析的な作業をふたりが力をあわせてなしていくための理解と信頼を得る機会として重要です。

a．会っている機関で見立ての表現を変えます

　私は見立てについては，その臨床がなされている場所によって表現を変えます。その場が医療機関であるなら，医学的診断名を伝え，精神分析の視点からの見立てを伝えます。たとえば〈あなたのご様子は，精神医学では「慢性の抑うつ状態」とか「うつ病」と私は診断します〉と伝えます。あるいは，〈私の見立てをお伝えしてよろしいですか。あなたが「注意欠陥多動性障害」ではないかと自分自身を思われて受診して来られたことはうかがいました。確かに片づけられないという問題をあなたは抱えておられます。ただ私は診断として，あなたは「統合失調症」であると考えます。……私のこの診断の根拠をお伝えします。お話から，まず……〉と述べていきます。

　この後に，前者の「抑うつ状態」との診断を伝えたケースでの場合なら，〈この抑うつには，あなたもすでに気がついておられたように，今の家庭環境での奥さんとの難しい関係が影響していると思います。しかし，それだけではない

ようです。私はあなたのお話から，あなたのお母さんがあなたが小学校のときに亡くなられたのちあたりから，あなたはすでにうつのこころにあったのだろうと思います。小学校で先生の話が耳に入らなかったというできごとや，その頃ときどき死ぬことを考えていたというのは，あなたがご自分では自覚してはおられなかったと思いますが，今日のうつと同じこころの状態にあったのではないでしょうか。ただ私は，あなたのうつのこころが始まったのはもっと早い時期だったかもしれないと思います。それは，夜尿が小学校入学の頃まであったことや，あなたが幼稚園に行きたくなかったことを私が考慮して，思うことです。そのころすでに，あなたがあなたのこころに取り扱いの難しい感情，うつ，不安，あるいは恐怖を抱えておられたのではないかと思うのです。またお母さんとの間で，何か難しい思いがあったのかもしれません……〉と，精神分析の視点からの見立てを続けます。

　一方，私がそのクライエントと非医療機関，たとえば私の個人オフィスで会っているときには，精神分析的見立てを伝え，医学的診断名を伝えることにはこだわりません。特に初めから精神分析的面接を求めて来られたクライエントの場合は，精神医学的診断名を伝える予定は持ちません。しかしこの場合でも，クライエントが私が精神科医でもあることを強く認識しており，精神医学的診断を聞きたがるか，聞きたいと思っていそうであるときには，医学的診断名を伝えます。

b．精神科治療への誘導，分析的治療が向かない場合の断り方

　また分析的面接を求めて来られているが，薬物治療が必要と私が考える方や，分析的治療より薬物を含めた精神医学的治療が必要と思える方には，精神医学的診断を伝えて，それらの治療を勧めます。ちなみに後者のアプローチは，見立てで精神分析的治療が向かないと思える人の断り方の例でもあります。精神医学での診断と医学的病態理解（症状の整理と列挙，それの病因の解説）をきちんと伝えることで，本人の持つ**症状水準の問題への早い対処**のできる医療等のアプローチを優先するよう勧めます。

　繰り返しますが，精神分析的治療に向かない人には，症状に直接働きかける治療が向いていることをきちんと伝えることが必要です。

c．精神分析的見立てをどこまで伝えるか

　さて，精神分析的見立てをどこまで深く伝えるかという問いがここに浮かんできそうです。

それはまさに，そのクライエントをこれまでの見立ての面接で私たちがどのように見たのかによるでしょう。すなわちそのクライエントが正確に理解できそうに私たちに思える範囲内で，かつ私たちがそのクライエントについての仮説を押しつけすぎない範囲で伝えるようこころがけることから，伝える内容の深さが決まっていきます。それはまさにふたりの関係性でのダイナミックなもので，ここには決してきまった枠はありません。

　大切なことは，**私たちが見立てを一応伝えたのなら，その後にそれについてのクライエント自身の意見や思い，反応さらには質問を自由に述べてみることを勧めること**です。そこから理解についての新しい進展がなされることも少なくありません。

d. 心構え

　見立てを伝える行為に求められる視点を明らかにしますと，精神医学的診断を伝えるにしろ，精神分析的見立てを伝えるにしろ，要は私たちが権威的に一方的に診断名のレッテルを貼る役割をとるのではなく，整理した形で最初に意識的に**共通した理解を分かち合う機会**として，この見立てを伝える機会を認識しておくことなのです。

2. 精神分析的治療を始めるための説明

　ところで初心の治療者は，治療を始めるに際して，この分析的治療のやり方や目的，目標をクライエントにあらためてきちんと説明しないといけないようだが，それをどうやったらよいのかと悩んでしまうようです。

　この問題があからさまに出てくるとしたのなら，つまり見立ての面接と見立ての伝達のあとに，そのクライエントが「ところで今から，どんなことをしてくれるんですか」とか「苦しいのをどんな方法でも使ってさっさと取ってください」，「私を楽にしてくれるのでしょう」などと言うのなら，分析的な治療に向いたケースであるとの見立てが間違っているか，治療者が通り一遍のかかわりをしてきたため，クライエントの気持ちに触れていなかったとのことを伝えています。

　しかし前章で述べましたように，見立ての面接においてすでに分析過程は始まっていますし，治療者は解釈というかかわり方も実際にクライエントに示しています。ですから治療者の介入によって見立ての面接がうまく展開し，クライエントの無意識の不安や主題がクライエント自身にいくらか気づかれ始めて

いるときには，その結果クライエントはみずからの問題点をあらためて自分なりに把握するようになっていますし，治療者がどんなふうに働くのか，それが自分に何を引き起こすのかもわかっています。クライエントの苦痛や苦悩，不安の由来を知ろうとしていく作業を治療者の働きかけを受け入れながらやっていくということです。

　ゆえに治療者は，治療のやり方については自由連想法のやり方をあらためて伝えることを除けば，次に述べていきます実際的な取り決め以外は，目的を含めて，とくにあらためて知的に説明する必要はないと思います。

　それになにしろ，クライエントにとってのこの治療の本当の目的や意義，達成はクライエント自身にもまずもって無意識のものですから，そして治療者もそれをともに探していくのですから，正確には説明できないものです。わかっていないものをわかっているかのように説明することはできません。むしろ，この治療のニュアンス，色合いを見立ての面接のあいだにどう分かち合えているかが，ここでのやりとりの質を左右します。

　ここでなされてよいことは，治療者の側からもう一度，分析的治療を始めるにさいしてクライエントとして聞いておきたいことをなんでも自由に尋ねるよう勧めることです。

　そこでクライエントがあらためてこの治療の目的や方法を尋ねてくるようなら，この事態とはいったい何が起こっていることなのかを治療者は考えるべきです。そこにクライエントの姿，あるいはふたりの関係が現れています。この

◥◣◢◤ *column* ──────── 精 神 分 析 で の 疑 念 と 精 神 分 析 へ の 疑 念

病院など働く職場で，精神分析的心理療法を実践するのに協力が得にくい場合はどうしたらよいのか。

この問いはこれまで何度か尋ねられました。しかし，それでも私にはこの問いがよくわかりません。
　あなたがご自分の職場で，できるだけの**誠実**さと**責任**と**配慮**を持って熱心に仕事に打ち込んでいるのなら，それがどんなやり方の仕事であろうと，少数かもしれませんが，あなたのやっていることへの理解者が出てくるでしょう。その方たちに気がついてあなたが働きかけていくなら，その方たちは好意を持って協力してくれるでしょう。ほかには何も考えつきません。

とき転移解釈をすることも，知的に教科書的な説明をすることも可能でしょう。そこで，あなたがどちらを選ぶかです。

II　治療の頻度を決めます

　治療頻度については，見立てを伝えた後，頻度についてのクライエントの可能性や要望を聞くとともに，ここでは治療者自身の考えも示して面接頻度についての現実的な可能性を探っていくことになります。

　この頻度については，多いほど精神分析的治療が深まりましょうし，また多いほど治療者としてクライエントを安全にコンテイニングできる，つまりクライエントの不安や問題を分析関係のうちに包み込んでおけることにもなりますから，治療者はこの点を考慮して決める必要があります。またここでは当然ながら，同時にクライエントの生活時間や費用の問題も考慮しておく必要があります。

　効果という点だけを考えるなら，どんなに少なくとも週に1回以上のセッションは確保したいものです。おおまかには，週に1，2回のセッション頻度を精神分析的心理療法，週に4回以上を精神分析療法と呼んでいます。

　とにかく**セッション頻度が多いほど，その治療は精神分析としての精度が高くなります**。フロイトが喩えた純金としての精神分析にどんどん近づくことになります。それは皆さんが，習い事やスポーツの上達を思い浮かべられたら，明らかでしょう。練習や実施の頻度が多いほど，技術は上達し勘は鋭くなり，そのものと一体になるときが増えてきます。

　では，ここで精神分析的心理療法のための治療契約を結ぶ必要があります。ここに治療構造の関係性での外枠が決められます。

III　治療を契約します

　これから続いていく精神分析的心理療法を不要な混乱をそこに持ち込むことなく続けていくには，きちんとした約束を取り決めておき，それを両者が守るようにしておくことが大切です。

　次の点は決めておくほうがよいでしょう。

①面接セッションの場所と頻度（週に何回か），それぞれのセッションの曜日とその開始時間，1回のセッションの時間（一般に，50分間）。なお，この枠組みの変更（設定日時，時間，回数，場所等の変更）については，その必要に応じて両者で話し合う
②治療者の定期の休暇と臨時の休暇についての伝達とその伝達方法（早めに，そして，できればメモ程度でも文書で伝える）
③クライエントが面接セッションを欠席した場合とその連絡法，キャンセルの場合の料金の取り扱い
④面接料金の形態（保険診療，私費，無料）とその支払方法（そのつど，週末，月末など）
⑤クライエントの自害，他害行為についての責任の所在（原則，クライエント自身が責任を持つこと）
⑥クライエントの状態によっては治療者が望ましい医療機関を紹介する可能性があること
⑦クライエントは面接をやめてよい権利を持つこと，またクライエントの状態によっては，治療者の判断で精神分析的心理療法が中止されること
⑧クライエントのプライバシーは保護されること
⑨治療の終結についてはあらかじめ取り決めておかず，その判断を両者から持ち寄ること

などのことがらですが，これらはできるなら治療者側が契約書を用意しておいて，**文書という形で内容を提示して取り交わすほうがよいと思います。**

私のこれまでの経験から判断しますと，いざ文書で治療契約を取り交わすというときに契約締結へのクライエントの抵抗があまりに大きい場合には，精神分析的心理療法のそれからの継続は困難です。導入は中止したほうがよいでしょう。

抑うつが主訴であった30代の自己愛パーソナリティ障害の女性は，激しい興奮や衝動行為（自殺企図や他者への猛々しい攻撃）のため，私がその当時勤務していた精神科病院にて入院することで私との治療を始めました。入院のあいだにはさまざまな猛々しい行動化が見られました。たとえば，態度が悪いと事務職員を激情的に非難し続けたり，私を罵倒したり，頬を叩いてきたりしま

した。しかし全体にはおだやかさを取り戻し，内省も進みましたので退院後は外来で治療していました。治療開始後1年ほどたったところで，私が精神分析個人開業を始めるため，彼女に治療を継続するかを尋ね，検討していきました。この人らしい険しい曲折の結果，彼女は治療を継続することを主張しました。

そこで私はある日のセッションで彼女に私の精神分析契約書を示し，その内容を了解するならサインの上，両者が一部ずつ保持することにしたいと伝えました。

読み始めた彼女は，（この人は顔色を変えやすいひとでしたが，このときも）顔色を変え，大きな声で「こんな一方的な契約はできない」と言い，私の目の前で，契約書をビリビリと引きちぎり，こなごなに破りすてました。私はあっけにとられましたが，気を取り直し，契約ができないなら，治療は私の病院勤務のあいだまでとすることになるだろうことを伝えました。その後のあるセッションのとき，彼女は私との治療は続けたいので，もう一度契約書が欲しいと言いました。そこで私は新たに契約書を彼女に渡しました。

次の週に来たとき彼女は，契約書の文章を赤字で多数箇所訂正したものを私にさっと渡して，「文があまりにひどいので，私がきちんと訂正しておきました」と，勝ち誇ったように言いました。もちろん彼女のサインはありませんでした。私はなんだかひどい点数の答案用紙を返してもらったような気分になりました。

こうしたやりとりがあり，それでも彼女は私との治療の継続を強く望みましたが，終局的に私はこの女性とは私の個人オフィスでの心理療法の継続は困難であると判断しました。その後の展開は，このときの私の判断は正しかったことを証明してくれました。

Ⅳ　治療者の身の置き方

クライエントとの契約も整いました。ではこれからの精神分析的面接においては，治療者はどのような態度でクラエイントに接していくとよいのでしょうか。

1. 最初の治療セッション
   a. 最初のセッション

これから私の実践している最初の治療セッションを例にあげてみましょう。

個人オフィス（医療機関ではない）での場面です。

　私は室内の自分の机を前に座っています。約束した時間の1分前です。戸口のチャイムがなりました。そこで，私はおもむろに立ち上がって，玄関口へ歩き，その扉を開けます。そこに約束していたクライエントが，やや緊張した面持ちで立っています。

　私はあいさつして玄関口に迎え入れ，そこで靴を脱いでもらい，上がり框のスリッパを示し，室内に足を踏み入れてもらいます。

　私は先に歩いて戻り，室内の治療者用の椅子の近くに立っておきます。遅れて歩んできたクライエントの足が止まったところで，さてという感じで，私はクライエントに，「では，今日から始めていきましょう。ところで，どうされますか。これまでのように椅子に座って話されることもできますし，このカウチに横になって，これからの分析面接を進めることもできます」と伝えます。

　このときクライエントがどちらを選ぶか迷っているようなときには，私は分析の面接は一般的にはカウチに横たわるものであることを伝えます。

　クライエントが椅子を選択したときには，私も私のための椅子に座ります。私たちのあいだにはテーブルはありません。

　カウチ（これは実際にはソファ・ベッドを使用しています）を選んだときには，私はその頭側にあたる位置にある椅子にすわります。

　それから横たわった，あるいは座ったクライエントの姿勢がひとまず落ち着いたところで，私のほうから「**それでは，思い浮かんだことを，どうぞ自由に話してください**」と声かけします。そして**待つのです**。

　こうして分析的面接は始まります。この導入部の展開にクライエントが慣れてくると，簡単に「**では，始めましょう**」と私が声をかけることもありますし，私は何も言わずとも，横になったクライエントが自発的に語り始めていくこともあります。

　ちなみに，セッションの終了時は，「**さて，今日は，これまでにしましょうか**」と伝えます。また，終了すべき時間が来たためにクライエントの話を途中で断つことになる場合には，「**お話の途中なのですが，時間になりましたので，今日は終わりにしましょう**」と声かけします。

b．椅子か，カウチか

ⅰ）カウチの使用について

　クライエントが椅子に位置するか，カウチに横たわるかという選択のときが，

すでに示したように，この1回目の治療セッションの始まりにあります。

　この選択は本人に任せますが，**私はたとえ週に1回のセッション頻度であっても，カウチを使ってよいことを伝えます。**カウチに横たわって話す姿勢は日常的な対話のあり方とは異なっています。それが同じ会話形式でも，日常会話と精神分析治療の違いを体感させますし，この姿勢を繰り返すことで毎回の治療開始にともなって，クライエントの思考や気持ちが精神分析回路にスムーズに切り替わりやすくなります。

　もうひとつは，対面ではどうしても，お互いの表情や目の動き，体動などをお互いが瞬時瞬時に目にしている以上，それらに両者が縛られたり，無意識に敏感に反応してしまいます。その結果治療者もクライエントもこころのゆとり空間が狭くなってしまい，なにより大切な自由な連想が困難になります。

　その点で，カウチを使うセッティングなら，目を合わせないだけでなく，横たわっているクライエントがリラックスできる姿勢ですし，そのままでは治療者が見えませんから連想が自由に進めやすくなります。治療者にとっても，クライエントの目を意識しないでよいだけ，自由に想いを漂わせることができますし，とくにみずからの逆転移の動きをじっくり味わいやすくなります。転移と逆転移を治療者自身のなかでパラレルに吟味していくというとても大切な作業がやりやすいのです。

　これまで治療頻度が少ないときには，カウチは使わないようにと言われることが多かったようです。その根拠がどこに置かれていたのか，私にはわかりません。けれどもそれがもし，カウチを使うと極端な退行が起こりやすいという理由なら，それは違います。

　退行の程度にこれらのセッティングの違いが関係しうるのは確かですが，しかし退行状況全体を動かすのは，そのクライエント個人のもともとの退行する傾向と治療者自身の関与の仕方です。カウチだけのせいではありません。むしろカウチの上では退行して子どもの自己を表してよいし，起き上がれば大人の自己が機能するという精神分析治療的に望ましいあり方は，カウチを使うセッティングのほうが確立されやすいでしょう（図3-1参照）。

　椅子からカウチに，あるいはカウチから椅子にというセッティングの変更は，クライエントが求めるのなら，私はそれを受け入れるようにしています。しかし，それらの変更には必ず，治療関係での意味があるはずです。その意味を治療者は考えてみる必要がありますし，それはいずれ何らかの形でふたりのあい

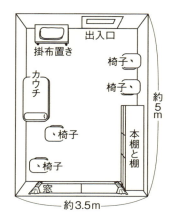
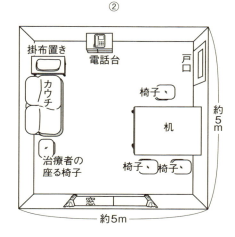

図 3-1　カウチを使用したときの配置の例　①　②

だで話題にされるべきものでしょう。

ⅱ）椅子の使用について

　椅子を用いる場合は，お互いが直視しあう位置をとることをせず，**90 度対面法**の形がとられるのが一般的です。この方法は，クライエントが治療者の表情やふるまいを視野に入れて意識することを少なくすることで，その場での緊張を和らげ，より自由に思うままに話しやすくするための工夫です。それはまた同時に，治療者自身がクライエントの目にさらされて強く緊張してしまうことを和らげる工夫でもあります。

　90 度対面法ではクライエントは不要な刺激の少ない壁や窓からの景色を見るような位置に座り，治療者はそのあいだに机をはさんだりしながら，そのクライエントの視線とおおよそ 90 度で交わる視線がとれる位置に座ります。

　このときどちらかと言えば，治療者が見ようと思えばクライエントの表情が見やすい位置に座るようにします。この場合，クライエントが治療者を見えやすいようにすることよりも，治療者の方がクライエントの顔を見やすくする方がよいのです。この位置がカウチ法に近いのはおわかりでしょう。こうすると治療者が視線のやり場に困ることは起こりにくくなります（図 3-2 参照）。

　ときどきこの配置を逆にしてしまっている治療者がいます。ある経験の少ない治療者はこれを反対にしていて，随分経ってからスーパーヴィジョンのなか

第 3 章　治療契約と治療者の身の置き方　｜　63

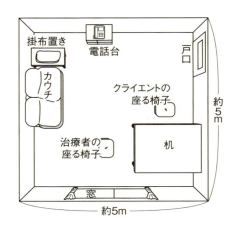

図 3-2 90 度対面法の配置の例

で「いつも患者から一方的に見られているので苦しい」と言い始めました。聞いてみると 90 度ではありますが，治療者が壁を見て，クライエントが治療者をじっと見るように椅子が配置されていたのです。

　実際のセッティングでは，ほぼ向かい合った位置に椅子を置いていたとしても，座り方や頭の向け方で角度はいくらか調節できます。私は若い頃は，できるだけ 90 度対面法に忠実に設定していましたが，現在は座るときの姿勢等で調整するようになっています。それは対面法をおこなっているクライエントとのあいだでは，きちんと向かい合うことが望ましいときもあると感じているからです。

2. セッション中の身の置き方（表 3-1 参照）

　そのセッションの時間，治療者はそこに**静かに穏やかに存在します**。しかしそれは，カウチに横たわっているクライエントにはその姿が見えないとしても，治療者の本来的な不在を意味することではありません。

　私の場合は，クライエントの語りに**あいづちをはさみます**から，そこでは静かに耳を傾けている私をクライエントは感じることになると思います。しかしながらそれでも私を不在と感じるクライエントがいます。ここに**転移**が生じているのです。

　治療者は**そのセッションのタイムキーパーでもあります**。ですから，治療者

表3-1 治療者の身の置き方

静かに穏やかに存在する
あいづちをはさみながら，傾聴する
タイムキープを考慮する
受身的・中立的・分別をわきまえる・禁欲的
誠実にいること

は時間の経過を把握しておくことが必要です。経験を重ねると時間の経過がだいたいつかめるようになってきますので，このことにはあまり神経質になる必要はありません。治療者にとって不自然な姿勢にならず，あまり目が向き過ぎないところに時計を備えておくのも方法でしょう。まずはなにより，**耳を傾けることに集中することです**。焦点化しない，漂う注意という形での傾聴です。

ここでセッション中の身の置き方のポイント，すなわち精神分析療法において治療者の基本的な在り方として述べられているいくつかの事項にふれておきましょう。それらは，治療者の「受身性」，「中立性」，「治療者としての分別」，「禁欲規則」です。

a.「受身性」

治療者は，クライエントの発言・連想にともかく耳を傾けるという立場をとります。治療セッションをリードするのは，クライエントなのです。治療者自身が率先して発言し，自分の考えを積極的に主張や指導するという態度を取るものではありません。

この点が，教育や認知行動療法，森田療法と異なるところです。授業などの一般的な教育の場面を考えてみるとわかりますが，そうした場面では先生が率先して積極的に話し，また多く話します。精神分析の関係はそうではないのです。この関係の持ち方，つまり治療者が**受身**の位置にみずからを置くことによって，クライエントはクライエント自身のペースでみずからの語りを進めていきます。つまるところ，内的体験を自分流に主体的に展開していくことができるのです。そこに，クライエントその人がそのまま表されるのです。

治療者は聴くこと（と，治療者自身のなかで自由に考えること）においては能動的といってよいのですが，関係全体での在り方は，受身なのです。

ある種の格闘技，たとえば柔道では，受身が基本とされます。（負傷することなく）安全に投げ飛ばされる，治療においては安全に振り回されることが，

安心して力を出せる関係をもたらしてくれるのです。格闘技に定型的に体験されるように，ひとは攻撃したり能動的に活動している方が，主体性が発揮できて精神的に楽なのです。ですから躁状態や躁的防衛にある人は過活動で攻撃的になるのです。一方，継続的に受身であることは，なかなか難しい在り方なのです。けれども精神分析的治療では，その能動性はまず，クライエントに提供するものなのです。

受身がしっかりとれることが，いわゆるふところの深さ，人としての奥行きを体現します。

b.「中立性」

精神分析的治療者はクライエントが語り示すことを，社会文化的，倫理道徳的，宗教的，さらには治療論や治療技法論的な一定の価値観に左右されてしまわず，そのまま受け止めるようにこころがけることが，「**中立性**」といわれます。ある特定の視点からの特定の価値観に与しないことです。

治療者も個人としてはその人独自の価値観を抱いて生きているはずです。しかし精神分析的治療においては，その価値観に基づいた直接的な介入をしないようにみずからを充分制御しておくことを求められます。

たとえば，クライエントが犯罪的な考えを述べたり差別的な考えを述べたりしたとき，治療者はそれに対して，宗教的道徳を伝えたくなったり，社会倫理に基づく説教をしたい気持ちに誘われます。また残虐な考えや性倒錯的な考えを語るときには，それらの考えを断罪したり矯正したい思いにかられます。さらには精神分析治療を攻撃的に非難してくるのなら，精神分析への弁護を治療者はしたくなります。

しかしここで治療者がそうした自分の考えを語り出すなら，それは治療の場での社会的討論になってしまいます。分析治療ではなくなってしまいます。こうした発言が露骨になされているときには，むしろそのクライエントが**そのような話題を持ち出すことでどんな思いを抱いているのか，またそのような話題を持ち出すというのは，いったい治療者をどう見て，何を向けているのかという転移的な視点に戻ることが大切なのです。**そうすると丸田（1986）が「中立なのは，無意識に宿る，ぶつかり合う力に対してです」と述べていることの意味がわかられることでしょう。クライエントが語っていることの下にあるアンビヴァレントな想いを認識しておくことです。

クライエントは話しながら，ひどく怯えているのかもしれません。考えてし

まうみずからに困惑して助けを求めているのかもしれません。あるいは治療者を挑発しているのかもしれません。いずれにしても社会的討論に入ることは，転移されているものに無意識のうちに巻き込まれ，治療者がアクティング・インしていると言えることなのです。

ですから，私たちは中立性という在り方をまず身につけることが大切です。神田橋は「静かで粘りある価値感・理念をもつ人だけが『中立性』という言葉の真の意味を，現実行動としておこなえる」と言い，さらに「精神療法の定型的な流れに沿うのが，『中立』である」と言います。私たちは自分が表面的に，そして深部においてもどんな人間かを知り，さらに意識化しておかねばなりません。これらの治療者自身の個人的在り方をこころの「ハンドルの遊び」に置いておくのです。自分の内的な枠組みをつかみ，その法を越えないようにこころしておくのです。

しかし，私たちが**中立でいることが揺さぶられるときが**，**治療過程ではまずもって起こります**。もともと中立的でないのなら，この事態に気づくことさえないでしょう。この中立性が揺さぶられるとき，ただ中立性を失わないようむきになって頑張ることではなく，むしろこの時点でそれが起きていることと起きている関係の性質を見ていくことが，この揺さぶりの後ろにある**特徴的な転移関係**──そのクライエントの在り方の本質を確実に含んでいるもの──に，私たちが気づくチャンスをくれるのです。

このことは，言い換えるなら，**無意識にある治療者の逆転移とその動きを把握するための内的治療構造の枠組みが中立性**なのです。

c.「治療者としての分別」

もともと「**医師としての分別**」（フロイト／小此木）と表現されている治療者の在り方です。治療者が治す・助けるという上位に立つゆえのこころのおごりから，治療者自身が気に入るように治療者の理想をクライエントに押しつけ，治療者に似た姿，もしくは治療者の望む姿にしないという**分別**を持っておくことが求められています。つまりは，クライエント自身の「本質の解放と完成」（フロイト）へ向かうよう手助けしていくという心構えを持っておくことです。

クライエントのなかには治療過程において，治療者を極度に理想化してあこがれ，その治療者のようになりたがる人もいます。このとき，治療者はそれに同調してしまわないようにしておかねばなりません。しかしながら残念なことに心理治療者のなかにもドグマを押しつけ，**教祖のようになりたがる人もいる**

ようです。そうした治療者に分別のなさとそれゆえの弊害を，私たちは見ることができるでしょう。またスーパーヴァイザーとしてスーパーヴィジョンでこの傾向が見られる人がいます。提示されているケース検討の場であるスーパーヴィジョン（この関係は指導する側と指導を受ける側の立場と力の差がはっきりしています）を，あたかも個人分析の場であるかのように，スーパーヴァイジーの個人の病理を指摘したがる人です。人は同じ態度を無意識に繰り返します。そうした人は治療者として働くときに，みずからに注意しておく必要がありそうです。

d.「分析の隠れ身」

「分析の隠れ身」という考えは，ローレンス・キュビー Kubie, L. (1950) が明確にしたものです。治療者はできるかぎり，みずからの個人的感情や倫理的判断をクライエントに明らかにすべきではないという方針を指しています。つまり治療者はみずからの精神的な個性を隠しておくべきであるという考え方です。

これはなぜかと言いますと，クライエントが分析空間内に提示されている治療者の姿に，思いのままに自由に内的対象を投影する余地をできるだけ広いものにしておこうという，いわゆるスクリーンとしての治療者を確保しておくためのことなのです。治療者が**隠れ身**にあればあるほど，なされてきている投影が明瞭に識別されるのです。「中立性」において得られる転移の正確な認識という精神分析治療の必要条件を確保するためのものなのです。

e.「禁欲規則」

「禁欲規則」とはそもそも，精神分析治療においてクライエントは，**節制‐禁欲**のうちにその治療を進めていかねばならないという，クライエントに対する治療規則のひとつでした。けれども，このクライエントへの禁止は，当然治療者の在り方に影響します。そこで治療者にも「禁欲規則」はあてはまるものになります。治療関係での治療者自身の欲動や欲望の衝迫を満たすことの禁止です。

すでに取り上げてきました「受身性」，「中立性」，「治療者としての分別」，「分析の隠れ身」いずれも，治療者に対する何らかの禁止・禁欲を含んでいるものです。

ビオンは精神分析セッションに臨む治療者の在り方として，**「記憶なく，欲望なく，理解なく」** というフレイズを語りました。

この「記憶なく」は，そのクライエントが示してきたそれまでの内容や過去

の治療者の考えに治療者がこだわらないこと，つまり治療者に記憶されている既成の考えや知見から現在のそのひとを決めつけないことを言っています。「欲望なく」とは，クライエントの状態やら治療の展開やら未来にありそうなものについて治療者がみずからの願望をあてはめようとしないようにと言っていることです。最後の「理解なく」は，治療者が理解したいとの思いゆえに，現在自分が抱いている考えにクライエントをあてはめないようにするべきであることを言っています。

　これらはすべて**治療者の知りたい欲望，変えたい（治したい）欲望に動かされ**，現在のそのひとが見えなくなってしまうことを戒めているものでしょう。

　また「受身性」は「理解なく」に，「中立性」と「分析の隠れ身」は「記憶なく」に，「治療者としての分別」は「欲望なく」に，それぞれ重なるもののようです。

　一般に分析的な治療セッションにおいて私たちは，**考えることや空想すること，感じることはできるかぎり自由にするようにしながら，あらゆる行為はしないよう，こころしておかねばなりません。**

　なぜか。それは，面接の場にクライエントが何かを持ち込むために生じる**空気**をそのままつかむためです。それを成田は「その場の雰囲気さん」と呼んでいます。私は「空気感」と呼びました。それは，次章の「耳の傾け方」のポイントでもあります。

V　その他の治療者が注意すべきこと

1. 誠実であること

　私が思う精神分析的な治療関係にある治療者に大事なことは，なにより**誠実であること**だと思います。

　それは，治療者がまず契約，約束をきちんと守ることで表現されると私は考えます。実際には，治療者が遅刻をしない，安易なキャンセルをしない，面接時間を勝手に縮めたり引き延ばしたりしない，時間の変更をできるだけ避けるという形で示されることでしょう。

　もちろん，誠実さとはこころのあり方ですし，どんなことであろうともクライエントの気持ちにそのままふれ続けておこうとする治療者の姿勢であろうと思います。ですから，ただ枠組みや技法にばかり固執していることは本末転倒

になりますが，治療の枠組みを守るというひとつの実行に，治療者の誠実さを表すこともできるのです。

馬場（1999）は（学派に）共通した心理療法での態度，かかわり方として，「相手の立場に立つ」，「その人自身の真実というものを大切にする」という特徴をあげていますが，この実践も誠実さの大事な表現であると思います。神田橋はこのことを裏手から「贋物であり逃げであることを充分承知のうえで用いられるとき，技法は，凡々たる魂との生の出会いより優れている」と言います。

また治療者も人間ですから，風邪をひいたりひどく疲れていたり，体調が悪いときもありましょうし，身内の病気や死など何か苦悩や抑うつを抱えた心情のときもあるでしょう。それらは避けられないとしても，それを不必要に強化してしまうような不摂生な生活のあり方はしないようこころがけておくべきと思います。それが，プロフェッショナルであることであり，プロフェッショナルとしての矜持と誠実さであると思います。

「無事これ名馬なり」という言葉がありますが，この言葉の意味するところは，治療者の在り方の基本でもありましょう。

2. 治療者の倫理について

もちろんここに，今日強調されています治療者の倫理という大切な認識を含むべきでしょう。専門家としての厳正な倫理観を持つことは，とても大事なことと私は思います。しかし，倫理だけがひとり歩きすると，禁止のための禁止になってしまいます。

私は精神分析による治療をおこなう治療者は，示してきたようなその治療者

 column ──────── 精神分析での疑念と精神分析への疑念

Q4 「避けるべき治療者」とは？

A それがどんなことであろうと，約束を守らない人，予定の変更をたびたびする人は避けるほうがよいでしょう。話を聞かない人やどこかわざとらしい人もそうでしょうし，絶対的なものを権威的に主張する治療者もそうでしょう。また，どうも相性があわないと感じる治療者，本物という感じのしない治療者は避けたほうがよいでしょう。

としての在り方を理解し，みずからがプロフェッショナルであることの**認識**と**矜持**を持つなら，おのずとその倫理は身につくものであろうと思っています。

この仕事（私は心理臨床の仕事全般にもあてはまると思うのですが）は，**厳しい仕事**なのです。そして酬いが期待しがたいバッド・ジョブ（ビオン）なのです。それでもやろうという人がやる仕事なのです。こうした在り方ができない人は，いさぎよく治療者であることを辞めるべきだと私は思います。

Ⅵ　途中で起こる治療契約の変更の取り扱い

この章の最後に，治療過程で派生する治療契約にかかわる問題について述べておきます。この部分は，第10章「精神分析的心理療法プロセスで起こること」と関連しています。ですから，ここではさらりと読み流しておいて，第10章を読むときに振り返られて読まれてもよいかもしれません。大事なことをついでに述べておきますが，**実務的なことがらに関する治療者からのあらゆる提案や相談は，分析セッションの終了後ではなく，開始前に手短になされるべき**です。

1. セッションのキャンセル
   a. クライエントのキャンセル

   クライエントの休みは原則として，治療契約事項の枠で対処するべきです。契約上キャンセル料が発生した場合はきちんと徴収するのです。実際にはたとえば，身内の死や子どもの病気など，突発したことが気の毒に思える事態があります。また，台風などの自然災害のためにクライエントが来られなくなってしまうときもあります。ここで治療者が親切心からキャンセル料をなしにすることは，**借りがある**という気持ちをクライエントに生じさせ，その後の面接で治療者への陰性感情の表出を困難にさせてしまいやすくしてしまいます。治療者の「小さな親切が大きなお世話」になるときです。そしてこれらの事態そのものも多くの場合，クライエントにとってセッションの直前やまさにその当日ではなくそのいくらか前には予測が立てられるものです。

   b. 治療者のキャンセル

   次に，治療者が突然にキャンセルする場合があります。私の場合は，父親の突然の死がありました。このときは電話等にてキャンセルの連絡を伝えますが，

用件を伝えるだけで**理由は言わない**ことが**原則**です。その後のセッションの再開においても，その始まりのときに突然にキャンセルしたことを詫びるだけにとどめ，理由は伝えません。

　このように対処するのはクライエントが，治療者側のキャンセルという治療者が現実に引き起こした事態を，クライエントが**それまでの転移空想の流れ**に沿って利用できるようにするためです。この対処は，治療者の現実（私の例では，父親の死）を不要に持ち込まず，ふたりの関係が精神分析的に治療的であり続けることなのです（転移については，第6章と第9章にくわしく述べています）。また，このキャンセルしたセッションについては，クライエントが希望するなら，別の日時に補うことは相談してよいことです。

　女性の治療者では妊娠・出産，男性の場合は手術といったことでのある一定期間のセッションのキャンセルが生じる場合があります。妊娠の場合は明らかに身体の変化がクライエントに見える事態です。いずれの場合も，切羽詰まった状況になってからでなく，早めに予定される休みの期間をクライエントに伝え，その間の対応を相談すべきです。なぜなら切迫流産等，治療者として予想したくない事態も実際には起こりうるからです。

　この妊娠や手術については，その事実を簡潔に，しかしきちんと伝えたほうがよいでしょう。というのは，これらの事態においては治療者の復帰が予定通りにできるとは限らないからです。この不確実さからクライエントに不要な期待と失望を与えないためです。この妊娠・出産にまつわる対処や転移には膨大な検討が必要です。それはこの項での記載を越えるものですので，さらには取り上げません。

2. セッション時間の変更
a. クライエントからの申し出

　クライエントからのセッション時間の変更の申し入れがあることがあります。それには一時の変更の場合と，恒久的な変更の場合があります。どちらの場合でも，その理由を尋ねてよいことです。それが納得できる内容で，治療者にとっても可能であるなら，変更を受け入れてよいでしょう。ただ恒久的な変更の場合にはすぐには決めず，この話題がおりにふれ検討されていく姿勢が必要です。

　しかしこの納得できる理由があるとしても，そこには転移的意味合いが含ま

れている可能性を治療者は考えておくべきです。たとえば母親に対してと同じように，治療者をコントロールする満足をクライエントが得ようとしているかもしれません。あるいは外部の怖い父親対象に従うために，治療者とのよい関係を犠牲にしようとしているのかもしれません。もちろん，これらの変更の申し入れがたびたびある場合は，転移的意味合いが濃くなりますので，それを取り上げることが必須になります。

b. 治療者からの申し出

治療者からの時間の変更の提案は，述べましたようにセッションが終わったあとにではなく，セッションの開始のときに手短におこなうべきです。そしてそのときに即答を得ようとすることではありません。期間を置いて後日のセッションの最初に返事を聞くようにします。治療者が変更を提案することが即座に転移的な意味を持つことは少なくありません。ですから，転移として変更の話題を取り上げることを忘れてはなりません。たとえば自分の時間を治療者は自分より気に入っているほかの誰かにやろうとしているという同胞葛藤が転移されたりします。

治療者がたびたび時間の変更を申し入れるとしたなら，そこには治療者側に問題があることを意味しています。個人的な逆転移と**間接の逆転移**（たとえば治療者の所属する施設／施設長への逆転移の余波が時間の変更に及んでいる場合があります）の双方を顧みるべきです。

3. セッション頻度や料金の変更

セッション頻度や料金の変更には，増やす場合と減らす場合があります。

a. 増やす場合

一般に，増やす場合は減らす場合ほどには問題を含みません。クライエントからのセッション頻度を増やしたいという希望は**依存の高まり**を表しています。そのことを充分話題にして，実際の取り決めを進めることです。治療者からのセッション頻度の増加の提案は治療者からの接近を意味します。ですからクライエントがそれに反応する時間をクライエントに充分与えることが必要です。ここには料金の問題も関係します。セッションが増えることはクライエントの経済的負担が増えることです。このことにまつわる転移が浮かび上がることもあります。たとえば治療者は自分の金銭だけが目当ての搾取する対象と受け取ることです。治療者はあらかじめセッション頻度増加についての料金指針

を持っておくことも必要であると思います。私は基準として，週に3回以上のセッションを持つ場合はセッション料金を減額することを考慮しています。

　セッション料金を上げることがクライエントから提案されることはほとんどありません。あるとしたら，そもそもの設定が安すぎるときでしょう。そこには治療者の逆転移の問題がありそうです。料金を上げようというクライエントの提案は，治療者へのスーパーヴァイズかもしれません。治療者が料金を上げたいという場合は，そのことを悪びれずきちんと伝えねばなりません。そしてこの提案にクライエントがどんな反応をしてもよい自由を確保しておかなければなりません。そこに陰性転移を取り上げる機会が生まれます。

b. 減らす場合

　セッション頻度にしろ料金にしろ，クライエントから減らす提案がなされる場合が，臨床でもっとも見られることです。治療者がセッション頻度や料金を減らす場合は，上述した個人的基準に沿っての減額等でなければ，何か特殊な事情が発生したときにかぎられると思います。たとえばクライエントの経済状況が明らかに慢性に悪いことが無視できないときです。この場合も治療者の提案後，この提案が両者によってじっくり検討されることが必要です。

　あるクライエントは間合いを置いて再三，毎週のセッションを隔週にすることを申し出てきました。おもな理由は身体の疲労でした。それを理由にときどき休んでいました。彼はいくらか遠いところから通ってきていました。私はそのたびにこの申し出を取り上げましたが，そのままで継続していきました。私は隔週にすることはこの面接が役に立たないものになると私が考えていることを伝えていました。けれどもまたもや，この希望が述べられました。私はそれまでの数年間の面接過程での事情把握から彼の経済に面接料金の占める割合が大きいことを知っていました。そこで私は継続したその話し合いのなかで最終的に，セッション頻度は変えずに彼の事情を鑑みて料金を減額することを提案しました。彼は最初は驚きの反応を見せましたが，私の提案の意図をやがて理解し，それに沿って継続することになりました。その結果，これまでの身体の不調によるキャンセルは減少し，治療の連続性が保持されるようになりました。

　クライエントがセッション頻度や料金を減らしたいという場合に戻りましょう。初心の治療者がもっとも多く遭遇するのは，クライエントがセッション頻度を減らしたいと言い出す場合でしょう。

　このときには，まずもって正当と思える理由をクライエントは述べます。し

かしこの減らしたいという願いは、「転移抵抗」と呼ばれる要因、つまり治療者とのあいだでのなんらかの強力な情緒葛藤を回避するために距離をとろうとする手段であることは確実です。この事態は、意識的理由の背景に無意識的理由があることの典型例です。

ですから減らしたいという気持ちがどこから出てきているかを、じっくり検討する作業が欠かせません。この抵抗はかなり強い場合が少なくありません。ですから治療者が生半可に、もしくは**クライエントを失う恐れ**から、面接をやめるより減らすほうがまだよいと思っていると、クライエントの回避ペースにはまってしまうことも多々あります。ゆえにこのセッションを減らしたいという提案があったときには、治療者はそのクライエントとの治療が何なのかをじっくり顧みて、治療の解消を含めて、はっきりと自分の姿勢を固めて面接に臨むことが求められます。

クライエントが料金を下げてもらいたいという場合もあるものです。この話題も、即座に了解するものではありません。この料金を減らす提案は、セッションを減らす提案よりも**クライエントの治療者との関係を保持したいとの思い**が強いものです。ですからその点を認識した上で、ふたりの関係に何が起こっているのかを見ていく必要があります。

4. 場所の変更

面接場所の変更はもっぱら治療者によって提案されるものです。この変更にも、臨時の変更と恒久的な変更があります。

臨時の変更には、セッションの直前に予定した面接室が空いていなくて、別の部屋に誘導する場合から、もっと早めに変更を伝えることができる場合までがあります。いずれにしても、これらの変更は望ましくないことです。変更せざるをえない場合は、治療者は誠意をもってこのことに対処し、セッションの始まりに変更をきちんと謝罪します。あとはこの問題をどう取り上げるかはクライエントの気持ちの流れに委ねます。

またそれが施設の都合で変更を余儀なくされているとしても、治療者自身が事前に十分工夫、検討しておくべきです。こうした変更は治療者の逆転移、とりわけ間接の逆転移をかきたてやすいことは自覚しておかれねばなりません。

面接場所の恒久的な変更は、治療者の職場移動、あるいは施設の事情などによって起こります。この場合は、できるだけ早めにクライエントにその事実を

伝えておくようにします。1年前でもかまいません。要は，その変更がクライエントにどのように転移的に使われるかを見ておくことが，治療上大切です。

5. 治療契約の解消

　心理療法の終結という事態を除けば，契約の解消とは，心理療法の中断を意味します。すなわち治療者の提案による治療の中断とクライエントによるそれです。

　治療者による中断の提案は，治療者に続けられない個人的事情が生じたときと，治療者が精神分析的心理療法を続けることが好ましくないと判断したときがあるでしょう。この場合の中断は特異なことですから，事情をきちんと伝える必要があります。そして中断後の対処についても提案したり相談することはあってよいことです。

　一方クライエントによる中断の提案は，やはり転移抵抗と見られるべきものです。それとしての対応がなされねばなりません。ここで治療者にセッション頻度の減少のときと似た，クライエントを失うことでの恐怖や無力感，無能感などさまざまな思いがかきたてられます。この中断については，やはり第10章「精神分析的心理療法プロセスで起こること」にくわしく述べていきます。

　治療契約にからむ変更の問題をいくつか取り上げていきましたが，私たちが精神分析的な治療に携わっているかぎり忘れてはならないのは，クライエントからの**あらゆる変更には転移がからんでいる**，そしてそれは逆転移を刺激する，また治療者からの**あらゆる変更には**(それが逆転移でありうる可能性とともに)**転移がからんでくる**という視点を保持することです。それがいかに明らかな現実的な理由からと見えそうであっても，私たちは常に現実要因と転移要因の両方を検討する心構えを持っていなければなりません（転移については，とくに第6章と第9章が割り当てられています）。

ふりかえり

○見立てを伝えることは，クライエントのこころについての共通した理解を分かち合う機会です。

○治療契約を結ぶことで関係性の外枠を固めます。
　　場所とセッション頻度，時間の設定
　　料金とキャンセル取り扱いの設定
　　責任の所在
　　中止等の判断
　　プライバシーの保護
　　⇒治療契約の変更の取り扱い：時間，頻度，料金

○治療者の身の置き方を定めます。
　　カウチ，椅子の使用の決定
　　受身性
　　中立性──内的治療構造として
　　治療者としての分別
　　分析の隠れ身
　　禁欲規則

○誠実であること。

第4章

耳の傾け方

聴き方，ひとの読み方

I　耳を傾けることは，ひとを読むことです

　精神分析の治療として私たちがクライエントと出会っているとき，なにより大切なことは，まず耳を傾けることです。**すべては聴くことから始まります**。それは，その人を知るために，その人が話すという形でその人自身からなまの資料を出してもらうことです。

　聴くということでは，私には思い出してしまう体験があります。

　私は大学病院の心療内科医として職業人のスタートを切りました。このときの教授は，池見酉次郎先生でした。先生はオリエンテーション・レクチャーで，まず患者の話を聴きなさい，謙虚に無心に聴きなさいと言われました。

　やがて私は，入院患者を副主治医という形で受け持ち始めました。その3人目か，4人目に受け持ったのが，40過ぎのやせた既婚女性でした。この人は，原因不明のさまざまな身体の痛みや発熱を訴える人で，長年いろいろな施設で治療を受けてきていました。今回は2カ月の検査入院という予定でした。身体諸器官の検査を進め，しかし痛みの訴えは変わらないままに退院予定のときが来ました。

　上級主治医から退院予定日を本人に伝えるようにと言われて私は，ベッドサイドで退院になりますと彼女に伝えました。それまでも痛みで苦しいという訴えにくどいところはあったのですが，私とは穏やかな関係でした。

　ところが，退院を伝えたところ，この女性は俄然怒り始め，「何も治っていないのに，どうして退院しないといけないのですか」，「私はこんなに苦しんでいるのに退院しろというのですか」と，声を荒げて私に激しく怒り始めたのです。

　私は，これは困ったことになったと内心動揺しましたが，どうおさめるべきかわかりません。このとき，とにかく患者の話を聴きなさいと言われていたことを思い出し，彼女の非難をじっと聴いていました。とげとげしい雰囲気がすぐにその病室全体をおおい，やがて周囲のベッドのほかの患者たちがしずしず

と退室しました。ふたりだけです。患者はベッドに寝たまま怒り，私はベッドサイドに立ったまま，まるで叱られている生徒のようです。やがて患者は「私は教育学部心理学科のA教授の身内」と新米の私には脅しのようなことも言い始めました。

私はやはり，じっと聴いていました。「どうして，こんなことになったのだろう」とか「何でこんな目にあっているのだろう」とか内心思いながら，聴いていました。1時間半ほどの時間だったでしょうか。ものすごく長い時間のように私は感じましたし，今まで体験したことのないときの過ごし方でもありました。ともかく患者の抗議は終わりました。私はなんとか部屋を出ました。このとき初めて，治療者として聴くということがなんと大変なことかということと，聴くことがいずれ終わりをもたらすことを知りました。

そもそも「聴く」ことは，まったく単純な行為です。しかし，その行為に感受性をいかに生かしているかというところにおいては，大変むずかしいものでしょう。

一方その対称にある，話すという行為については，そのむずかしさは誰もが経験的に知っているように思います。きちんと筋道立てて話せているだろうか。肝心なところを抜かしていなかっただろうか。思うところが伝わっているだろうか。話し方が変ではなかろうか。思いがこもった話し方ができただろうか。軽すぎなかったか，重すぎなかったか。不要にしゃべりすぎなかったか。言葉が足りなかったのではないか。発音が不明瞭でなかったかなど，みずからの話しぶりをさまざまに振り返ることができます。それは話すという行為が明らかに能動的な行為であるため，行為者としての自分が感じられやすいので気づくのでしょう。

一方，聴くという行為は一見，受身的です。口や目とちがって，耳を閉じる

◆◆◆ column ──────── 精神分析での疑念と精神分析への疑念

「精神分析を嫌う人たち」とは？

精神分析の示す人についての事実，たとえば無意識，性の欲動，破壊欲動などにおおいに関心がある人です。しかしそれらを見つめたくない人なのです。

表 4-1　耳を傾けるときのこころのあり方
自由に漂う注意（フロイト） 「わからない」を大切に（土居） 記憶なく，欲望なく，理解なく（ビオン） 無注意の注意（前田）

ことはできませんし，いやでも耳に入ってきます。そのため，この行為の性質が認識されにくいのです。しかし聴く行為は能動的でもあります。

「耳を傾ける」という表現にはこの能動性が表わされています。聴くという行為について，「耳を傾ける」というあり方で表現する利点はここにあるのです。もうひとつ，私たちは耳を傾けるというあり方によって，**能動的にひとを読んでいるのです**。

ところで先ほど述べた，聴くことでの感受性を高めるにはどのようにしたらよいのでしょうか。土居は答えています。「わからない」と感じることを大切にすることです。「わからない」と感じることから，知りたいという好奇心が生まれます。それが聴き取ろうとする耳を育てます。「わかった」とか「わかっている」と思ったところで，耳の感性はひとたび落ちてしまいます。

では，精神分析的治療では，どのように耳を傾けるのでしょう。

まず基本は「自由に漂う注意」，前田重治（2003）の言葉では「無注意の注意」，自由にぼんやりと漂っている意識状態で耳を傾けることです。この在り方が「わかった」，「わかっている」につかまらないで，「わからない」にとどまり，答えを拾う（見出すのではありません）のに最適なのです（表4-1参照）。

次に実際的な，分析的治療での聴き方のさまざまなベクトルを，まずここに挙げておきます。

　語られている内容に，耳を傾ける
　語られているその話し方に，耳を傾ける
　語られている話の形式や形態に，耳を傾ける
　語られている言葉の思考水準に，耳を傾ける
　語られていることの含む無意識のコンテクスト（文脈）に，耳を傾ける
　自分のなかの声に，耳を傾ける
　第三の声に，耳を傾ける

それでは，これらの聴き方を解説してみましょう。

1. 語られている**内容**に耳を傾ける

これは，私たちが普段していることです。**情報の伝達**というのは，語られる内容によって伝えられます。

「来週の月曜日は，この面接は休みですね」とクライエントが語るなら，それは，来週の月曜日が祝日であり，そのため面接が休みになることを確認しようと話しかけている，と私たちは聴くでしょう。それがこの聴き方です。語られている内容を正確に把握しようと思って聴くのです。ニュースを見聞するときの聴き方です。

「宇宙人が来て，ですね。だから，僕の入院は，明日までです。グーニャがおかしい。あっ，先生は同級生だった」といった発言を私たちが聴いたのなら，話の内容が非現実的でつながりとまとまりがないと感じ，妄想的な思考の滅裂として重篤な統合失調症を検討するでしょう。

「おれもこの頃忙しくてね。いや，親父も忙しかったんだ。親父が亡くなる3年前に台風で工場が壊れてね。そういえば，20歳の頃，佐渡に行ったとき台風が来てね。橋が壊れて。そうか，俺の忙しい話だったね。でも，親父がね」というような内容がひとつの話としてはまとまっていても，全体として聞くと主題が連想ゲーム的にどんどん変わってしまうのは，聴いている私たちに躁病の観念奔逸を思い浮かべさせます。

この内容に耳を傾ける聴き方がないと，ことは始まりません。そこから多くの情報を私たちは得ます。しかし，それでは充分ではないのです。むしろ危険な場合さえあります。ほかの聴き方を加えていないと，語られている内容を鵜呑みにして全体状況を誤解してしまうことが起こります。

たとえば治療者の経験が少ないときにはクライエントの語る内容だけを聞いてしまい，ひどい両親だとクライエントと並んで，あるいはなり代わって，聞いた内容だけをもとに両親を一方的に責めたりしてしまいやすいものです。しかしクライエントの話し方や治療者自身のなかの声などに耳を傾けていたのなら，別の局面が浮かび上がってくるものなのです。

つまり**内容を聴くときには，クライエントの主観的な感じ方，受け取り方**として聴くことです。馬場は「ああ，この人はそう感じているんだ，この人にとってはこれが真実なんだ」と思いながら聴くことを述べています。言い換えれ

ば，外的現実ということではなく，**心的現実**として大切に聴くことです。

　ですから，この聴き方は，いわば，必要条件です。そして，これから述べていくことが十分条件にあたります。どんなことでこの内容を話すのかについてのヒントが，ほかの聴き方から得られるのです。

2. 語られている**話し方**に耳を傾ける

　この聴き方を普段はあまり意識していないことも多いのでしょうが，とても重大な場面ではこの聴き方を否が応でも意識することも少なくないと思います。私たちは，話し手の話し方にも耳を傾けています。その**トーン**，**リズム**，**速さ**，**抑揚**，**力**，**しめり具合**，話し手との**距離**などを聴いているのです。

　この話し方に耳を傾けていると，次のようなことがつかめてくるようです。

　話し手の感情の性質，たとえば，早く切迫した話し方は，不安や焦燥を伝えてきます。力の入った抑揚のはっきりした話し方は，話し手の自信を感じさせます。小声で力と抑揚のないしめった遠い話し方は，抑うつ的な気分を伝えてきます。

　また話し手の意思を伝えてくることがあります。力のこもった早い話し方は伝えたいという意思を感じさせますし，リズムのないモノトーンな話し方は交流への意欲のなさをうかがわせます。トーンを下げて，リズムを制御したような話し方は，語り手が伝わることに防衛的な気持ちであることを伝えてきます。

　誰に話しているのか。ふたりだけのところで話しかけている話し手なのですから，私たちに話しかけていると私たちは思い込みやすいものです。しかしファスト・フードの店に入って注文するときのやり取りに体験されるように，話し手は私たちに話しかけてもいますが，それはほとんどひとりごとのように，ただ口に出しているにすぎない，あるいはマニュアルを身につけるときに想定した見えない顧客に向けている話し方もあるのです。この場合，その意味で私たちは対応されてはいても，話しかけられていないのです。

　それは，話し方から感じられる（実際の物理的な距離以上の距離を感じさせる）距離の遠い感じや，言葉のリズムの単調な硬さが感じさせる今の関係とのそぐわなさなどから感じられます。

　あまりにこころに引っかかることがある人では，話はしていてもこころそこにあらずで，私たちには話しかけていないこともありますし，精神病の人では，私たちに話しかけているようで，そこには見えないが彼／彼女には存在してい

る幻覚対象に話しかけていることもあります。また話し手が，私たちを前にしていながら，自分自身に話しかけていることもあります。
　このように話し方に耳を傾けることで多くの情報が得られるのです。

3. 語られている話の**形式**や**形態**に耳を傾ける
　一般に話し手は，自分の考えや思いを伝えようとして話します。この伝えるという作業をまっとうするには，その国の言語に共通する形式（つまり，文法）を踏まえて話す必要がありますし，それが滑らかに展開していくことも必要です。
　話の形式に耳を傾けることは，精神医学においては精神疾患の鑑別に有用なこととして伝統的に注目されてきました。
　うつ病での，重石でひっぱられているかのように考えが出てこず展開しなくなる「思考制止」，話を突然やめ，また話し始めるが，また不意にやめるという統合失調症での「思考の途絶」，話が回りくどく，末節ばかりで要点がつかめない「迂遠思考」は，脳器質疾患で耳にします。ほかにも統合失調症での「支離思考」，「滅裂思考」，躁病の「観念奔逸」，脳器質疾患の「保続思考」などがあげられています。
　さらにもっと日常的なところで，話し方の形式や形態に注目すべきところもあります。主語がはっきりしない話し方を耳にすることがあります。誰がそう言っているのか，本人か，母親か，父親か，聴いている方はいつもわからなくなります。
　なぜこの話し方なのかは，検索する価値のあることです。あるいは話の進め方のあいまいさのために何があったのかが，どれだけ聴いてもわからないことがあります。そこには自他をあいまいにする自己愛性があったり，葛藤的事実の意識化を避けるために焦点化しないというある種の隔離という防衛メカニズムが作動しているのです。
　また私たちがその人の気持ちを問いかけても，始まりは問いに合う返事のようで，すぐに自分を横に置いた母親や夫の非難の話に展開してしまう形態が繰り返されることがあります。この話し方にも，その人を知る多くの情報があるのです。
　とくに強迫的な人では，忌み嫌う観念や感情や思考内容にまつわる言葉を絶対に使用しないでなめらかに話そうとするため無理に形式だけが保持されており，聴いている私たちは，どこかはぐれて置いていかれているような釈然とし

ない気持ちになることがあります。

4. 語られている言葉の**思考水準**に耳を傾ける

　語られている言葉が表している思考の発達水準を知ろうとするための耳の傾け方です。

　ひとつの精神分析的聴き方です。

　私たちは，話されていることはそのままきちんとした考えを表しているように思いがちです。その場合は確かに多いものです。たとえばあるクライエントが「母は人前で私にどうしろとはまったく言わなかったけれど，そのため，私は普通のふるまいを知るのにとても苦労した。それを思うと母に怒りを感じる」と語ったとき，これらの言葉がそのままの意味で使われており，「普通のふるまい」という概念が，ほかのだいたいの人たちが一般にとるだろう行動を述べていると理解できます。

　しかしこのように，語られる言葉の思考水準が保たれているとはかぎらないのです。いわば思考のより**原始水準への退行**が起こっているときがあります。わかりやすい例を示してみましょう。

　夢のなかで私たちが聴く言葉は，外界での言葉と同じ言葉ですが，思考の水準は異なっています。ある夢で，戸を開けて空き家に入ろうとしている夢を見ている人に，大きな警察官が近づいてきて「向こう側は危険だよ」と声をかけました。夢見る人には，「向こう側は危険だよ」という言葉は理解できましたが，それが何のことかはわかりませんでした。しかし目が覚めた後，夢見た人が自己分析を進めてみると，それがみずからのこころの奥を覗くことの不安であり，そこに凶暴なものが潜んでいる恐れを意味していると思い至りました。夢での言葉はその視覚像も合わせて初めて意味を持つ，多義的であいまいな，より原始水準の思考です（表意文字，ビオンのグリッドでのＣ［夢・神話・夢思考］水準の思考，視覚像や物語性で意味を持つ思考です。第2章「見立て」を参照）。

　同じように，**解離**で別人格になっている人の言葉も，そのふるまいと合わせて初めて意味を持つ思考です。私たちはその思考水準として聴くことです。つまり別人格が言う言葉をそのままに聴くのではなく，この別人格でこのようなことを言っているとは何なのだろうかと全体としてとらえて意味をつかむべきなのです。ここでの言葉は，夢と同じように解釈が必要な言葉です。

ある若い女性は解離を起こし、与太者のようなふるまいで「おめえ、俺の邪魔するんじゃねえよ」と私につかみかからんばかりでした。私はその彼女に「あなたの子どものこころは、いまとても心細くて怯えているので、与太者のあなたを出してきて、その怯える子どものこころを必死で守ろうとしているのですね」と伝えました。いまあなたが耳を傾けているその人物も、こころは夢の状態にあるのかもしれません。

さらに思考がもっと退行した状態として、言葉が**感情や思考の排泄**のためだけに使われていることがあります。

定型的には「馬鹿野郎」、「ぶっ殺すぞ」、「死んでやる」といった言葉です。これらの言葉は、激しい憎しみや恨みや怯えなどの苦痛な思いを排泄し、強引に具体的に相手に投げ入れるための言葉の使い方です。**原始的投影同一化**と呼ばれるものです。考えるためや意味を伝えるための言葉ではありません。犬が威嚇して咆えるのと同じ原始水準なのです。ここで私たちが、「私は馬鹿なのだろうか」と考えることは何もなしません。内容より情緒に、焦点を変えるべきです。

クライエントは言葉で伝えてきますし、それを私たちは聴きます。しかしその言葉がそのままに語られている概念を伝える言葉なのかは、聴き分ける必要があるのです。

5. 語られていることの含む無意識のコンテクストに耳を傾ける——精神分析でもっとも大切な聴き方

日常生活でも次のようなことがあります。責任を問われた人の「遺憾に思います」という一般的な答弁には、「残念である」との語られているままの思いと、「しかし自分に責任はない」という語られていない言外の含みがあります。訪ねていった先で「せっかく来ていただいたので、夕食に何か取りましょうか」とその家の人に言われたなら、それが「時間も経ったので、そろそろ帰ったらどうですか」という言外の含みであることは、世間知というものです。

これらは、語られていることがすべての意味を表しているのではなくて、むしろ言外に主要な意味があることの例であり、聞き手は世俗的約束事として、このことをわからねばなりません。この場合、語り手は自分が言外に含んでいるものをたいてい意識して話しているものです。

しかし、精神分析での語り手は、無意識的、あるいは前意識的に意味を表しているのです。それを私たちは聴こうとするのです。この聴き方が**もっとも精**

神分析的な聴き方と言えるものです。

「来週の月曜日は，この面接は休みですね」とクライエントが語る場合，それが，内容に耳を傾けているときならば，来週の月曜日が祝日であり，そのため面接が休みになることを確認しようと話しかけていると聴くことは述べました。

ここで，**無意識のコンテクストに耳を傾ける**なら，幾つかの無意識の含みが聴こえてきます。「休みのときには，あなたは私を忘れているのでしょうね」，「私は休みはいらないのに，あなたは休みたいのですね」，「いつも私が負担をかけているので，休みはゆっくりしてください」，「休みには，私以外の私より大切な人物と会うのでしょう」，「来週はやっとあなたと会わないですむ」など，さまざまな含みが聴き取れそうです。

もうひとつ，例をあげましょう。あるクライエントは治療の初めの頃，私に自分のかかっている歯科医のことを話しました。その歯科医はこまかく配慮はするが，彼女がいくら伝えても本当の痛みの箇所は理解せず，そのため結局彼女はひどい熱発を経験せざるをえないということでした。私はこの話を，彼女と私のこれからの治療展開で起こるだろう治療者としての私の気づかなさへの不安に言及しているものとして聴きました。そしてそのことを彼女に解釈したところ，彼女は肯定しました。のちに語った彼女の生活史から，幼児期に彼女が訴えた腹痛が母親に理解されず，仮病と扱われ非難されたこと，その腹痛の身体因（結核性腹膜炎）が見つかるまでには多くの医者が見落としていたことが判明しました。

歯科医師の挿話は，そもそもの母子関係での不安や，それが再現されてきている治療者との関係での不安というこのクライエントに本質的な不安が含まれているものだったのです。

このように外界や過去のなんらかの治療関係のエピソードや上司や先輩との関係（治療者は目上の人に重ねられやすいのです），あるいは治療者と年齢や性別が重なりそうな人との関係のエピソードは，現在の治療者との関係を無意識に述べているものとして，その無意識のコンテクストに耳を傾けたいものです。

クライエントの言い間違いや聞き違いに私たちが注目するのは，そこに瞬間的にまさに無意識のコンテクストが顕わに見えてくるからなのです。「それはなんと，おかしい。いや，お気の毒な」と言い換えられるとき，私たちはその人のもうひとつの感情を知るのです。

私たちは精神分析的心理療法においては，クライエントの無意識部分にふれ

ていこうとしています。ですから，この無意識のコンテクストを聴き取ろうとする姿勢はとても大切なものなのです。この聴き方によって，私たちのパーソナリティ理解がはるかに広く深くなりますし，その人のこころの奥がずっと見えてくるのです。

6. 自分のなかの声に耳を傾ける

ここまでは，クライエントの声に耳を傾けることにかかわってきました。しかしそれと同時に，私たち自身の**内なる声**に耳を傾けることも必要なのです。

私たちがクライエントの話に耳を傾けているとき，私たちのなかにさまざまな思いや感覚が自然に湧いてきます。それらは，そもそもは言葉にならないものですが，その思いや感覚にふれ続けていますと，それはやがて言葉になっていきます。「なんて悲しいのだろう」，「私は，なにか落ち着かない」などです。

私がここで述べていますことは，精神分析の用語で**逆転移**とその知覚と言われるものです。逆転移については，いずれ章をあらためて詳しく述べることになります。しかし，ここで述べていますように，それはまず私たち自身のなかに湧き上がってくる思いや感覚にふれ続け，それらに耳を傾けておくことから始まるのです。そして，内なるどんな声にも耳を傾けておくことが大切なのです。

治療者が「こんなことを思ってはいけない」，「こんなことは考えるべきではない」とみずからに自然に湧いた考えを価値観や文化観，倫理観で否定して耳を塞いだり，「こんな感じは不快で感じたくない」とそれらの言葉を聴かないでいることは，クライエントの切実な何かを知る機会を失うことになるのです。治療者自身がそのとき味わっている苦痛な感じや考えこそが，クライエント自身の今まさに味わっている苦痛で耐えられない感覚や考えを感じていることで

◆◆◆ *column* ──────── 精神分析での疑念と精神分析への疑念

「精神分析的生き方」とは？

精神分析的生き方とは，「**愛することと働くこと**」であるとフロイトは言いました。私は，誠実であろうとすることだと思います。自分自身と他者に同じように誠実であろうとすることであり，事実に誠実であろうとすることです。

あるかもしれないからです。

　私たちは私たちの内なる声に，できるかぎり開かれていることが大切なのです。

7. 第三の声に耳を傾ける

　私たちの内なる声には，私たち自身のつぶやきだけでなく，第三者の声として聴き取られるものがあります。たとえば，「治療者として，そんな不潔な考えをして恥ずかしくないか」という非難の声が聴こえることがありましょう。あるいはスーパーヴァイザーからの「きみはどうしてその問題を取り上げないのか」という批判が聴こえてくることもありましょう。これらは，いわば，**内的な超自我対象の声**と呼べそうなものです。

　こうした声を感じると，私たちは内心怯えて縮こまり，耳をそらしたくなりましょう。しかしここでも私たちは，その声を聴き取るようにし，その声と聴いている自分自身を振り返ることが大切です。起こっていることから身をそらしても，それは何ももたらしません。目を閉じたり耳を塞いだりしても，起こっている事実は消えません。それより，その声に耳を傾け続けていることで，何かに気づくことができるでしょう。この知ろうとし続けることが，次の何かをもたらしてくれるのです。

　また，もうひとつの声が聴こえてくることがあります。それは，「ああ，この人は怒っていたけど，ほんとうはひどく怯えていたのだ」とか「ああ，この人は私を呑み込んでいるのだ」といった**洞察**，あるいは「私はいま，この解釈をすべきだ」といった**直感**，「この話は作り物だ」といった**直観**が湧いてきたときです。

　この直観・直感の声は貴重な声です。ですから，大切にしなければいけません。しかし，この声にやみくもに従ってもいけません。この声とのつき合い方は，経験の豊かさやその声の湧き上がる頻度によってもちがいます。要は，**この声は稀なもの**であることです。そしてその後，その人自身によって，その妥当性が確認される必要があるものです。とくに直感や直観は豊かな経験とその吟味が重ねられていて，意義を生むものだからです。これらを誇大的自己愛的に過信してはなりません。

II　あらゆる感覚を使う——見る，嗅ぐ，触る，味わう

　私たちの感覚は聴くという聴覚だけでは，もちろんありません。私たちには，

見るという視覚，嗅ぐという嗅覚，触るという触覚，味わうという味覚の4つの感覚もあるのです。ですから，私たちはこれらの感覚も使うべきです。**あらゆる感覚を使ってクライエント理解を目指すのです。**

見るという視覚と嗅ぐという嗅覚は，分析セッションでは日常的に活動しうるものです。私たちはクライエントの表情，服装，ふるまいを見ることができます。またクライエントの持ち込む匂い，香水の香り，汗の臭い，何かの混ざった独特なにおいも嗅ぐことができます。この見る，嗅ぐ行為を繰り返しているとある日，何かに気がつくこともあります。「この女性は胸を強調する服を着始めた」とか「香水の香りが薄くなってきた」などです。その意味をじっくり検討することで，新しい何かに気がつくことも少なくありません。英国のマーティン・ジェームス James, M. という分析家は，ある女性クライエントが最初のセッションにとても強烈な香りを漂わせてやってきたため，その後の約1年は，その香りの話題に終始したと述べていました。

触ることや味わうことは，そのままでは分析セッションのなかではありえないことです。しかし，そのクライエントが持ち込んでくる空気やふたりのやりとりから生じてくる独特なもの，これらを私は「**空気感**」と呼んでいますが，それは「味わわれる」ものですし，クライエントのなにかに「触れた」という体験は誰もがしたことがあるものでしょう。これらの感覚も意識していきながら味わい続けたいものです。

さらに，これらの4つの感覚と聴いているものの一致やずれに目を向けることも，大切な気づきをもたらしてくれます。

聴くという行為だけでもとても大量の情報を私たちにもたらしてくれるのですが，それにさらに4つの感覚から得られる情報は，私たちのクライエント理解をさらに豊かにしてくれるのです。その人物全体が醸し出す雰囲気，その人が運んでくる空気，ふたりがいる部屋に生まれる空気感，これらがまさにその人のパーソナリティなのでしょう。それを知るには，私たちも私たち全体で知ろうとすることしかできません。

前田（1999）は，青山二郎の言葉を紹介しています。「解るとは，ドストエフスキイを読んでドストエフスキイになることだ」。ビオンも「記憶なく，欲望なく，理解なく」と言い，「O（究極の現実，絶対の真実，精神分析の対象）になること（Becoming O）」を述べています。これらは私たちが五感をフルに活用して，成し遂げる理解の理想の形なのでしょう。

ふりかえり

○耳を傾けることは，ひとを読む能動的な行為です。

○「わからない」という聴き方，無注意の注意

○さまざまな聴き方
　　内容を聴く
　　話し方を聴く
　　話の形式を聴く
　　言葉の思考水準を聴く
　　無意識のコンテクストを聴く
　　内なる声を聴く

○私たちの全身（聴覚・視覚・嗅覚・味覚・触覚）で読む。
　　空気，雰囲気にふれる

第5章

口のはさみ方

I　なぜ治療者は口をはさむのか

1．理想的な精神分析過程

　理想的な精神分析過程とは，どんなものでしょうか。

　私は次のように思います。それは，精神分析とはクライエントがみずからを知っていくための方法ですから，治療セッションに来たクライエントがまったく自由に連想を広げ，それを言葉にしていきながら，それと同時にその行為によって自分自身に気がついていく，つまりみずからについての洞察を深めていく，それが繰り返されてクライエントがどんどん自己理解を深めていくというプロセスでしょう。

　この場合，治療者はそばにいて，じっと耳を傾けているだけでよいのでしょう。治療者は，何も話す必要はありません。

　しかし，これは理想です。そして理想であるということは，実際はそうではないということです。

2．現実の精神分析過程

　実際はどうなのでしょう。

　実際の精神分析セッションでは，クライエントは「何も，浮かばない」と，黙ってしまうことがあります。あるいは，なぜか黙ったままにいることがあります。自由な連想というより，前もって準備したと思える話を整然と語っていくことがあります。感情を交えず，日ごろの出来事を淡々と描写し続けることもあります。治療者がどんな人なのかに関心を向けるばかりのこともあります。いずれにしても，クライエントの自己理解が深まるようには思えない展開が起こってくるのです。

　こうなると治療者は，それを放置するわけにはいきません。ここに，治療者が口をはさむときが生まれるのです。つまり治療者はクライエントが精神分析

プロセスに戻る手助けとして，何かを語りかけるのです。

3. 口をはさむことで起こること

ところがここに，注意が必要なのです。

治療者が話しかけるということはそれが何であろうと，それ自体，いわゆる「自己開示」，すなわち治療者自身についての情報をクライエントに与えることなのです。

例をあげてみましょう。クライエントの連想に，治療者が〈あなたは，いま，とても怖いのですね〉と語ったとしましょう。この伝達内容は確かにクライエントの切迫した感情に言及しています。しかし，それと同時に治療者についてのたくさんの情報も提供しています。

治療者の口調は，治療者のそのときの感情をクライエントに感じさせるでしょう。治療者の口をはさんだそのタイミングは，治療者の関係の持ち方をうかがわせるでしょう。治療者が取り上げた内容は，治療者の関心をうかがわせるでしょう。ほかにも治療者の使う言葉の種類，言葉の湿りぐあいなどなど，盛りだくさんです。

そしてこのことはクライエントをして，自己理解を深めることよりも治療者を分析することに関心を向けさせてしまうでしょう。なぜならその方が，クライエントにとってみずからを知っていくことの苦痛からのがれられるだけでなく，それ自体が面白いことだからです（情緒的コミュニケーションは，KからL，もしくはHになってしまいます。第2章「見立て」e. コミュニケーションの性質 を参照）。

こうしたわけですから，治療者は口をはさむのには慎重であることが求められます。そしてそこでまず学ぶべきことは，**沈黙**なのです。

◆◆◆ *column* ─────────精 神 分 析 で の 疑 念 と 精 神 分 析 へ の 疑 念

「精神分析が考えるこころの健康」とは？

 喜ぶべきことは喜び，悲しむべきことは悲しみ，楽しむべきことは楽しみ，苦しむべきことは苦しみ，愛しむべきものは愛しみ，憎むべきものは憎むことができるこころです。

Ⅱ 沈黙を学ぶ

1. 沈黙の緊張にもちこたえることを学ぶ

　すでに前章「耳の傾け方」で，クライエントの語りを聴くことの大切さを述べました。この耳を傾けているときには治療者は聴くことに専心していますので，言葉にならないあいづちははさみますが，ほとんど沈黙に近い状態です。

　そして次に起こるのは，クライエントの連想／話がとぎれたときです。ここに，ある種の緊張をともなった沈黙が生じます。

　まずなにより，この沈黙がもたらす緊張や気まずさに，治療者はもちこたえる必要があります。治療者に確実に伝えるべきことがある場合は別として，ここで緊張を解くために安易に口をはさまないことです。

　なぜなら，このとき治療者は，この沈黙の性質をきちんと吟味する必要があるからです。そしてそれ以上に大切なことは，ときとしてとても**気まずいこの沈黙をクライエントがどのように取り扱うか**，つまりその人が沈黙をどんな形で破るか，あるいは続けるかというところに，クライエントが自分のこころに負荷がかかっているときにその負荷をどのように体験していて，どのように取り扱おうとするのかにその人独自の在り方が現れてくるからです。

　ここで私たちが安易に先に口を切るなら，クライエントの在り方を知るひとつの大事な機会を失ってしまうことになるのです。

　このように沈黙のときとは，私たちの治療によくある，困難や（この場合は，おおげさなようですが）危機を好機に変えるときの代表的なものなのです。

2. 沈黙から学ぶ

　私たちは日常の会話では，友好のための会話のテンポのよさやかみあわせを大切にして，そのための言葉をさっさと持ち込んで，好ましい雰囲気が保たれるようにしていくようです。ちなみに，この雰囲気をうまくつかめず，集団のリズムに乗れなかったり，壊してしまう人を「調子っぱずれ」とか「天然ぼけ」と言います。しかし，精神分析的面接での交流は日常会話ではありません。そのクライエント自身を知るための機会です。あらゆるときをそのために使うべきなのです。そしてこの沈黙もそのときなのです。

　ちなみにクライエントの沈黙はふたつの性質に分けられます。**PS（妄想-**

分裂性）の沈黙とD（抑うつ性）の沈黙です。前者は被害感が高く攻撃的で他罰的な沈黙ですので，いずれ治療者の介入が必要な沈黙です。一方Dの沈黙は内省的な沈黙ですから，その沈黙はそのまま置かれていることが生産的でありうるものです（平井・松木，1994）。

　成田はクライエントの自尊心との関連で，沈黙が自尊心を高めることもあると指摘しています。「自分に関心をもち耳を傾けてくれる人の前で沈黙すること，すなわち話すか話さないかの決定権を自分の中に保持していることは，自尊心を高める体験であろう」と述べています。ここにもそのつながりに安心しているDの沈黙と，コントロールを目指したPSの沈黙がありそうです。その見分けが求められます。

　精神分析的心理療法においては，私たちは黙って聴くことを私たちのあり方の基礎に置くべきです。ですから，不必要に口をはさむことは慎まなければなりません。

　聴いている私たちがわからないときに，その疑問点を急いで問いかけないことです。黙ってしばらく待つのです。安易な問いは，クライエントのなかに早熟で不幸な答えを産み出すだけです。**待っていれば，疑問点の答えはやがておのずと語られていくことも多いものです**し，引き続き聴いている私たちには，もっと深い重要な問いが生まれてきます。

　クライエントから問いかけられたときに，答えを直ちに求められたときに，あわてて答えようとしないことです。**安易な答えは，問いを不幸にします。**その問いの無意識の意味は何なのかを私たちはじっくり検討する必要があるのです。

　私たちにとって，黙っておれることは大切なことなのです。

3．ビオンの沈黙

　沈黙についてのビオンのエピソードを紹介しましょう。

　　　故ビオン博士は秀でた，どこか畏敬の念を抱かせる分析家でした。彼は沈黙というものの価値とその使い方を教えた最初の分析家のひとりでした。彼のそのやり方は，かなり脅迫的ではありましたが。彼は（精神分析の）候補生のセミナーにやってきて，座り，黙ってじっと私たちを見つめました。彼は大男でしかつめらしい顔をしており，突き抜くような茶色の目をしていました。私は彼を見ていて，バシリスク（蛇に似た伝説上の怪物，そのひとに

表 5-1　精神分析での口のはさみ方

治療的に好ましい口のはさみ方	：解釈，注目（明確化，直面化），探究
治療的に好ましくない口のはさみ方	：保証，暗示，自己開示
治療的に妨げになる口のはさみ方	：指示，批判・非難，説得，教育

らみ，ひといきで人を殺したという）はこんな感じなのだろうと思いました。彼は不安を掻きたて，セミナーは治療グループのようなものに変わりました。それからおもむろに，彼は私たちがこの体験をどのように取り扱っているかを解釈したものでした。それはあとでがっくりとこたえる，しかし素晴らしい教え方でした。　　　　　　　　　　　（Cortart, N.(1990) Attention.）

Ⅲ　口のはさみ方の種類——治療的な口のはさみ方と非治療的・反治療的なそれ

　面接では，私たちが口をはさみたくなってくる場面が出てきます。
　それは，クライエントの語ることに何か疑問や意見が湧いたとき，語られている内容に注目したいところがあるとき，語られることの無意識の部分を伝えることが大切と感じられたとき，ある感覚や考えを治療者がクライエントと分かち合いたくなったとき，などなど，治療者が言葉で何かを伝えたくなるときが出てくるものです。
　しかし，伝えたくなったことを何でもそのまま話すことは治療ではありません。それは，抑制が欠如した躁に近いこころの状態です。そこで精神分析的心理療法では，何を，どう伝えるかのある程度の基準をつかんでおくことは大切に思います。
　ここではどんなことを伝えるか（専門的に言えば，介入技法の種類）を述べ，次の項で，どう伝えるかを整理してみましょう（表 5-1 参照）。

1．解　　釈

　まず何より，「解釈」という口のはさみ方をあげておきたいと思います。
　「解釈」とは，クライエントが語っていることの無意識の考え，感情，欲望，空想などを治療者が言葉にして伝えることです。

解釈という言葉は一般的には，「言動をその人の論理に従って理解すること」であり，伝えるという行為は含みません。しかし精神分析での**技法としての解釈は，伝えることを含んでいます**。ですから，精神分析治療で「解釈する」と表現されるのは，クライエントの言動の無意識の内容について，治療者が理解できたことを伝えることなのです。

　つまり治療者はこの「解釈」によって，精神分析治療をまったく独自の心理療法とする「無意識を意識化する」作業をおこなうのです。ゆえに，精神分析セッションでの最も理想的な治療者の言葉による介入は，「解釈」のみがなされることです。

　このように「解釈」，あるいは「解釈すること」は，なにより重要な分析治療的かかわりですから，のちの第7章で詳しく述べたいと思います。

　ところで「解釈」のみでの介入は理想なのですから，実際にはほかの言語性の介入もなされるものです。それらのほかの介入には，精神分析的治療を進めるためには，望ましいもの（すなわち，治療的），あまり望ましくないもの（非治療的），まずいもの（反治療的）があります。

　次に望ましい方の言葉での介入をあげてみましょう。

2．注目のための介入（明確化，直面化）

　クライエントが語ることのなかのあいまいなこと，あまりきちんと目を向けられていないこと，あるいは語ることで避けていそうなことだが，クライエントの自己理解に大事と思えるところにクライエントの**注目を求めるための介入技法**です。

　言い換えれば，言葉に表されてはいながらも意識できていないこと，あるいははっきり意識されていないこと（前意識的に気づかれていること）を，意識化させようとする口のはさみ方です。つまりこの技法も，解釈ほど無意識の深みに働きかけることはないとしても，意識化をめざしているのです。

　この注目をうながす介入技法は，「明確化」と「直面化」とに分けられます。

a．明確化

　「明確化」とは，クライエント自身が語っていてもあいまいにしかとらえられていなかったり，本人は十分気がついていないことに注目させる口のはさみ方です。

　「お母さんが忙しい，忙しいとばかり言ってあたふたしていると，イライラ

してきて，ささいなことに文句を言いたくなるんです」というクライエントの発言に，治療者が〈あなたに関心を向けないお母さんに腹が立っているのですね〉というのは，明確化です。治療者は語られていることにある関係性と感情をより明確なものにしています。

「私の話はおもしろくないし，ぐちばかりだから，お父さんやお母さんもうんざりしたってよく言います。先生もいやでしょう」という発言に〈私もあなたの話にうんざりしているとあなたは感じているのですね〉と治療者が伝えるなら，クライエントの，治療者がうんざりしているようだという恐れの感情を明確化しているのです。

b. 直面化

クライエントの意識に近いところにある考えや感情をクライエント自身があいまいにしていたり避けていたりしているときに，当該の考えや感情ときちんと向かい合うようにうながす口のはさみ方です。

ですからこの介入技法は，「明確化」がクライエントの考えの流れにほぼ沿いながら意識化していくのに較べると，もっとラジカルな意識化をもたらそうとするものです。

「私はゆっくり人のなかに入っていけばいいし，それまではうるさい人だけど，お母さんと一緒にいようと思っています」と外出恐怖の男性が言いました。それに対して治療者が，〈あなたは，ひとりでやっていくのを避けていますね〉と応じるなら，直面化です。彼が母親との分離を避けていることをそのまま直面させているのです。

「先生の言うとおりです。私がもっとじっくりと取り組めばよいのを，私がそうしないから……」という発言に，〈あなたは，内心では私に責められたと感じて，腹が立っているのでしょう〉と伝えるのも，クライエントが表面に示している従順さの奥にある怒りの感情をきっぱりと浮かび上がらせて，本人に示しています。

「直面化」は，このように情緒的に強く働きかける介入です。このため，逆にクライエントの不安を強め，防衛を強化させてしまうこともあります。ですから，頻用するものではありませんが，適切に使われるなら，意識化されていないそのポイントにはっきり注目させることができる有用な技法です。

3. 探究の問い

クライエントが語ってはいても，それがどんなことかをもっと探究する必要があると思われるときに問うことです。**「それは何か（what）」の問い**です。

〈どんなことなのですか，それは〉，〈どうしたのでしょう〉，〈何なのでしょうね〉，〈どんなことと思いますか〉，〈どんな感じなのでしょう〉，〈それで？〉，〈そうしたら，どうなのでしょう〉といったような問いが，治療者の口から発せられるのです。

この介入は，クライエント自身の手で，自分自身の知覚や考えをもっと知ろうとする作業を進めてもらいたいときにおこないます。**この問いは，「なぜ（why）」や「どのようにして（how）」ではありません**。因果関係の答えを早く出そうとするのではなく，そのこと，つまり外的内的事実を見つめることをめざしているのです。

4. 望ましくない（非治療的）介入

みずからの内面を見ていく作業をしていく精神分析的心理療法では，他の心理治療ではふつうに使われていてもこの治療の進展に促進的には働かない好ましくない治療技法もあります。

直接に支持を伝える**「保証」（安心づけ，元気づけ），「暗示」，「自己開示」**がこれらにあたります。

a. 保　　証

「保証」（安心づけ，元気づけ）という直接的な支持とは，次のような言葉を伝えることです。

〈だいじょうぶ〉，〈私もそう思います〉，〈それでいいのですよ〉，〈いっしょにやっていきましょう〉など，クライエントの抱える不安，その他の感情を鎮めて，こころの葛藤を早くおさめようとする介入です。そのため，カヴァーリング・メソッド（covering method；不安に覆いをかける方法）と呼ばれることもあります。

不安を和らげるのですから，よい方法のようですし，クライエントによっては，この「保証（安心）」を強く求める人もいます。

しかしながら不安などの感情は，それこそがこころを見ていくための原動力ともなるものです。そのため，その不安や葛藤がただやみくもに鎮められることだけがなされていては，こころの問題に目を向けられなくなります。また場

合によっては，安心させてくれる人としての治療者に，いわば幼い子どものように依存（より正確には，情緒的に寄生）するだけとなり，クライエント本人が感じ考えるというこころを成長させる作業がなされないままになるのです。ゆえに，この「保証」は避けられるべきなのです。

b. 暗　　示

「暗示」とは，〈きっと，これからよくなります〉とか〈やがて気持ちが晴れてきます〉とか，予言的な保証に近いものから，〈ほら，気持ちが楽になってきたでしょう〉，〈心が温かくなってきています〉といった明確な示唆をおこなうものまであります。

私たちがクライエントとよい関係にあるときには治療者のいろいろな働きかけが，そこにある信頼や依存によって，暗示，もしくは示唆的な意味合いを持つことはあるのですが，それを意図してはおこなわないほうがよいのです。

なぜなら，暗示を多用する治療者は**理想的な全能者**のように見なされるようになりますから，全面的依存が起こり，宗教に近い教示，神託を下す関係が起こってしまいます。そしてこの信頼が壊れると，治療者は逆の**無能な悪者**になってしまいます。いずれにしても，クライエントがみずからの能力をベースに置いて省みる作業はなされません。

c. 自己開示

意図された「自己開示」も好ましくありません。「自己開示」とは，クライエントに治療者自身の考えや感情をそのまま伝えることを言います。これは一見治療者の誠実さや正直さを表しているようです。治療者のこの正直さがクライエントにそのまま受け入れられるのなら，事態が好転しそうに思いやすいのですが，しかし事態はそう単純ではありません。

たとえば罪悪感に苦しむクライエントが「私は，かつてこれこれの悪いことをしており，もはや償いのしようもありません」と語ったとき，治療者が罪悪感を和らげる目的で〈私も若いころ，同じこれこれをしましたよ〉と自己開示したとしたなら，クライエントは安心するのではなく，「この人は，そんなひどいことをしていながら，こんな仕事をしているなんてとんでもない悪人だ」と治療者を軽蔑するだけです。場合によっては，みずからに向けていた非難を治療者に向け変え，治療者を断罪しようとするかもしれません。

クライエントが「先生はいったい，私をどう思っているのですか。好きなんですか。嫌いですか」と尋ねてきたときに，〈好きです〉とか〈嫌いです〉と

か〈何とも思っていません〉など（正直なつもりで）答えることは治療として意味がないだけでなく，危険です。

　なによりまず，じっくり内省するなら治療者自身の感情は**ひとつではない**とのことに気づくはずです。ですから，ひとつの感情では答えとして十分ではないはずです。しかしそれよりも，「**クライエントはいったい何が不安で，このような問いを直接自分に向けてきたのだろう**」という治療者自身のクライエントの理解につながる内的問いに戻るべきです。そこで，たとえば〈あなたは，私がどう思っているかを怖れておられるようですね〉といった，クライエント自身の内面に目を向ける問いが生まれましょう。

　ここに示しました「保証（安心づけ，元気づけ）」，「暗示」，「自己開示」は使わないでいるべきですが，実際の治療セッションでは，このような発言を治療者が，たいていの場合クライエントからの情緒的なプレッシャーに圧倒されて，口にしてしまうことも稀ではありません。そうしたときには，治療者はみずからを戒め，またその影響をきちんと見続けておくべきです。そうした発言に十分治療効果があったと決め込んで再考しないのは，治療者自身の自己愛的な合理化です。この合理化や正当化には用心しましょう。

5．まずい（反治療的）介入

　反治療的な言語的な介入に「**指示**」，「**批判・非難**」，「**説得**」，「**教育（的な解説）**」があります。

　これらがまずい理由はすでに，第3章「セッション中の身の置き方」の項で「中立性」，「禁欲規則」，「受身性」において解説しています。これらはすべて治療者が高みに立って治療者自身の価値観や願望・欲望を直接クライエントに向けて押し込もうとするものであり，クライエントが自分独自の考えや在り方を育むことを妨げてしまうのです。これらの介入によってなされる治療は，治療者自身，もしくは治療者の自我理想のコピーを作る治療者自身のための願望充足の作業になってしまいます。

Ⅳ　口をはさむときの配慮

　実際の治療セッションのあるタイミングで，治療者が口をはさんで何かを伝えるとしても，どう伝えるかはとても大切です。伝える内容は適切でも，その

伝え方によっては誤解や意図したこととは逆に受け取られてしまうことも起こりえます。ゆえに，誤解の生じにくい伝え方を吟味することは重要であると思います。

column ── 精神分析での疑念と精神分析への疑念

Q8 精神分析的心理面接をしているときは，そうでない心理面接をしているときに較べて「治療者はこうであらねばならない」，「こういうことをしてはならない，言ってはならない」と決まりごとに自分が縛られている感じが強い。その人を理解するために精神分析を使うというよりも，技法という形に自分が使われているように感じる。それはクライエントのためによくないのではないか？

A 皆さんがとび職，包丁人，外科医，漁師など他の技術的な仕事についたとしましょう。これらすべての仕事において，その最初の時期は実践の場においてやってよいことと同時に，やってはならないことをきちんと教えられるはずです。むしろやってはならないことこそが厳しく指導されるはずです。そして道具の扱いや仕事現場においてどんなふうにあるべきかという行動の枠を厳密に警告されるはずです。それは，それらをきちんとしないと**危険**だからなのです。**その当人，あるいはかかわる誰かが命を落としたり，大怪我をしたりする危険があるからです。**

　外科医や料理人が現場で清潔や不潔にいいかげんであるなら，感染や中毒という致命的危険を引き起こしかねません。漁師や大工が道具の取り扱いに厳しくないなら，怪我や死の危険が高まります。それでは，どうして心理の仕事にそれらの禁止や厳しい指導がなされないのでしょうか。もしそうした厳しさや干渉が欠けているのなら，それは何かがまちがっていると思います。**心理の仕事が大工や漁師や外科医の水準に達していないのかもしれません。**あるいは指導者たちが，目に見えないこころの怪我や死にいまだ気づいていないのかもしれません。たくさんの心理職の人が働いているうちに精神の病を発病してしまう理由のひとつがここにあるのかもしれません。

　何の技術でもそうですが，それをマスターするには，修行と呼ばれるなんらかの規律に厳格に従い，さまざまな面での禁欲を貫き，その人が自分の在り方をかけて格闘した長い時期がないことにはマスターできないでしょう。そうした体験を踏まえた技術と矜持によって飯を食っている人が，プロフェッショナルと呼ばれる人です。その体験を持たないがその技術はうまくこなす人はアマチュア，もしくは趣味の人でしょう。**プロとプロ並みはまったく意味がちがいます。**

ここでは，その伝え方のポイントを挙げてみましょう。

1. ほどよい声の大きさと湿り

クライエントにほどよく聞こえる声の大きさを，治療者はこころがけておくべきです。抑うつ的な気分のクライエントには大きな声はわずらわしいでしょうし，逆に治療者の小さすぎる声はクライエントを不安で落ち着かなくするでしょう。

私も参加したあるセミナーでロゼンフェルドは講師としてマイクの前に立ったとき，講演を始める前に，参加者に彼の声がきちんと聞きとれるかを問いました。そして次には，声がうるさく聞こえすぎないかを問いました。彼は精神分析セッションにおいてもこうした配慮をしていたにちがいありません。

声の湿り具合も大切です。乾いている声よりはいくらか**湿り気**がある声が，共感的な感情を含んだ言葉を伝えるには適しているでしょう。この声の湿度も適宜調整していくもののひとつです。

2. ゆっくりと明瞭に話す

私たちは，私たちの解釈という形での考えや感情を正確に伝える必要があります。そのためには，できるだけきちんと聞き取ってもらえるようにゆっくりと明瞭に話すことが大切です。

精神分析的治療をしていますと，私たちが語っていないことをクライエントは語ったと言ったり，私たちの語ったことをまったく違うように理解していたりすることに出会います。「ビオンのセミナー」の参加者による大変おもしろい話があります。おかしくて正しい私の大好きな話ですが，次のようなものです。

> 私は，かつてある男と面接していました。その会話で，私は「あなたは大学に**行かないほうがよい**」と言いました。私は彼にその理由をすべて伝えました。こうして彼は帰りました。それから2年後，私はアリゾナの人里離れた町をドライブしていました。そしてとあるコーヒーショップに立ち寄りました。突然，この男が入ってきて私と握手した後，言いました。「私に話してくれたことで，あなたに大変感謝しています」と。「あなたの助けになるようなどんなことを言いましたか」と私は尋ねました。「あなたは私に大学に**行くように言いました**」
>
> (Bion, 1994)

ひとは自分の聞きたいことしか，あるいは聞きたいようにしか耳に入れないものです。こうしたときにそもそも私たちが，きちんと伝えているということと何を伝えたのかということを自分自身で正確に把握できていないと，この現れてきた誤解／ずれからクライエントの切実な不安，葛藤や病理を浮かび上がらせることができません。

ですから，私たちは明瞭に話す必要がありますし，治療者の言葉にクライエントの理解がついていけるように，ゆっくりと話すことをこころがけておく必要があります。

3．ていねいな言葉づかいを

私は，どちらかと言えば，ていねいな言葉づかいをするようにこころがけています。児童以下の子どもの場合は別ですが，思春期以降の年齢では，なんらかの形でその人の大人の部分に話しかけることになるからです。治療者より年下であっても，「親しき仲にも礼儀あり」という姿勢を採りたいと思います。

精神分析的心理療法の経過において，分析の関係を上下関係，親子関係とクライエントからは転移的に見られるようになっていくとしても，その基底の現実の関係は対等なひととひとの関係であると思うからです。転移ゆえに発生する上下関係を絶対的事実としてしまわない配慮として，言葉づかいは大きな要因と思います。

私がまだ30歳前後のころ，私は高校を卒業したばかりの強迫傾向を持つ対人恐怖の青年を治療したことがあります。彼はいくらかの改善のあと大学に合格し，上京したのですが，最後の面接で「先生が，自分を大人として話しかけてくれていたのがうれしかった」と語りました。私の彼への言葉づかいが，母親からの親子的な支配に縛られていた彼に，ひとりの大人として認められている安心を育てたようでした。

4．自分自身の日常語で話す

まずは，私たちの普段使っている言葉を用いることです。そのひとつは，**専門用語を使わない**ということです。「防衛」とか「抵抗」とか「投影」といった比較的日常用語になっているようなものでも，できるかぎり使うべきではありません。それらは自分の普段の言葉に代えて述べられるべきです。たとえば「抵抗」ではなく，「なにかこころの受け入れがたい感じ」といったようにです。

クライエントが専門用語を使って話していくことがあります。このときにはまず，その用語の使い方が適切か，さらには治療者自身の使い方とどの程度同じかを吟味する必要があります。クライエントによって使用される専門用語があたかも自分のその用語理解とまったく同じであるかのように最初から受け止めてしまうことが，経験の少ない治療者では見られやすいものなのです。そしてたとえ同じとしても，その用語をクライエントの言葉としてそれを反復する必要があるときには使うとしても，治療者自身からは使わないほうがよいと思います。面接を専門家同士の討論もどきというK（情緒的に知ること）がそらされた形にしないためです。第10章でもこのテーマについて検討しています。
　もうひとつは，**借りてきた言葉**を使わないことです。しかしながら治療者自身の訓練の時期には，このことはやむを得ないことでもあります。精神分析の書物やスーパーヴァイザーの言葉をなぞりまねるのは，それらを身につけるための同一化の過程として必然的に通るプロセスだからです。この場合は徹底して，それを自分のものにしなければなりません。
　しかし，このしばらくのときはそうしながらも，**自分の言葉，自分の表現を常に探し続けること**が大切に思います。私の見るところ，それを試み続け自分の表現を手に入れた人が，治療者としての独自の自分を確立できるようです。
　私たちは，普段使っている言葉を使い，そして同時に自分自身の言葉を産み出す努力を常にしていく必要があるのです。

5. 好ましいタイミングをつかむ

　私たちが口をはさむタイミングは，とても難しいものです。この点については，私たちは常に悩まねばなりません。私たちがスーパーヴィジョンで学ぶのは，まさにこの点です。
　早すぎず遅すぎず，お腹を空かせた赤ん坊にお乳を含ませるタイミングの難しさと同じで，直観でスムーズに哺乳できるお母さんもいれば，悩みに悩んでわからなくなってしまうお母さんもいます。このことこそが，私たちが日々の経験から学ぶことのひとつでしょう。解釈についての第7章で，いくらか実際的に述べてみたいと思います。

6. 話しかけているのは誰なのかを知っておく

　もちろん，そもそもはそこにいるクライエントに私たちは話しかけるのです

が，しかしそのクライエントに直接話しかけるとともに，ときとしてひとりごとのように距離を置いた話し方が望ましいときもあります。たとえば，首をひねりながら自分に語るように「そうか。あなたはほんとうにどうしていいか，わからなかったんだ」と，治療者が気づいたことをぽつんと口にすることがより共感的にクライエントには響くことがあります。またクライエントが語っているなかに出てきている人物に話しかけるようなときもあります。「お母さん，お酒を飲むのはもうやめて！ ……言いたかったんですよね，そう……」といった，話題になっている母親への思いを伝える話し方があります。

　もうひとつは，クライエントの**どの自己部分に話しかけるのか**という視点も大事です。大人の自己部分に話しかけるのか，乳幼児の自己部分に話しかけるのか，父親に同一化している自己部分に話しかけるのか，それを私たちは把握して，その相手を定めて口をはさむべきです。治療者が「抱っこしてもらいたいね」と言うなら，それはクライエントの乳幼児の自己部分に話しかけていますが，「抱っこしてもらいたい思いのあなたがいますね」とか「あなたのなかの幼い子どもの部分は抱っこしてもらいたいのですね」というなら，大人の部分に話しかけています。

　また精神病のクライエントであれば，**精神病のパーソナリティ部分**に話しかけるのか，**健康な部分**に話しかけるのかを識別しておく必要があります。「組織からのテレパシーがあなたを操作していますね」，「あなたは宇宙人なのだ。今，宇宙にいるんだ」と伝えるのは，精神病部分との会話です。一方，「組織からのテレパシーがあなたを支配している**とあなたは思っているのですね**」と伝えるのは健康な部分への話しかけです。もちろん精神病部分が優勢なときには後者の話しかけは拒絶されます。また安易な前者のかかわりは精神病部分を拡大させます。

7. 会話の主体や対象（客体）を入れるか，どうか

　「私は，あなたが好きです」と伝えるのと，「好きです」と伝えるのでは，受け手にとっては聞こえ方が異なるのはおわかりでしょう。

　前者のように会話内容の主体や対象をはっきり述べると，正確に伝わります。思考のまとまりが悪いクライエントや転移的に自己愛的状況で誤認が生じやすくなっている場合などは，このように主体（私が，あなたは，お母さんが，など）や対象（私に，あなたを，彼へ，など）をきちんと入れておくほうがよい

でしょう。しかし情緒を分かち合いたいときには，主体を抜く話し方が自己愛的一体の感覚を生み出し，情緒的に深い交流が生じてきます。

　日本語では「よかったね」などの表現のように，一般に主体や対象，とくに主体を意識することなく抜いていることが多いものです。治療場面では，治療者はこの日本語の特異性を自覚しておく必要があると思います。

8. 話を疑問形でまとめるか，肯定形で終わるか

　私たちが私たちの考えを伝えるときに発言を疑問形で終えるか肯定形で終えるかは，聴く側に微妙な感覚の違いをもたらします。

　「……でしょうか」，「……と思いますか」など，発言の終わりが**疑問形**のときには，クライエントはその内容を肯定も否定もできるという判断をよりオープンに進めることができます。ですから，クライエントは私たちの伝えている内容をより自由に，取捨選択しやすいのです。だがときにこの問いかけの形は，治療者が判断をクライエントに負わせているとも感じられます。

　一方**肯定形**では，治療者の発言はかなりはっきりした考えとして提示されるため，クライエントの選択権は狭く感じられます。つまり，その通りだと実感が分かち合われやすいのと同時に，決めつけられている，押しつけられているといった被害的な受け取り方を派生させやすくします。しかし精神病のような思考が混乱しやすい人は，疑問形は不安を不要に高めやすいため混乱に拍車をかけやすく，肯定形のほうが安心できますし，また治療者の確固とした姿勢が求められている場面では，肯定形が有用です。

9. 長い文章で伝えるか，それとも短い文章で

　情緒的な交流がより豊かになされることをめざすときには，**短い文章**での発言が望ましいでしょう。「びっくりした」というほうが，「私は，これこれにこういうことで，とても驚いてしまいました」とことこまかくいうよりはるかに感情が伝わります。

　しかし，正確な内容を確実に伝えるためには，**長い文章**での発言が必要となります。一般にヒステリーとのあいだでは短い文での情緒交流で治療が深まっていきますが，強迫では長い文章で正確に伝えないと，焦点がぼやけ続けたり心的距離が遠いままだったりします。また精神病でも短い文章の場合はときとして不要に被害感を高め，妄想転移が過度に促進されてしまいます。

10. ユーモアや冗談，笑い話を口にする

　最後に治療者がユーモアや冗談，笑い話を語ることにふれておきましょう。ご存知のように，ユーモアや冗談は一般の人間関係でのよき潤滑油です。それはどの程度，精神分析的心理療法にもあてはまるのでしょうか。

　一般の人間関係はその交流がなめらかにあることを目的としています。一方，精神分析的心理療法はこころの理解と探究を目的としています。ここがちがいます。つまり一般の関係はユーモアや冗談を迎え入れる余地がかなり大きいのですが，私たちの面接はそうとは限らないのです。むしろ被害的反応が起こりやすいことに注意していなければいけません。そしてそれは面接の最中に出てくるとはかぎりません。

　上等なユーモアには棘がないのでしょうが，冗談や笑い話は，それによって真実をむしろ率直に伝えるとともに刺さるとひどく痛い棘があるものです。私たちは治療者としてこの棘には細心の注意が必要であると思います。私は，**棘を抜いたバラのような上等なユーモアを語る自信がまったくありません**。ですから面接中に私に自由連想的に浮かんだジョークやユーモアは自分のなかで吟味しますが，まずもって言語化することはありません。

　治療者がユーモアや冗談を言いたくなるときとはどんなときでしょうか。おそらくそれは，ふたりの間でどこか緊張が高まっていたり，重い空気が支配しているときではないでしょうか。あるいは治療者が個人的に楽しくありたい気持ちになっているときかもしれません。それは，言い換えれば，**私たちが逆転移でのみずからの不安や抑うつ，敵意などに耐えられなくなってきていることかもしれません**。笑い話を必要としているのはクライエントではなく，治療者その人でありそうです。

　ですから私たちはユーモアやジョーク**と思えそうなもの**を口にする前に，逆転移をじっくりと吟味すべきなのだと思います。

　口をはさむこと，そして沈黙しておくことの意義と方法を述べてみました。そのほどよいバランスには，前田（1999）が墨彩画家西松凌波の言葉を引用した「描かないことで，描く」という余白の美，すなわち**語らないことで語る**という沈黙の雄弁さを意識することが役に立ちそうです。それでは続いて，「分析空間でのできごと」を見てみることにしましょう。

ふりかえり

○聴くことが優先です。

○沈黙の大切さを学びましょう。

○口のはさみ方
　　治療的な口のはさみ方　　：解釈　注目　探究
　　非治療的な口のはさみ方：保証　暗示　自己開示
　　反治療的な口のはさみ方：指示　批判・非難　説得　教育

○口をはさむときの配慮
　　声の質
　　明瞭にゆっくりと
　　ていねいな言葉づかい
　　普段の自分の言葉を使う
　　タイミングをつかむ
　　誰に話すのか
　　「わたし」,「あなた」を入れるかどうか
　　終わりは肯定形,それとも疑問形
　　短い文章と長い文章
　　ユーモアや冗談には慎重でありましょう

第6章

分析空間でのできごと

始まりからの転移と逆転移

I 分析空間に何が起こるのか

>　ふたつのパーソナリティが出会うとき，そこに**情緒の嵐**が生まれます。おたがいが気づくほどに接触するなら，あるいはおたがい気づかないほど接触しても，そのふたりの結合によってある情緒状態が生み出されます。

と，ビオン（1979）は述べています。

　私たちが出会っていることは，それだけですでに何かがふたりそれぞれに生じているのです。これがまさに，分析空間にも起こることです。

　ビオンはさらに続けます。

>　その結果として生じる動揺は，ふたりがまったく出会わなかった事態に較べて，前進したものとは，まずもってみなされそうにもありません。けれども，ふたりは出会ったのですから，そしてこの情緒の嵐は起こったのですから，その嵐の当事者ふたりは「**思わしくない仕事に最善を尽くす**」よう決心をすることなのです。

そうです。分析的治療において私たちは，このようにあることなのです。

　何事においても，達人の言葉は平易です。ビオンは，日常の言葉で分析空間のできごとをつけ加えることがないほどに正確に述べています。ただ，日常の言葉であるがゆえに経験の少ない人には彼の伝えることのニュアンスがつかめないところがありましょう。それゆえに私が私なりの解説をしてみる余地がありそうです。

Ⅱ 私たちは前概念を持っていること

1. 体験的前概念

　面接室で出会うふたりに情緒の嵐が起こるのは，私たちが生きている人だからでしょう。そしてその生きていることとそれまでの人生で経験してきたもの（こころの発達史，生活史）を，自分のパーソナリティのなかに溜め込んでいるからでしょう。私たちはこの出会いの前に，考え，感情，空想などすでに予備のものを私たち自身のなかに保持しているのです。この予備のものは**先入観**とも呼べそうですが，私はビオンにならって「**前概念**（preconception）」と呼びたいと思います。

　分析空間の私たちふたりは，それが意識されているにしろ意識されていないにしろ，この前概念をそれぞれの内側に抱いて，出会ったのです。

　クライエントは彼らの生活史での体験とそれにまつわる思いに基づく前概念を持ってきます。治療者も個人史的な前概念と研修した治療者としての前概念を抱いています。そして私たちは，繰り返し会います。

　そこで何が起こるのでしょう。

　ある女性クライエントは，何セッションか私と会っているうちに，私に恋愛感情を向けてきました。それは病院での私が白衣を着ているため，その白衣の私が，彼女と恋愛関係にあった職場で白衣を着て働いていた男性に重ねられたからでした（ちなみに，白衣は彼女と恋愛関係にあった男性と私に共通する部分ですが，その私たちそれぞれの一部に過ぎません。しかしそれが全体像と彼女に見られています。**無意識の「部分集合」**［Matte-Blanco, I., 1988］と言われるものです）。そして私には彼女から強く誘われている感じがありました。

　別の女性はその出会いの初めから，私が彼女を非難しており，さらに悲惨な状況に陥れようとしていると怒り，激しく非難してきました（私が彼女を非難し，彼女が私を非難するという状況は，**無意識の「対称」**にあたります）。それは医師である私とのあいだは，彼女を苦しめた婚約者であった医師との関係が重なるからでした。私は彼女に可哀想さと怒りとむなしさを感じました。

　もうひとりのある女性は私とのあいだで，その初めからひどく怯え続けていました。それは彼女の母親と同じように，私が彼女を用無しの駄目でじゃまな人間だと見ていると彼女が確信していたからでした。私は内心彼女をとても気

の毒に思い，助けたい気持ちを高めました。

　私たちが会い続けていることで，そこに起こっている情緒の嵐の性質がふたりのあいだに徐々に，あるいは突然くっきりと浮かび上がってきます。それは怒濤の嵐のこともあれば，無風の嵐のこともあります。つまり分析空間のなかで，なかでもクライエントの前概念は，現実化される生きた体験となっていくのです。

2. 語られることと現されること
　つまりクライエントは，意識的には自由に連想を語ろうとしていき，さまざまな思いや想起，体験を語っていきながら，無意識のうちに治療者とのあいだで，彼／彼女の前概念に基づいた関係を創っていくのです。これは関係ですから，**共有された時間の経過**という要素と**ふるまいを含む非言語的な部分**が多かれ少なかれ関与しているものです。それを（たいていは，初めはほとんど目立たない微妙なものですが）「**エナクトメント**」もしくは「**転移**」と呼ぶことができるでしょう。

　ここでもうひとつ，つけ加えておきたいことがあります。

　それは，この分析空間での繰り返される出会いは，クライエントのこころの日常の現実感覚を緩め，より内的な，あるいは時間的に過去に戻る傾向を生み出します。いわゆる「**退行**」（**子どもがえり，幼児がえり**）が起こってくるのです。別の表現をするなら，快－不快原則に従うこころの乳幼児的部分が活動しやすくなるのです。

　これらの前概念に基づいて分析空間で起こるできごとを，もう少しくわしく，そしてそれぞれの立場から描いてみましょう。

Ⅲ　転移と呼ばれるもの

1. 転移とは
　まず，クライエントに起こることを見ていきましょう。

　たとえどんな形態で面接がなされるにしても，クライエントは意識的無意識的になんらかの感情や考えを抱いて，予定されたセッションにやってきます。それらの感情や考えとは，ある性質の不安や期待，疑い，依存の感情などでしょうし，単にその感情だけでなく，それにまつわる考えや欲望，対象となる人

物像，つまり対象関係も含まれているでしょう。

　これらが収まっているコンステレーションをまとめて，意識的無意識的**空想**（**phantasy**）と呼ぶこともできるでしょう。すなわちそのクライエント独自のおおよそ無意識的な世界像（つまりは，いわゆる「内的世界」）が，面接室内に持ち込まれるのです。

　そして，これらのある感覚が治療者の何か，たとえば語ったこと，ふるまい，容姿などやその面接室の何か，たとえば雰囲気，備品，できごとなどをきっかけとしてより特徴ある形にやがて結実していきます。これを「**転移**」と呼んでいます。

　つまり転移とは，クライエントに生じてくることであり，その人のパーソナリティ（すなわち，体質と生育史での体験とその体験のしかたととらえ方）の特性が，その感覚や視点の子どもがえりとともに，治療者との関係に現れてくることです。別の表現をするなら，**無意識のうちにこころのなかに創り上げている世界，内的世界が，分析空間のなかに限られている現実の世界に映し出される，投影されるということなのです**。

　このことは言葉を代えて表すなら，馬場が「相手がいろんなふうに見立てて，いろんな態度や反応を示してくる」というクライエントによる「**治療者についての無意識の見立て**」と呼べそうです。

2. 転移はいつから始まっているのか

　述べてきたように，転移は私たちが出会う前からすでに準備されているのです。

　このとりわけはっきり出会いの前に形成されている転移は「**プレフォームド・トランスファレンス**」と呼ばれることもあります。たとえば初回の出会いの前からクライエントが治療者について，「自分を恐れて拒絶するいまいましい人物」，あるいは「神のように癒しと救いを与えてくれる素晴らしい人物」と決めてかかってくるときです。この転移は，「転移の断片」，あるいは「部分転移」というほうが正確かもしれません。

　しかし，そうした転移はありながらも，すでに持ち込まれている「転移の断片」がよりまとまった形をなして見えてくるのは，セッションが重ねられていくことによってなのです。

　そして，すでに第1章や第3章に述べてきた**精神分析的治療の枠組みや治療者の在り方は，形をなしていく転移が，より純粋に形をなす，つまりクライエ**

ントが外的現実とまぎれさせてしまう素材が不必要に入り込まない環境で，内的世界をそのまま表出するための枠組みとして最善をめざしたものなのです。

　このようにして分析空間においてクライエントは，それとは意識しないままに語り表わすなかで治療者とのあいだで彼らのこころのなかの世界を体験しているのです。クライエントには治療者が，自分にある特定の感情や考えを向けているある特定の性向の人物であり，この関係の雰囲気も独特な性質のものに感じられていくのです。

　それらの展開は，**その展開そのものがまるでそれ自体の生命や意思を持つ生き物のようです**。クライエントはみずからの意思や考えで分析の時間を過ごしていると思っているのですが，それとは異なる無意識の何かがうごめいていることを次第に感じないわけにはいかなくなってくるのです。この理解を手助けするのが，**治療者の解釈**です。

IV　逆転移と呼ばれるもの

　この出会いは治療者にも何かを体験させています。基本的には分析空間では治療者は脇役ですが，出会っている以上，治療者も感じ，考え，思います。
　それには治療者の理性的な考えや思い以外のいくつかの起源が考えられます。

1. 治療者の転移としての「**逆転移**」——治療者の病理の無意識の出現

　まず，治療者独自の生活史から出てくる，先ほどの転移の治療者版である逆転移があります。**古典的には**，これを逆転移と呼んでいました。
　たとえば，治療者がかつて自分の両親とのあいだで体験した病理性を含んだ憎しみや怖れ，あるいは愛着を，それとは無関係なはずのクライエントとのあいだに湧き上がらせることです。ただこれらの治療者の感情のうち，償いの感情や親としての世話したい思いの適度なものを，ロジャー・モネー－カイル Money-Kyrle, R.（1956）は「**正常な逆転移**」と呼び，治療者の共感の基礎になるものととらえています。
　しかし，ここで同時に注意をうながしておきたいのは，クライエントにやさしいが離れられない，あるいは治療を終われないという過度な依存的愛着の逆転移です。これは一見熱心で愛情溢れる治療者の理想的な在り方の装いをまとった治療者の病理です。また，叱ることでクライエントのこころを鍛えている

表6-1　逆転移の性質

1. 治療者の病理性の思考や感情の無意識の出現（古典的逆転移）
   参考：正常な逆転移という考え方
2. 治療者の無意識の逆転移へのクライエントの反応への反応としての逆転移
3. クライエントの排出物（投影）のコンテイナーとしての逆転移
   ⇒クライエントの排出物そのものとしての逆転移
       投影 – 逆 – 同一化
       役割対応
   ⇒クライエントの排出物への反応としての逆転移

かのような思いになりやすい在り方も治療者の病理の表れです。鍛錬は優秀なものを作り出すという個人の幻想に支配されています（表6-1参照）。

2. 治療者の逆転移へのクライエントの反応とその影響

　一方，治療者のこの逆転移反応が強烈である場合，クライエントはこの逆転移に反応した対応をしてくるようになります。こうなると，分析過程が治療者の病理を軸に動いてしまい，治療として機能しなくなっています。あらゆる治療で起こりうる逆転移による重篤な問題です。

　ある治療者が，治療者の怒りを誘うような挑発的な言動を繰り返して見捨てられないことを確認しようとするクライエントに対応していました。治療者はこの挑発にうんざりしていて，内心強い怒りを感じていましたが，その怒りの強烈さを認識していませんでした。その治療者は，自分のクライエントへの憎しみを受け入れきれなかったのです。そこで彼はクライエントに，〈私のなかにいま感じられている怒りは，もともとあなたの私への憎しみの怒りだと思います〉と，クライエントの投影同一化として解釈しました。それを聞いてクライエントは，憎むお前が悪いと責められたと感じましたし，怒りを認めない治療者を不誠実だと感じました。かつて問題を子どものクライエントのせいにしていた母親を治療者に見ました。こうしてクライエントは「どうせ，いつも悪いのは私なのです」と言いました。これを受けて治療者は〈あなたは，やはり私に怒っていますね〉と，微笑んで伝えました。

　おわかりのように治療者がみずからの怒りや憎しみの感情を排除するために，クライエントを不要に怒らせ憎ませているのです。

私たちが**病的逆転移**を起こしているときほど，こうした逆転移へのクライエントの反応に治療者は気がつけないものです。すべてをクライエントの病理にせず，こうした治療者に注意をうながすクライエントの反応があることを，普段からこころに留めておく必要があります。

3．クライエントの排出物のコンテイナーとしての逆転移

　クライエントが排出している感情や思考を，治療者が自分のなかで体験することで生じている逆転移があります。ここでは，ハイマンの言うように治療者の「**逆転移は，患者のパーソナリティの一部**」なのです。

　たとえば，治療者を冷酷かつ徹底的に脱価値化して攻撃してくるクライエントに向かい合っている治療者が自分のなかに感じる憎しみやみじめさは，おそらくそもそもクライエント自身の感情であろうものを治療者が味わっているのです。また，悲惨な体験を平然と感情を何らまじえず語るクライエントが排出している抑うつ感情を，治療者が自分の内側で感じていることもみられがちなものです。

　クライエントが投影してくる対象の感情を治療者が感じるという逆転移の感覚も起こります。

　たとえば怯えるクライエントと責める母親という関係の投影の下に，治療者がいつのまにかクライエントを責める気持ちや立場になってしまっていることがあります。これを，クライエントが投影（投影同一化）している内的母親である責める母親に治療者が「**投影 – 逆 – 同一化**」（projective counter-identification）しているとレオン・グリンバーグ Grinberg, L.（1962）は言っていますし，この対象の役割をになってしまうことを「役割対応」（role-responsiveness）と呼んだりもします（Sandler, J., 1976）。治療者がクライエントの内的対象関係を「**エナクトメント**」していることでもあります。

4．逆転移への治療者の対処法

　このように私たちは，分析セッションにおいてさまざまな感情や思い，考えをみずからのなかに湧き上がらせます。これらのみずからのなかに生じてくるものが，どんな感情や思いかをいつも意識していくようにこころがけることが何より必要です。私たちがどんなひどいことやどんないやらしいことでもすぐに消してしまわず，意識的に思い浮かべ続けられるよう普段からしておくこと，

すなわち思考の自由が大切なのは,逆転移に無意識に縛られないためなのです。

対処としてはまずなにより,その感覚が治療者の病的逆転移である可能性を検討しなければなりません。そして,それが病的な逆転移であるのなら,それがいまの治療に影響しないような手立てを講じる必要があります。

とりあえず誰か(この場合は,相手が必ずしも同じ職種に限りません)に相談して気持ちの整理,見直しを手伝ってもらうのもさしあたりの方法でしょう。何かのカンファレンス,研究会を利用するのも方法です。これを,ひとりだけで見つめ解決するのはまずもって困難です(このことをひとりで解決したつもりで,結果として万能感やひどい偏りが生じている知り合いの治療者を思い浮かべることができるでしょう)。本格的に対処するには,個人分析を受けたり,スーパーヴィジョンを受けることが必要です。

次に,治療者のなかの感情がクライエントの投影によるものである場合は,その感情を十分吟味した上で,クライエントが受け取れる形でクライエントに戻す方法を検討する必要があります。

内的対象が投影されているための逆転移であるのなら,**中立**の位置を忘れず,その感情をこころに抱き続けるようにこころがけていることが必要です。揺さぶられながらも,その位置を認識し続けているかぎり,やがて対処していく道が見えてきます。

V 転移と逆転移の交わり

1. 内的関係性の実演ユニットとしての転移−逆転移

転移と逆転移それぞれを治療者が確実に知覚し,それらの理解をできる限り深めることはとても大切であり,この作業こそが分析的治療をそれとして成立させるものです。しかし,それに加えて,この転移,逆転移それぞれの理解を踏まえて,**転移と逆転移の連動**,**転移と逆転移のつながり**を見る視点を持つことは,分析体験の理解をさらに深みのあるものにしてくれるのです。土居が述べているように,関係は最初から相互作用なのです。

すでに述べましたが,**転移は必ず内的対象関係を含んでいます**。つまりクライエントのこころのなかのさまざまな自己と諸対象とのやりとり——そこには特定の感情や考えが含まれ,それら内的対象世界全体は**無意識の空想**としてクライエントのこころに保持されています——があるのですから,それらがその

まま治療者―クライエント間に持ち込まれます。

　ですから分析プロセスにおける治療者―クライエント関係は，クライエントの抱くある特定の内的対象関係，対象世界が言葉を通してだけでなく，非言語的にも体現される，別の表現をするなら実演／エナクトメント，もしくは劇化／ドラマタイゼーションされる場となるのです。

　このように転移とは，クライエントが一方的にこころに抱き，それを治療者に語るというものではなく，面接室のふたりの関係，ふたりの空間のなかに具体的に持ち込むものなのです。それは，**分析空間のなかにクライエントの内的世界が多次元的に投影される**ということもできるでしょう。

　このように見ていくのなら，クライエントの転移が治療者の逆転移に影響をおよぼすのは当然のことです。

2．ひとつの例

　まず単純な形を見るなら，分析プロセスの進行のなかでクライエントは彼／彼女自身のある内的自己を表し，治療者がそれに対応するある内的対象を表すことになっていくことがあるでしょう。

　たとえば治療者は，クライエントにとって「無能で足手まといと非難する母親対象」と体験され，クライエント自身は「生まれてこなければよかった母親を困らせているひどい子」と自己を感じており，この場合，治療者／内的母親が自分を見捨てるのではないかとのクライエントの恐怖や怒りを含むやりとりが，転移的に治療者とのあいだに体験されることになります。

---

 column ──────── 精神分析での疑念と精神分析への疑念

Q9 病態の重い人，自我の弱い人への代理自我機能を果たすことと，治療者の逆転移からの行動化はどう区別するのか。

A 私たちがみずからの逆転移を知り，それから行動化している自分に充分気がついたのなら，一見似ているが実際にはそうでない在り方，すなわち代理自我機能が見えてくると思います。しかし私たちはまずもって自分が逆転移から行動化しているとは思おうとしませんし，代理自我としてふるまっていると考えるでしょう。ちなみに「代理自我機能」は自我心理学用語です。

このとき治療者が，この投影されている母親対象にすっぽり同一化（つまり「投影-逆-同一化」，もしくは「役割対応」）してしまうのなら，見捨てられる恐怖から治療者を繰り返し試してしまうクライエントに怒りを感じ，「無能」で治療者の「足手まとい」と「非難」する気持ちになってしまうでしょう。すなわち治療者の逆転移は，クライエントの内的対象の思いそのものとなっているのです。逆転移は，おそらく治療者自身の病理的感情をそこに含みながら，転移と連動しています。

　ここで治療者が，この逆転移感情のままに治療の打ち切りを匂わせる発言やふるまいをしてしまうなら，それはクライエントの見捨てられる内的対象関係を治療者が分析空間において反復強迫的にエナクトメントしてしまうことになります。

　しかしここで治療者が，「非難」する気持ちにどこか違和感を抱くこと（これは，クライエントからの投影物の**コンテイナー［包み込むもの］**[註3]としての治療者のこころが，内的母親の感情という投影されてきた**コンテインド［包み込まれるもの］**を感知したという，投影への逆転移反応のひとつです）ができたり，感じている自分の感情を客観的に転移の文脈のなかで見てみることができるのなら，この「非難」したいという逆転移感情をそのままただちに表出したりせず，この感情が含むものを治療者のこころのなかでじっくり吟味して認識し直し，その上で対応を試みることになるでしょう。

3. 自己-対象関係の逆転による転移-逆転移

　異なった事態も起こります。それは，クライエントの内的対象関係が逆転された形で転移関係が起こることです。つまりクライエントは内的対象を表し，治療者がクライエントの内的自己を表すようなユニット形成です。

　それはたとえば，前に述べた「非難」する／される内的母子関係が，治療者

（註3）**コンテイナー／コンテインド**（container / contained）はビオンの提示した精神分析概念です。包み込むものと包み込まれるものの関係を描いています。たとえば，「悲しい」という言葉には，悲哀の感情がコンテインドとしてコンテインされています。このとき言葉はコンテイナーです。また母親の乳房はコンテイナーとして，赤ちゃんの欲望というコンテインドをコンテインします。精神病の患者のばらばらに排出される思考や感情というコンテインドを隔離室という構造がコンテイナーとしてコンテインします。このようにコンテイナー／コンテインドの関係は幅広く活用できるものです。

とのあいだでは逆転され，クライエントが治療者を「無能」で役に立たないとひどく「非難」します。すると治療者は，自分はクライエントを「困らせている」治療者であり，治療者になら「なければよかった」と思いつめたり，クライエントが治療を中断・放棄するのではないかとの「見捨てられる恐怖」に圧倒されてしまいます。

　ここでは自己と対象が逆転されており，クライエントは非難する内的母親に同一化し，治療者は投影されている，見捨てられる恐怖に圧倒されているクライエントの自己に同一化しているのです。

4．複雑な転移‐逆転移

　なお，実際の分析プロセスで起こることは，もっと複雑であるときがあります。

　ひとつには，今示した自己‐対象関係がふたりのあいだにそのまま表されたり，逆転して表されたりすることが，ひとつのセッションのあいだでも切り替わっていくことがあります。

　もうひとつには，転移される内的対象，あるいは自己がひとつとは限らず，ふたつ以上，たとえば内的父親と内的母親という対象，自己も幼児的依存的自己，偽成熟の大人の自己，精神病的に断片化している自己など，それらがひとつのセッションのなかで切り替わっていくこともあります。そして，それに相対する対象や自己も連動して切り替わります。

　私は「つがう」という意味で，あえて**「交わり」**という言葉を使いました。述べてきましたように転移と逆転移は連動しますし，それは非言語的な面（つまりはふるまいや空気感）を含めて分析空間のなかに実演されるとのことに目を向けていることが大切だからです。つがう，つまり性交することは，言葉をさほど必要としません。それが創造的なつながりであれば，愛情や新しい生命を生産的に作り出しますが，破壊的なつながりのときには，倒錯的でこころに破局的なものになります。

Ⅵ　この時期に治療者がなすこと

1．転移に気づく，探す，集める

　この時期には治療者は，繰り返し出会ってきているクライエントのパーソナリティを理解しようとクライエントの話に耳を傾けているのですが，そこにお

いて転移という視点をこころのなかに浮かべながら分析空間のなかで耳を傾け，観察しておくことがあってよいことです。

述べましたように，転移はすでに出会う前からクライエントのなかに準備されています。ですから，ときとして私たちは転移を探したり，転移を集めたりする作業をこの時期に積極的にする必要もあります。

その作業をどのようするのか。それは転移を解釈するという治療者の技術を活用することで成し遂げられていきます。これが次の第7章と第8章の主題です。

2. 転移の発展を妨げない

しかしこの時期に大切なことは，転移を探したり集めたりするにしても，転移が分析のなかにいるふたりのあいだで，生きたものになっていくようにしていくことです。すなわち転移の発展を妨げないようにしておくことが必要です。そしてクライエントの内的世界／無意識の空想が分析セッションの積み重ねとともに，分析空間において全開されることを目指すのです。

それには私たちはどうあるべきなのでしょうか。

まず，転移をできるだけ早めに，いくらかでも見出せていることが必要です。どんな状況においても，なにより相手がわからないことには私たちは身動きがとれませんし，これは治療者の能動的作業のひとつです。実は前述した転移を探すことや集めることは，転移を理解していくことに基づいた作業です。ここでも私たちは解釈という技法を使ってこの作業を進めていくことになります。ちなみに転移を理解していく作業は，ジグソーパズルを作る際にその断片を集め，わかるところから埋めていく作業にひとつのモデルを見ることができるかもしれません。

しかしながら，転移の全体像が私たちに十分に見通せているとは限りません。そこで私たちはわからないなりに，転移を不用意に，無造作に妨げないことをこころしておく必要があります。そこに転移がからみついてきます。

実は，この**転移の発展を妨げない**ことが大変大事なことなのです。治療者はまったくそれと意識しないで，この妨げることをとてもやってしまいやすいのです。こうした転移がよく見えない時期にこの妨げないことを確実に成し遂げさせてくれるのが，私たちの**中立的態度**であり，**受身性**や**禁欲**なのです。それらによって私たちが私たちの現実の姿かたちを不必要に見せないでいることで，クライエントの空想である転移がからみついてくるのが，とても見えやす

くなるのです。

　たとえば，クライエントがＡＢ教に熱心であり，そのよさや教祖の超人的素晴らしさを懸命に語りかけるかもしれません。それに対応する治療者は異なるＣＤ教に熱心かもしれません。このとき治療者が（逆転移反応としての欲望ですが）その宗教的主張に反論したくなって，自分は実はＣＤ教の信者であり，その教えはちがうと言うなら，もはや現実的な見解のちがいだけが表面に出てきます。クライエント自身の問題であるところから始まっているはずのものが，ふたりの関係での問題となり，そしてそれはその現実的見解のちがいからのものと納得されてしまいます。しかし，このとき治療者がみずからの欲望に動かされることなく，かつみずからの価値観を抑止しておけるのなら，そのクライエントはやがてＡＢ教の教祖的理想化や仲間感覚，あるいは逆に弾圧してくる誰かを治療者に転移してくるかもしれません。いずれにしてもそれはクライエントのこころの動きに沿った，クライエントのなかのものが姿を現してくることなのです。

　これほど極端な例ではなくても，私たちの不用意な発言や態度が治療者の現実のなまの姿を浮かび上がらせてしまうために，転移空想がたやすく現実と癒着した輪郭がつかめない形に変容してしまうのです。

　このときまず私たちは，**中立的，受身的に転移にからめとられねばなりません**。しかし，転移はすでに述べましたように，必然的に私たちのなかに逆転移の感覚をかきたて，エナクトメントを強いてきます。こうしていずれにしても私たちはクライエントの転移の世界に生きていくことになるのです。

　ここでもし私たちが転移の世界に生きることを断るなら，もはや精神分析的治療は成り立ちませんし，意義を持ちません。その一方で，私たちが転移に巻き込まれたままにい続けるなら，それは無意識の空想の反復強迫に過ぎず，その分析プロセスは空想を正確になぞることで終わってしまい，分析治療は何もなしません。

　ひとつの簡単な例をあげてみましょう。

　妄想性に近い対人恐怖を抱えたある男子学生が，男性医師が営むクリニックの女性心理治療者の治療を受けていました。クライエントは次第に治療者に愛着を抱き始めるとともに，治療者を知りたいと思うようになってきました。そのとき彼は，父親の言うなりに行動し，その結果彼に目を向けなかったと彼が感じてきた母親をエディプス・コンステレーションで治療者に転移し始めてい

ました。ある面接で彼は，治療者の私生活を知りたいので跡をつけたいと，にやりとしながら語りました。これを聞いた治療者はひどく不安になりました。

彼はさらに治療者に関する空想を語り続け，しまいに「先生は，ここの院長とつきあっていて，抱かれているんでしょう。不潔だ」とあざけるように言いました。治療者はもはや気持ちを抑えることができなくなり，〈そんなことはありません。私はそんな不潔な女じゃありません。そんなことを言うなら，あなたの治療はできません。院長に報告します〉と答えてしまいました。

ここには院長（転移的には父親）におもねる女性治療者（母親）にかまわれないクライエントという原光景を含んだエディプス的転移空想が現れていましたが，治療者が逆転移の恐怖に耐えられず，現実を持ち込んだ（「そんなことはない」以下の答え）ために，転移空想がさらに発展して彼のこころの奥にある母親への思慕と喪失の悲しみが表わされる前に，現実外界での反復（治療者／母親が院長／父親に言う）になってしまいました。

3. まとめのようなもの

結論めいたことを，ここに述べてみましょう。

精神分析的心理療法の始まりとそのしばらくのプロセスにおいては，私たちは共感的ながらも，中立，受身，禁欲を維持しながら，その人を読む，すなわち転移を読み取ることをこころがけ，その必要に応じて転移を集めたり探したりする解釈をしていくことになります。

それはクライエントが陽性，陰性の転移を発展させることをもっとも妨げない在り方と介入ですから，分析空間に濃密になってきた転移は私たちをからめとり始めます。

やがて私たちは私たちの逆転移やふるまいを含めて，クライエントが転移してきている内的世界を生きていくことになるのです。それは静かな凪の海を漂うような体験のこともあれば，耐え難い激しい情緒の嵐を生き延びていく体験でもあります。

では次の章では，私たちが転移を生きていく手管となる解釈に主題を移しましょう。

ふりかえり

○分析空間でふたりが出会うとき，情緒が呼びさまされ，それには前概念が伴います。
　　クライエントのそれが転移であり，治療者のそれが逆転移です
　　無意識の空想がふたりのあいだに投影され，現実化され，エナクトメント，劇化／ドラマタイゼーションされます

○出会いの始まりから，転移は起こっています。
　　プレフォームド・トランスファレンス

○逆転移は，治療の道具になるものですが，そもそもは治療者の病理でありそうです。

○転移と逆転移は連動しています。

○この時期の治療者の仕事
　　転移に気づく，探す，集める
　　転移の発展を妨げない

第7章

解釈というかかわり

I 「解釈」とは

　すでに第5章「口のはさみ方」において，精神分析的心理療法での治療者の言葉による介入の方法，技法をひとまず述べてみました。ただ，その中核である解釈については簡単にしか取り上げていません。というのは，これまで読んでこられた方はおわかりだと思いますが，**解釈は精神分析でのもっとも重要な方法**であり，**転移や逆転移という概念からの視点を持っていないことにはその意義がつかめない**ものだからです。

　そして前章で転移と逆転移に触れましたので，ここに解釈を取り上げるときがきました。

1. 解釈の定義をふたたび見てみましょう

　すでに解釈の定義は述べていますが，もう一度繰り返してみましょう。

　「解釈」とは，『新明解国語辞典』（1989）によれば「他の言動や古人の書き残した文章・歴史的事業の意味などを，その人の論理に従って理解すること」とされています。しかし精神分析での解釈は方法であるのですから，解釈の定義はもっと限局されたものになります。

　解釈とは「**治療者の言葉によってクライエントの無意識を意識化させる技法であり，治療者がクライエントに，クライエントの無意識のこころのありよう，すなわち無意識の空想，感情，思考，欲動，防衛などについての理解を伝えること**」と述べられるようです。つまり，治療者がただ一方的に自分のなかである理解を思い浮かべるだけのことではありません。

　しかしここで何より大事なことは，この解釈が，クライエントが自分の無意識の部分を，実感を持って知るために役立つものとなることなのです。治療者の一方的な宣告や独断，あるいはクライエントの知性化の道具や羨望の対象や不要な傷つき，あるいは迎合の機会となってはなりません。ここに技法的推敲

と訓練が必要な理由があります。

2. 解釈という「仮説」の投与

　別の表現をするなら，解釈とは，クライエントのこころのあり様についての治療者の理解に基づいた「仮説」の投与なのです。

　つまり私たちはクライエントの連想から彼／彼女の抱いていそうな不安や考えなどについての仮説を立て，その後のクライエントの話やふるまいからそれの**証拠**を見出し，より確実に感じられたところで解釈します。このとき確実な証拠がないなら，その仮説は保留されます。仮説をむしろ否定する証拠が出てくるなら，その仮説は破棄されねばなりませんし，別の仮説を立てることが求められます。

　私たちの解釈にクライエントは何らかの反応を示します。その反応が解釈を受け入れたり，補足する内容であるなら，その仮説はひとまず肯定されたこととして，仮説を軸にその後のクライエントの話やふるまいから，それをさらに深めたり広げていくことになります。そして次には，その補われた仮説を解釈するのです。

　一方，クライエントの解釈への反応が否定的な内容であるときには，仮説は疑問視されねばなりません。その後のクライエントの話やふるまいからそれは検討される必要があります。結果として破棄されたときには，新しい仮説を立てることが求められます。

　このように解釈をおこなうことは科学的な方法論を持って試行錯誤しながら，個人の内的な世界像，内的な物語について，分析空間のふたりが成し遂げていく**創造の作業**なのです。

　よく解釈は侵襲であり，クライエントが傷つくと恐れる治療者がいますが，解釈とはクライエントとの共同作業の一部であり，それは**治療者によるクライエントそのひとについての共感を含んだ理解を伝える作業**なのです。解釈を侵襲的と恐れる治療者はたいていの場合，自己分析が不足しています。**解釈を恐れているのは，治療者自身なのです**。その治療者が解釈を侵襲としか体験できていない，つまりみずからを知ることの痛みにもちこたえられないままなのです。

表7-1　ここに提示している解釈の種類

象徴の解釈
防衛，あるいは内容の解釈
「いまここで」と「かつてあそこで」の解釈　転移解釈と転移外解釈
水平解釈と垂直解釈
再構成の解釈（発生的な解釈）
器官解釈と機能解釈

II　解釈の種類

　解釈にはいろいろな区分けの仕方があります。その区分けそのものは人為的なもので，相対的な区切りに過ぎません。しかし，これらの分類を見ておくことは分析臨床で解釈を実際におこなう際の私たちの頭の整理になりますので，ここでそのいくらかを見てみましょう（表7-1参照）。

1. 象徴解釈

　この解釈は，伝統的に活用されてきた解釈です。クライエントが語ることに含まれる無意識の内容を**象徴化という視点**から解釈するのです。

　「昨日の夢で，どこかここに似ている狭い部屋にいて，そこで羊の皮をかぶった狼が，出て行こうとする私の足をつかんで離さないのです」と語られたのなら，〈いまもこの面接で，偽ってやさしい私が，あなたの行動を縛っていると感じられているようですね〉と解釈する場合，象徴を使ったいまここでの解釈がなされていることになります。

　夢の「狼」は，治療者を表象し，その狼が「羊の皮」に象徴されるやさしさをかぶっています。「狭い部屋」は面接室を，「足をつかんではなさないこと」は行動の拘束を象徴しているという無意識についての理解があります。

　ヘビはペニスを，箱は女性性器を，動物は子どもを象徴しているなどという定型的な象徴理解がありますが，これらの象徴からの理解を治療関係とは無関係に象徴解釈することは，実際の関係性での証拠を欠く乱暴なやり方であり，クライエントの知性化や治療者への迎合や反撥をうながすだけに過ぎないことはすでにおわかりのことと思います。

2. 防衛解釈と内容解釈

　これも古くからある分類です。クライエントの防衛面つまり抑圧，置き換え，投影，反動形成などを解釈するか，それともこころの内容面，すなわち不安や恐れなどの感情，欲動，考えを解釈するかという区分けです。

　〈どうやら，思い出すのがどこかむずかしいようですね〉と伝えることは，抑圧という防衛が働いていることを解釈しています。〈あなたではなく，彼の方が憎んでいるとあなたが思われたいように私には感じられます〉と伝えるのなら，置き換え，もしくは投影を解釈しているのです。一方，〈あなたがいま感じているのは，憎しみのようですね〉とか〈あなたのこころは，みじめで生きている価値がないという思いであふれているようです〉というのは，感情や思考というこころの内容の解釈です。

　この区分けは自我心理学の技法論に沿ったもので，解釈は，防衛というこころの無意識部分の表層にまず向けることから始めて，その防衛がゆるんだ上で，より深層にあるこころの内容に入ることという考えに基づいています。

　しかし，これは対象関係論的な考えや技法論とはいささか異なるものです。というのは対象関係論では，転移内容をそこに含んでいる意識的無意識的空想を初めから積極的に解釈することを試みます。ですから，その解釈は防衛と内容の両方を同時に取り上げることになるのです。

　たとえば，〈私があなたを厳しくとがめて見捨てそうなので，あなたは私を見ないようにしながら，怯えているのですね〉との解釈では，過酷な対象，否認のメカニズム，怯えの感情という対象，防衛，感情を取り上げています。

　ここにはこころの構造を地層，あるいは服を着た人とみなす**自我心理学モデル**と，無意識的空想に表される内的世界というこころについての**対象関係論モデル**では，そのこころのモデルの違いが治療技法，とくに解釈技法の違いにおよぶことが顕れています。

3. いまここでの解釈とかつてあそこでの解釈

　これらの解釈は，いまここで（here and now）の解釈を「転移解釈」，かつてあそこで（there and then）の解釈を「転移外解釈」と言い換えることもできます。いまここでの関係，つまり分析空間での治療者－クライエント関係を取り上げる解釈と，クライエントが関係している外界でのできごと，つまり時間的に過去であり，セッションの外部を取り上げる解釈です。

〈お母さんと同じく、私もあなたの性欲を軽蔑していると思うので、あなたはいま私に腹を立てているのですね〉というのは、いまここでの転移解釈です。しかし、〈お母さんと同じく、その話のあなたの上司もあなたの性欲を軽蔑していると思うので、あなたはその上司に腹を立てていたのですね〉というのは、かつてあそこでの転移外解釈です。

　もちろん解釈は単なる知的な理解の増大ではなく、情緒へのインパクトをともなった理解をめざしていますから、転移外解釈より、いまここでの体験・情緒に直接触れる転移解釈のほうが大きな意義を持つことはおわかりでしょう。

　前章でふれたように転移が精神分析的治療のキーを握るものですから、その転移を扱う**転移解釈こそがもっともインパクトを持つ解釈**なのです。

4. 水平解釈と垂直解釈

　〈私とのあいだで、自分は理解されないと、いつも失望されますね。同じく職場の上司からも理解されないと失望されていますし、お母さんとのあいだでもそうした失望がありますね〉という解釈は、時間軸ではほぼ同時であり、面接室内、職場、家庭と空間の広がりがあります。時間軸を縦として、空間の広がりを横とするなら、この解釈は横に水平に広がった領域をカヴァーしています。これを水平解釈と呼びます。

　一方、垂直解釈は〈私とのあいだで、自分は理解されないと、いつも失望されますね。かつて信頼した中学の先生とのあいだでも、そうした理解されない失望がありましたし、幼いころのお父さんとのあいだでも、自分は理解されないと感じていましたよね〉という、現在の特異的な関係性と同じものである過去の関係性を重ねています。縦の時間軸が現在から過去へと垂直に流れています。この縦の時間軸をつないだ解釈です。

　どちらもいまここでの関係が、それ以外の状況でも反復されていることを示しています。すなわち転移場面と転移外場面を結びつけるものです。それによって内的対象関係の特性がより鮮明に意識化されることをもたらします。とくに後者、垂直解釈は時間をさかのぼるという発生的な要素が含まれていますのでインパクトが大きくなります。この水平解釈と垂直解釈を合わせると、のちに述べます「充ち足りた解釈」となります。

　ただ技法上用心しておかないといけないのは、転移外の部分に力点が置かれ過ぎたり、クライエントがそちらの部分を取ると、現在の関係から目が離れて

しまうという防衛的なそらしが起こってくることです。

5. 再構成の解釈（発生的な解釈）

これは過去にあった体験，とくにこころに大きな衝撃を残した体験の状況やその展開を，あらためて構成していくための解釈です。その意味で精神的な苦悩の発生時点にさかのぼって，その起源となった出来事のありさまをそのときの知覚，感情，思考を含めて構成し直していくものです。

再構成の有名なものとして，強迫に苦しむロシア貴族の青年「ウルフマン」の精神分析治療でフロイトが彼の子ども時代の夢を素材にした再構成があります（Freud, S., 1918）。

ウルフマンのその夢は「クルミの樹の枝に，ふさふさのシッポを持つ 7 匹の白い狼がじっと身動きせずに乗っていて，自分を見つめている」というものでした。フロイトは，彼の幼児期に両親の昼間の性交をウルフマンが見て，後背位にあった母親の女性性器に印象づけられた当時の状況を再構成し，そこに含まれたウルフマンの去勢不安を解釈しました。再構成とは，このようにクライエントの実際の体験に基づく心的事実を，分析のなかで得られた新たな視点から新鮮に意識化させる作業です。

再構成には，三者関係のコンステレーションを取り上げるエディプス水準の再構成と，母子の二者関係，つまり前エディプス水準での再構成とに区分けができそうです。「ウルフマン」の夢についてフロイトはエディプス水準で再構成しましたが, 母子関係でもそれはできそうです（たとえば松木, 1993）。要は，どちらの水準がそのときのクライエントに情緒的に切迫していて意義あるものとなるかによると思います。

6. 器官解釈と機能解釈

器官とは，おもにペニスや肛門，直腸，乳房，乳首，口，膣，子宮といった乳幼児のリビドー発達にかかわる器官のことです。それらの器官はそれぞれ独自の機能を持っています。たとえばペニスであれば，貫く，入り込む，つながる，乳房であれば，温かく包む，栄養を与える，侵入してくるなどです。

たとえば器官解釈をするなら〈あなたは，私という乳房に包まれて，たっぷりお乳を飲んでいたいのですね〉というところを，機能解釈をするなら〈あなたは，私に温かく柔かく包まれて，こころの栄養をたっぷりもらいたいのです

ね〉と伝えることになります。

　後者の機能解釈の方が器官のなまなましさが退いているため，一般的にクライエントが受け取りやすいものです。そのため今日優勢な技法です。しかし器官解釈は乳児期のより具体水準の無意識の空想をふたりで探求していくという点では，深い身体感覚的実感を持って解釈が分かち合われるという利点があります。とくに幼児の分析治療ではめざましい効果を見せてくれることも少なくありません。

Ⅲ　望ましい解釈

　それでは，治療者にとっての望ましい解釈，理想的な解釈とは，どんな解釈でしょうか。
　「変容惹起解釈」と「充ち足りた転移解釈」というふたつの例を提示してみましょう。

1. 変容惹起解釈（mutative interpretation）

　変容惹起解釈とは，ジェイムス・ストレイチー Strachey, J.（1934）が提示した理想的な解釈です。
　それはクライエントのこころの変容を引き起こしうる解釈のことです。そのためには解釈が a. **今ある生々しい感情に切迫していること**，b. 知的一般的ではなく，**具体的にこまかに体験を浮かび上がらせること**，を述べました。
　つまりこの解釈は，いまここでの転移解釈であることが必要条件なのです。しかしそれが，紋切り型のただ〈いま，あなたは私に〜〜と感じているのですね〉という発言を，ファストフードの店員のように相手の気持ちのこまかな動きを見ないでマニュアルに沿って反復発声することではありません。後ろにある深い衝動や不安を見ながら，今感じられているもっとも生々しい感情とこまやかに触れていくことが求められます。
　ちなみにストレイチーは，変容惹起解釈の作用を2段階に分けています。第1段階としてその作用が，クライエントがほかでもない治療者にリビドー（つまり，特定の思い）を向けているとのことへの気づきをクライエントにもたらすこと。第2段階として，クライエントが投影していた空想対象とは実は治療者は違っているとのことへの気づきです。

なお解釈を述べたストレイチーの必読論文「精神分析の治療作用の本質」は、『対象関係論の基礎』（松木監訳，2003）に収められています。

2. 充ち足りた転移解釈（full transference interpretation）

　充ち足りた転移解釈とは，パトリック・ケースメント Casement, P. が示している力動的に完璧な転移解釈です。

　それは，**a. クライエントの現在の生活**，**b. 治療関係**，**c. クライエントの過去**という3つの要素をそのなかに一緒に持ち込んでいる解釈です。

　ケースメントは次の解釈の例をあげています。

　〈あなたは，早すぎる終わり，という繰り返されるパターンに気持ちを向けていますね。（最近の）あなたの夫の死，子どものころのお父さんの死，そして今，私は，夫やお父さんを表すようになってきているようです。というのは，私たちはあなたの治療の終わりに向かっていますから〉

　ここには，クライエントの現在の生活のなか≒「夫の死」という進行中のインパクト，子ども時代のなか≒「父親の死」，治療関係のなか≒迫る治療の終わり（≒「治療者の死」）という，早すぎる終わり（死）という主題に基づいた3つの要素が組み込まれています。

　（恐れの）感情と対象関係と（早すぎる終わりの）空想の反復強迫が，いまここでの転移関係の情緒的インパクトとともに提示されています。ひとつの理想的な転移解釈と言えるものでしょう。

　この両者の解釈が，いまここでの転移解釈を中核としたものであることは，あらためて述べるまでもありません。

◆◆◆ *column* ──────── 精神分析での疑念と精神分析への疑念

　精神分析をやる人の多くは現実検討力・社会性に欠けていないか。

　その通りに思います。その人たちだけに限らず，心理学や精神医学をやる人は現実検討や社会性に欠けている人たちが多いと思います。しかし私はほかの分野の人たちをあまり知りませんし，この問いは正直に答えるには差し障りが多すぎます。

3. 望ましい解釈の取り扱い方

　示した望ましい解釈は理想的なものです。

　ですから，こうした解釈が毎日のセッションで頻繁になされうるわけではありません。この点については，ストレイチーも変容惹起解釈はいつもできるものではない，転移外解釈などを活用していくものだとはっきり書いています。ケースメントも充ち足りた転移解釈は数セッション，数週（註：週5日分析での数週です）を要して初めてなされるものと書いています。

　このように**望ましい転移解釈は，努力目標なのです**。形だけの転移解釈にこだわりすぎてはなりません。しかしながら新たなセッションのたびに，この望ましい解釈を形作ろうとする努力目標を私たちが日々こころしておくこともとても大切に思います。

Ⅳ　解釈の組み立て方

　次の点に注目することで解釈が組み立てやすくなります。つまり解釈を組み立てるときの目のつけどころを述べてみましょう（表7-2参照）。

1. 不安な感情をターゲットにすること

　まず解釈の中核には，クライエントのこころに今うごめいている感情が含まれていることが必要です。そして，その感情は広い意味での不安な感情であることが求められます。たとえば上にあげたケースメントの解釈では，死，もしくは終わりへの恐れが取り上げられています。拒絶される恐れ，愛する恐れ，攻撃してしまう恐れ，底なしの抑うつに陥る恐れ，自分が壊れてしまいそうな恐れなど，クライエントのこころに抱いているさまざまな**不安，怯えを見出す**ことです。このときいくつかの違う性質のヴィヴィドな不安が見出せたときには，より深い不安を取り上げるべきです。つまり無意識のより深いところに焦点をあてるべきです。

　この人はいま何が不安なのか，何を怖れているのかを知ることです。

2. 無意識の主題を見出すこと

　この中心感情を軸に，クライエントが抱えている**無意識のテーマ**を見出します。ケースメントのケースでは，「早すぎる終わり」がクライエントの思いのテ

表7-2 解釈を組み立てるためのポイント

○今うごめいている不安をターゲットにする
○無意識のテーマを見出す
○無意識の空想をつかむ
○いまここでの治療者への思いに目を向ける
○逆転移を知り，そこから得た理解を生かす

ーマのようです。自傷を繰り返すある若い女性は，私は「生まれないほうがよい子」だったのだという深刻な思いから，自己懲罰と生きていることの確認として自傷を繰り返していました。別の強迫症の青年は，自分は「母親に嫌われている」というテーマを抱えており，それが意識化されたのは治療開始後5年を経てからでした（松木，2002）。

このように，その人が人生において抱え続けてきたテーマが探究され，それが見出されることが目指されますが，私たちの日々のセッション1回1回においても，クライエントがそのセッションに抱えてきている無意識のテーマは探索されるべきものであり，ゆえに解釈の中核的素材とされるものです。

あるセッションで女性クライエントは『ロレンゾのオイル』という映画の話をしました。この映画のストーリーは，死に向かって確実に進行する絶望的な病を患っている子どもを助けようとする両親の長く懸命な苦闘と，その結果延命がもたらされるオイルを発見し，子どもを助けることができたということでした（この映画のストーリーが実際この通りなのかどうかは，私は知りませんし，タイトルもこの通りなのかも知りません。ただこの女性は，このようにその映画を受け取ったというところに，その人の心的事実が含まれています）。私は彼女のこの話から，彼女の「絶望と不安の真っ暗闇のなかでの一筋の希望」を主題としてとらえ，私とのあいだでの彼女の思いとして解釈しました。

そのセッションには，そのセッション独自の無意識のテーマ——それはつまるところは，**その人の人生の無意識の主題**に収斂されるものですが——があるはずです。

そしてそのテーマは，そのセッションでは表面的な話題を変えながら繰り返し提示されます。たとえば職場で今日起こったできごと，次には小学校の頃の友だちとのあいだのできごと，今朝見た短い夢，母親から聞いたテレビで言っていたことの話と，表面的には何の脈絡もない話が語られているとしても，そ

れらに共通する無意識のテーマがありうるのです。

　ここで追加して述べてみますと，これらの無意識のテーマを見出すときに象徴理解を活用することは，ときにテーマの把握を容易にしてくれます。

　たとえばすぐ前に述べた例を見てみるなら，職場の人間関係は，内的両親との関係を象徴的に表していることが多いものですし，職場のある狭い部屋で誰かと話した話は，面接室でのやりとりを象徴していそうです。また昔の友だちも，母親や治療者を表象しているかもしれません。夢はまさにその内容物を象徴的にとらえることが求められるものです。

　このように象徴による理解，とくに夢の理解は，表面に現れていない**無意識のコンステレーション**の発見を助けてくれます。

3．無意識の空想（ファンタジー）をつかむこと

　無意識のテーマという凝縮された概念もしくは成句には必ず，それにまつわる意識的無意識的空想が並存しています。そして第２章の「見立て」でも述べたように，この**無意識の空想**にこそ，クライエントの個人的な感情，欲動，防衛，対象関係，それらの物語が具体的な形で表されています。ここにまさにこころのなかの世界が表されています。

　たとえばさきほどあげた強迫の青年は，自分は日本軍のシベリア抑留兵であり，シベリアの捕虜収容所での厳寒や貧苦，拷問のようなひどい仕打ちに決して抵抗せず，じっと耐えて生き抜かねばならないという空想のもとに日々の生活を営んでいることが明らかになりました。

　ここには無力感や喪失感，孤独という抑うつ的な感情，その抑うつや憎しみなどの感情の否認と自己の自己愛的理想化という防衛メカニズム，厳しい寒さ，拷問で責めるロシア兵のような残忍で迫害的な対象，悲痛な世界に生きるという物語が含まれています（実はこれは，この青年が幼児期に「自分は母親に嫌われている」との思いを抱きながら，その冷たい家庭や家族のなかに生きているという主観的な体験から練り上げられたものでした）。

　幼い子どもの場合は，○○ごっこといったそのプレイに無意識的空想が表出されますのでつかみやすいものです。しかし，おとなの場合もさきほど述べましたように，語られていく連想にある無意識のテーマを軸に置くと，これらの空想がわかりやすくなります。私たちは解釈を繰り返しながら，これらの全貌をつかんでいくのです。

ひとつの表現をしますと，精神分析的な治療は心的事実としての無意識の空想を意識化していく作業と言えるのですから，その作業技法としての解釈がそれを目指して組み立てられるのは必然なのでしょう。

4. いまここでの治療者への思いに目を向けること

　無意識の不安，無意識のテーマ，空想が治療者にいくらか把握されたとして，そうであるなら，いやむしろ，そうであるからこそ，いま目の前にいるクライエントが**どんな思いや考えを治療者に抱いているのか**を知ろうとする必要が出てきます。

　これらの不安やテーマ，空想を治療者とのつながりで取り上げることができるのなら，もっともインパクトのある解釈，つまりいまここでの転移解釈——ストレイチーの言う変容惹起解釈——が組み立てられるのです。

5. 逆転移についての理解を生かすこと

　これはやや上級の作業ですが，治療者の**逆転移**の感情や考えから転移理解へとつながることはすでに述べました。ですから，逆転移に目を向けておくことは，転移解釈をするに際してのヒントや確証をもたらしてくれます。

　ただ気をつける必要があることは，解釈の組み立てにおいては，こうした逆転移からの生の素材，つまり**みずからの感情や純主観的考えは入れない**ことです。それをすることは不要な自己開示であり，クライエントが解釈を聞くときに，私たちが伝えたかった焦点がずらされてしまう可能性を大きくします。

　こうして組み立てられた解釈の実際の伝えかたを，次の第 8 章では述べていきます。

ふりかえり

○解釈は精神分析のもっとも重要な介入の方法です。

○解釈は仮説の投与であり，共感的共同作業です。

○いまここでの転移解釈がもっともインパクトを持っています。
　　変容惹起解釈
　　充ち足りた解釈

○解釈の組み立て方
　　不安な感情をターゲットに
　　無意識のテーマを見つけよう
　　無意識の空想をつかもう
　　治療者への思いに目を向ける
　　逆転移をモニターしておく

第8章

解釈の伝え方

I 解釈の伝え方の実際

　クライエントの抱く無意識の不安やテーマ，さらには無意識的空想を私たちがほぼつかむことができたようであり，その理解を解釈として組み立てることがおおよそできたとしても，それをセッションのなかで実際にどのように伝えるかは臨床でのとても切実な課題です。なぜなら，その解釈が充分な情緒的インパクトをともなってクライエントに理解されないことには，クライエントのこころの実質的な変容にはつながらないからです。
　ビオンは解釈の形成とその投与について，次のモデルを示しました。
　そこには乳児と母親のあいだでの授乳の関係が，オリジナルなモデルとして置かれています。
　すなわち赤ん坊は，たとえば飢餓感という生まれて間もない赤ん坊には**未だわけのわからない恐怖に充ちた苦痛なものを**，激しく泣きわめくことで，母親／乳房に向けて排出します。母親はこの排出物を**もの想い**[註4]にふけるみずからのおだやかなこころに積極的に受け取り，飢餓感というその意味を正確に把握し，それに合う**言葉**（つまり，赤ちゃん言葉など）**をやさしく伝えながら**，その上で授乳という適切な対応をします。こうして赤ん坊は，排泄するしかなかったわけのわからない苦痛なものを，いまや特定の概念（大人の言葉では，空腹，飢餓感，赤ん坊用語では，たとえばパイパイ）として理解できる，恐怖の

（註4）もの想い reverie はビオンの用語で「夢想」とも訳されています。母親のコンテインする機能の具体的な描写です。同じ母親のコンテインする機能を思考水準でビオンが述べているのが，この数行後に出てきます「α（アルファ）機能」です。母親のこのα機能を赤ちゃんはとり入れて，考えられなかったものを考えられるようになります。それまでは母親のα機能が代行してくれていました。
　この「もの想い」や「α機能」の詳しい説明や臨床利用については，論文「治療者のアルファ機能と解釈」（著書『分析臨床での発見』［松木，2002］に収録）を参照ください。

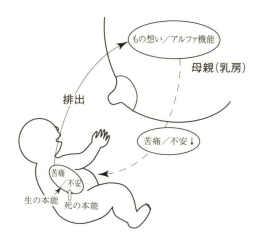

図8-1 母親と赤ん坊の交流についてのビオンのモデル

和らいだ形で母親から受け取るとともに、赤ん坊自身のこころにいくらか置いておけるようになるのです（図8-1参照）。

同様に、クライエントが苦痛や恐怖のために自分のこころに持っておくことができず、こころから排泄した**耐え難い無意識の内容物**（感情や思考、空想など）を、治療者は治療者自身のこころに共感を持ってコンテインし、その内容物を治療者のこころのなかにしばらく滞在させます。それからそこで、治療者の知覚し思考する心的機能（ビオンの言う「**α機能**」）を働かせることで正確な意味をその無意識の内容物に付与していき、そうすることでその内容物をクライエントが苦痛や恐怖に持ちこたえられるような意味あるものに変容させます。その上で治療者はときを見てやがて好ましいころに、**解釈**として無意識にではなく意識的に受け取り消化吸収できるものにしてクライエントのこころに戻すのです。

こうした変容につながる解釈を伝えるには、まず私たちが母親のような共感的な思いをこころに抱きながら、その上で、そのセッションの「どこで」、「いつ」、「何を」、「どう」、「誰に」、「なぜ」、伝えるかということをじっくり考え続ける必要があります。

そのひとつひとつを、これから見ていきましょう。

1. どこで

ご存知のように，面接セッションは面接室のなかで持たれます。そして解釈は，その室内で両者が定位置——治療者は自分の椅子，クライエントはカウチか椅子——に就いたところで伝えられるものでしょう。ですから，「どこで」というのはまず問題にならないことのようです。

しかしながら実際の臨床場面では，次のようなことが起こります。

クライエントがお定まりのポジションに位置する前に治療者に話しかけ始めたり，セッションの終了を告げたあと，席を立って歩きながら，あるいは立ち止まって話します。とくに終了後の帰り際の話には，深い意味を含んだ内容やかなり切迫している（とそのときには思われる）ことが語られることもあるものです。ですから，治療者は解釈したい気持ちを誘われます。

しかしこのとき，**解釈はしないこと**です。ここで解釈をすることは，治療者みずからが治療の枠組みから逸脱すること（治療者が逸脱することは，その逸脱をクライエントにもうながしていることです）ですし，クライエントの無意識にある治療者との時間を延長したい思いや，関係をより日常の私的で親密なそれにしておきたい願望など，と共謀することになります。

ここで治療者は，解釈をしてクライエントの理解を深めたいという治療者としての欲望に引きずられず，禁欲しなければなりません。そしてこのクライエントの逸脱した在り方はアクティング・イン（第10章を参照）として，いずれあらためてセッションの枠組みのなかで取り上げられるべきです。

ついでながら，クライエントによってはセッションが終わっての帰り際に，季節のことなど雑談めいたことを話しかける人もいます。このときにも治療者はできるだけ言葉を慎むべきです。それが面接内容とは関係ない雑談や現実のことがらについての話のようであっても無意識的な含みがあろうことは，無意識の思考やテーマについて精神分析的に考えられる治療者なら十分わかっているはずです。セッションが終わってのただの日常会話なのだと考えるのは，あまりに浅知恵です。無意識は連続しています。

解釈は，面接室でお互いが定位置についた上でなされるものです。

2. 誰　に

これもまた「どこで」と同じように，当たり前のことを取り上げているようでもあります。誰にというのは，現実には唯一一緒にいるクライエントに決ま

っています。分析空間には，治療者とクライエントのふたりしかいないのですから。しかし，第5章「口のはさみ方」でいくらか取り上げたように，ことはそう単純でもありません。

　まず，クライエントに直接話しかけるというオーソドックスな話しかけ方があります。その対照に治療者が，ぽつんとひとり言のように治療者自身に向けて話すという解釈の方法もあります。この方法は，治療者を侵入的とクライエントが怯えたり警戒して距離を空けるようにしているときに，侵入的でない治療者として解釈を伝えるときに使うこともありますし，私は好ましいやり方とは思いませんが，この話し方であえて距離を作ることでクライエントの注意を引くという，ややトリック的な方法としても使われえます。

　また特別な状況のうちなのでしょうが，精神病状態のひとでは私たちとの面接中もクライエントがいわゆる幻聴との対話という形で，幻覚対象とやりとりしていることがあります。このときには面接室のなかの見えない第三の対象である幻覚対象に向けて，私たちが話すことも起こります。

　しかしこれは，次に述べますクライエントの**パーソナリティのどの部分に話しかけるのか**ということのひとつの特殊な変形でもあります。

　私たちは面接のなかで，クライエントの内的世界のさまざまな自己や対象に目を向けています。そのうちのどの部分に解釈していくのかは，できるだけ認識しておく必要のあることです。

　私たちが絶望感を感じている「乳幼児的な自己」部分に話しかけているのか，あるいは迫害的対象と合体して「自己愛構造体」（第2章を参照）を形作り，倒錯的に自分を責めている自己部分に，それとも偽りの成熟をなしている「大人の自己」部分に，もしくは理性的に判断できる自己部分になど，それらのどの自己に向けてなのか，私たちは識別しながら話しかけていくのです。

　定型的な事態として，自己の分割が表在化している，つまり多重人格にある解離状態のクライエントを思い浮かべることは有用です。

　解離を起こして「おい，ふざけんじゃねえよ。ぶっ殺すぞ」などと暴れながら脅すやくざの男性になっている若い女性クライエントと私たちが向かい合っているとしてみましょう。

　このときに，この表面に出ている男性同一化をしている自己に話しかけることは表層だけの会話になるだけです。こうしたときは，その背後に存在しているもともとの自己に話しかける必要があります。さらには「やくざの男性自己」

とは対照的な,怯える「幼児的自己」もどこかに存在していることを認識しておくことも必要です。しかしこの幼児的自己のみに話しかけることも事態を断片的なものにしてしまい,やくざの男性自己とだけやりとりするときと同じように,さらなる解離での別人格の新たな出現をうながすだけになってしまいます。もともとの自己に向けて解釈することを維持し,表面では離断されているように見える(そして,クライエント自身もそう主張する)やくざの自己や幼児的自己は「もともとの自己」とつながっているものとして対応するのです。誰に話しかけるのかを認識しておくことがとても大切なときです。

3. い　　つ

　これはとても難しい,経験と訓練の必要なところです。第5章「口のはさみ方」のⅣ「口をはさむときの配慮」の項では,「タイミング」と題してごく簡単に述べました。
　このタイミングには,クライエント側の解釈を受け入れる心準備の状態と,治療者側の形作っている解釈の完成度という両者の態勢が関与します。

a. クライエント側の要因

　二極化するならクライエントには,沈黙している人と治療者にまったく口をはさませないほどに途切れなく話し続ける人という両極があります。
　前者にはさまざまな内的動機が考えられますが,意識的無意識的にコミュニケーションを拒否,あるいは不要としている可能性がありましょうし,後者はその背景の情緒がなんであれ,間接的に治療者の関与を拒否していることと考えられます。
　前者,沈黙の場合,その沈黙が治療者とのよいつながりを感じながらの沈黙の場合,すなわち内省的なD（抑うつ態勢）という心構えでの沈黙なら,治療者は解釈を急ぐ必要はありません。むしろ沈黙をじっくり味わっていることです。そうしながら治療者自身も自由にもの想いにふけり,そこから解釈するものが浮かぶのを待ち,浮かんだならそれを吟味し,その上で間合いをみておもむろに解釈するとよいでしょう。
　しかし,その沈黙が攻撃的で被害的なそれであるとき,つまりPS（妄想-分裂態勢）という心構えでの沈黙の場合は,その沈黙を破るための介入が必要です。クライエントが治療者とのコミュニケーションを拒否していることと,その裏にある憎しみや恐れなどの感情を,おそらくは転移的な感情でしょうが

治療者との生のものとして，その感情が表情や態度，空気といった非言語的なものながらクライエントの表面に浮かび上がってきているときに，解釈する必要があります。

　他方，途切れなく話し続ける人の場合には，治療者の介入は必須です。こうした人の面接はそのままにしていますと，セッションは治療者が口をはさむ間もなく終わってしまいます。治療者は，排泄された言葉や感情を溜め込むただの**トイレット・ブレスト**[註5]になってしまい，よいミルクの授乳ができません。ですからセッションのあまり遅くならないうちに治療者は口をはさむ必要があります。

　たとえばクライエントの話のひと段落しそうなところ，ひとくぎりに入りそうなところで，分け入ってみて〈よろしいですか。お伝えしたいことがあります。……それは，何かを私があなたに語りかけるのを，あなたが恐れておられるように私には感じられることなのです〉などと伝えてもよいと思います。

　こうした解釈では，防衛的なふるまいとともにその防衛を作動させている苦痛な感情を共感的に取り上げることが大切です。なぜなら，治療者の共感的な理解があってはじめて，治療者の解釈がクライエントに非難めいた攻撃的侵入とは受け取られない余地を大きくすることができるからです。また，たいていこうした介入は繰り返す必要があります。

　しかしたいていの場合クライエントは，この両極の中間のどこかに位置する話し方をしていることでしょう。そのときもクライエントの心的構えが，**D**（抑うつ態勢）にあるときには，解釈のタイミングに神経質になりすぎることはありません。クライエントのペースを尊重していてよいのです。しかしクライエントの心的構えが**PS**（妄想‐分裂態勢）にあるときには，解釈によってそれらの被害的攻撃的な陰性の感情をふたりのコミュニケーションのなかに意識化されたものとして置こうとする試みをする必要があるのです。治療者はそれらの解釈ができるタイミングを見出そうとこころ掛けているべきです。

　一般に分析過程がいくらか進んでいきますと，クライエントの話し方に

（註5）トイレット・ブレスト（toilet breast）はドナルド・メルツァー Meltzer, D.（1966, 1967）の用語で，赤ちゃん，あるいはクライエントによる攻撃や苦痛，不快の投影性の排出を受け入れるコンテイナーとしての母親の乳房，そしてそれに相当する治療者を意味しています。クライエントの病理や治療の過程においては，治療者がトイレット・ブレストとしてしばらく機能していることが求められることは少なくありません。

「間」の置き方のリズム，場合によっては沈黙のはさみ方のリズムができてきます。すなわちふたりのやりとりのなかに，治療者の解釈が待たれるときが作られるようになります。

その「間」は活用できるものですが，ただ治療者はこの「間」にそのまま機械的に乗る／乗せられるのではなく，そのときの「間」の意味を吟味してその使い方，つまり解釈をそこで実際におこなうか，それともそこでは何も語らずにいるかを治療者として判断することが大切です。

b. 治療者側の要因

分析的面接での治療者の対応はおおまかには，傾聴と沈黙をベースに置いたコンテイニング（人によっては，ホールディングや共感という表現を好むかもしれません）か，解釈です。

解釈は基本的には，解釈が治療者のなかできちんと形をなしているとき（これは充ち足りた解釈が作られているという意味ではありません。部分的な内容であっても，治療者自身が解釈に足ると感じている的確な内容が作られているときのことです）におこないます。そしてそれだけではなく，クライエントがその解釈をどう受け取るかを予想できている必要があります。クライエントの反応についての仮説を持つことです。

つまりいくらタイミングはよさそうでも，治療者側にこれらの準備ができていないときには解釈は控えるべきです。また解釈の内容も正確を期すべきです。正確さにあまり自信が持てないときには解釈は控えるべきです。

しかし実際の場面では，私は例外的に，この解釈は的外れだろうと確信しながらも解釈するときがあります。それはあえて間違った理解を伝えることをしてでも，それに対するクライエントの反応によってより的確な理解へのヒントを何か得たいと思うときです。

治療者が経験を積んできますと，述べてきました治療者が解釈をおこなうための内的作業がとてもすばやくなされ，解釈の投与はやがていささか**直感的**になされるようになってきます。つまり解釈のタイミングが直感的に判断されるようになるとのことです。しかし注意しなければならないのは，あくまでこの直感は十分に訓練が積み重ねられた上での直感なのです。

ここにスーパーヴィジョン，とくに毎週のスーパーヴィジョンを充分に受けることの大切さがあります。スーパーヴァイザーから学ぶことによる大きな収穫のひとつは，解釈の作り方とそのタイミングをこまかに学ぶことなのです。

個人分析においても，自分の分析家がどのようなタイミングで解釈するか，そしてその効果を体験的に知ることができます。ほかでは学びがたい，学びの機会です。また症例検討会や精神分析技法の討論でのほかの治療者のやり方から学ぶこともできましょう。

　タイミングについては，いずれ自分の感覚を持たねばなりません。

4. 何　　を

　「何を」とは，解釈の内容の選択です。内容として，防衛，不安その他の情緒，欲動，思考内容，空想などのどれを解釈するかということの検討です。

　解釈の内容的な理想像は，これらのすべてが含まれている，すなわち差し迫った不安が内包されている無意識のテーマが中核にある無意識の空想が解釈されることでしょうし，それが「充ち足りた解釈」という，クライエントの過去や現在の生活と治療関係とが重ねて解釈されることでしょう。

　しかし実際には，この充ち足りた解釈の部分，部分の内容の解釈が積み重ねられていきます。前章で述べました解釈の分類は，この「何を」解釈するのかに深く関連しています。振り返って参照されるとよいでしょう。

5. ど　　う

　解釈の形式のことです。これもすでに第5章「口のはさみ方」のⅣ「口をはさむときの配慮」でいくらか述べています。解釈の伝えかたとして大切なところです。

　まず，解釈の形式が「……ですか」，「……でしょうか」，「……じゃないでしょうか」などの疑問形か，「……ですね」，「……でしょう」，「……かもしれません」などの肯定形かという形式の違いがあります。

　グリーンソン，R. Greenson, R. (1967)の『精神分析の技法と実践』では，解釈はもっぱら疑問形でおこなうことを勧めています。

　それは疑問形という判断を問いかける形式での解釈のほうが，クライエントがその解釈を受け入れるか，それとも拒否するかを判断し表現するときに，とくに解釈を否定する表現をより自由にしやすくするからです。肯定形による断定的な解釈よりも，判断し表現するためのより広いスペースをクライエントにもたらします。

　しかしここでも決め事のように，**すべからく疑問形にしてしまうことは好ま**

しくありません。私は，**クライエントと十分に分かち合われるだろうと予想できる解釈は肯定形で伝えるほうが望ましい**と思います。確実なものを確実に分かち合えることは治療者の理解についての，あるいは治療者の機能についての信頼を深める上で大切です。

またとくに精神病のひとでは，疑問形という不確実な語り方による開かれた話しかけによるスペースの提供は，その選択の自由が思考の混乱へととてもつながりやすいものです。この場合は確実な表現である肯定形での解釈が有用です。

ただ英語とちがい日本語文章の場合は，文末に来てようやく疑問文か肯定文かが分かれますから，解釈をしていきながらそれへのクライエントの反応を査定しておき，それに基づいてどちらの形にするかをその途中で決定することができます。これは治療者にとっては，やりやすいところです。

解釈が完成文か単語かという形式の違いもあります。

解釈は短く端的に言うほうがよいという考えは昔からありました。禅問答のように，一言で相手に洞察をもたらすあり方です。なんと素晴らしいでしょう。しかしここには治療者自身のナルシシズムや万能感が働いているようです。

解釈は短いほうがクライエントのこころに残りやすいことは確かです。ですから，そうこころがけることは大切です。しかし短い言葉は誤解や曲解されやすいものでもあります。ストレイチーが「変容惹起解釈」で述べていたように，

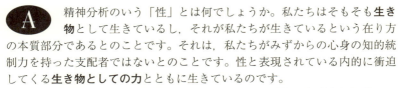

精神分析での疑念と精神分析への疑念

Q11 精神分析は性的なものに価値を置きすぎているのではないか。

A 精神分析のいう「性」とは何でしょうか。私たちはそもそも**生き物**として生きているし，それが私たちが生きているという在り方の本質部分であるとのことです。それは，私たちがみずからの心身の知的統制力を持った支配者ではないとのことです。性と表現されている内的に衝迫してくる**生き物としての力**とともに生きているのです。

個人的な見解ですが，みずからのこころにおける性の重要性を認識していない人はこころを真剣に見たことのない人と私は思います。ダイニング・ルームや応接間，書斎だけを見るのはここちよいことでしょうが，便所やキッチン，とくに下水道を見ないのでは，家を見たとは言えないでしょう。人は見たくないものは見えないのです。

第8章 解釈の伝え方

くわしく具体的なことを踏まえる解釈は実際には必要なのです。これは「充ち足りた解釈」にもあてはまることです。ですから、簡潔をモットーとしながらも、解釈をきちんとまとまりのよい文章として話すことは大切なことなのです。

　明瞭に表現するか、あるいはあいまいに表現するかも形式のもうひとつの問題です。これはどのような単語を選ぶか、それをどのような配列にするかによります。

　私は基本的には、解釈は明瞭な表現を目ざすべきであると考えます。ふたつ以上の意味に取れそうなあいまいな表現をするのは、ひとつの例外的なテクニックでしょう。

　ここには、話の主体や対象（客体）を解釈に入れるかどうかということも深く関連しています。

　というのは、一般に日本語の会話では話の主体や対象を入れないからです。つまりそれらがとてもあいまいなのです。たとえば、「怒ってる？」と誰かが発言しているのなら、それを明瞭に言うなら、「あなた（もしくは、彼、彼女、彼ら）は、私（もしくは、彼、彼女、彼ら）に怒っているのですか」と言っているのです。

　この話の主体や対象を入れないのは、自己愛的な自他の区別があいまいな関係の持ち方です。言わないでもわかるはずという「わかる自己愛対象」が相手に投影同一化されています。

　私たちが精神分析的心理療法で意図していることのひとつは、クライエントがみずからを知ることであり、それは必然的に自他の識別を成し遂げることを含みます。転移という現象は現実的な自他の識別がなくなることでもあります。ですから、治療者が自他の区別の薄い解釈を漠然とおこなうことは、無意識のうちに転移や退行をより強化してしまっていることです。この認識を持って解釈の言葉は考えられるべきでしょう。

　私は、解釈においては、〈あなたは、あなたをきちんと理解できなかった私に腹を立てていますね〉などというように話の主体と対象はきちんと入れることが基本であると考えています。ここが、わが国のコミュニケーションでは日常の会話と分析治療の解釈でちがっているところでしょう。

　感情をどう含むかということも、「どう」解釈するかという解釈の形式とかかわってきます。述べるまでもなく、感情の入らない機械的で平坦な論説調の言葉は、相手のこころに響きません。ここには文学的なセンスがいくらか必要

なようです。

　感情の含まれ方には，なによりその相手への同一化が基底にあることが大切ですが，話のトーンや言葉の湿度がかなり関係します。しかしここで取り上げておきたいのは，感情を表現する副詞や形容詞をどの程度使用していくかという点です。

　「ひどく」，「とても」，「非常に」，「大変」，「素晴らしく」，「かなり」，「よい」，「わるい」，「少し」などさまざまな副詞や形容詞が私たちには使えますが，たいてい治療者自身が好んで繰り返し使っているものがあります。その種類と頻度に，治療者自身が気づいておくことは有用です。副詞や形容詞の使用が少ないと，解釈がうるおいを欠いた機械的な印象を与えやすくなりますし，それらの過剰も情緒的過ぎるものになってしまいます。また，「ひどい」，「非常に」など同じ形容詞や副詞を反復して使うと，そのインパクトは薄れてしまいます。

6. な　ぜ

　「なぜ」はクライエントに問うものではありません（ちなみに，この why の問いをクライエントにするときには，私は**どんなことから**」とか「何があって」という what の問いに代えて尋ねます。なぜなら，「なぜ」は因果関係に性急に迫りすぎて，時期尚早の不幸な答えを引き出しやすいからです）。「なぜ」は，私たちが実際に解釈する前にみずからに問いかけることです。

　解釈をする私たちが，「なぜ，いま解釈をするのか」をもうひとりの内的な私たちと対話するのです。それによって，解釈のタイミングや内容の吟味，さらには逆転移の問題に目を向けることができるのです。

　私たち自身による**内なる対話**は，とても大事です。

Ⅱ　解釈を伝えた後

　初めに述べましたように，解釈はクライエントが自分自身を知るためになす治療者とクライエントの創造的共同作業の一部です。ですから，治療者の解釈と解釈後のクライエントの反応は，織りなすふたつの糸と言うこともできるでしょう。ゆえに解釈をクライエントがどう取り扱うかを見ておくことはとても大切なことです。むしろそここそが重要なのです。

1. 3つの反応

解釈へのクライエントの反応は，おおよそ3つありそうです。

a. 肯定の返事

ひとつは，「ええ」，「そうですね」，「ああ，そうかもしれません」などの肯定の返事です。

このあとに解釈の内容を深める連想や話題が（意識的無意識的に）続くのなら，この肯定は共同作業の進展のランドマークです。しかし，この肯定がクライエントの表面的な迎合である可能性もケースによっては考えておく必要があります。つまり，クライエントの内心では否定されているのです。

またこの肯定は，解釈の一部分についてだけかもしれません。さらには，まず肯定されますが，解釈の内容がそれに続くクライエントの連想のなかで変形されてしまい，治療者の解釈の主題が意義を消されてしまったり，別の意味のものに変えられてしまうこともあります。これも否定のもうひとつの形です。

ビオンはこの反応を**「反転できる展望」**と名づけています。「ルビンの盃と顔」はひとつの視点からは，盃，つまりワイングラスのように見えます。しかし視点を変えますと，ふたつの顔が向きあっているように見えます（同じような「だまし絵」の有名なものに，老婆の顔と若い娘の姿のどちらかが視点を変えると見えてくるものがあります）。解釈は肯定される，すなわち見えていることは肯定されますが，解釈の中身，つまり治療者の見せたいものは盃であるのに，クライエントは顔の方を見るといった事態が起こることです。このようにクライエントが表す肯定の反応にもさまざまな可能性が含まれています。

もうひとつの反応である，「いいえ」，「ちがいます」，「そうは思いません」といった否定についても同様です。

b. 否定の返事

否定は，解釈が間違っていたことを第一に示唆するものです。その可能性は大事に尊重する必要があります。おおよそ私たちの理解が的を射ていなかったのでしょう。しかし，そう安易に決めてしまうこともできません。

それはやはり表面での否定であるかもしれませんし，解釈の一部分の否定かもしれません。あるいはほんとうは肯定なのかもしれません。いずれにしても，その後の連想にじっくり耳を傾けることが大切です。この連想のなかに，クライエントが解釈をどのように受け取ったかを吟味できる資料が必ずあるはずです。

C. 無　　視

　第3の反応として，無視という反応もあります。無視には，積極的な無視，つまり意図的に無視しているときと，そうとは意識されていないような無意識の無視があります。

　そこにともなっている感情の性質はちがっていましょうが，いずれにしてもクライエントはまるで治療者の解釈を耳にしなかったかのように，否定も肯定もせず，その前の話題をそのまま話し続けたり，解釈とは無関係であろうと感じさせる別の話題を語ります。このときもやはり，その後の話題／連想に耳を傾けることが必要です（第4章「耳の傾けかた」を思い出してください）。じっくり聴いているなら，そのなかからおのずと答えが浮かんでくることでしょう。

2. 解釈の意義

　これら3種類の反応については，治療者の解釈，そしてそれへのクライエントの反応，さらにその反応からの仮説に基づく治療者の次の解釈，それに続くクライエントの反応といった相互交流の展開を通して，そこにある真意を把握していくことが大切なのです。この繰り返される交流が，理解をさらに深めたり，それを妨げるものを取り除く作業になっていくのです。

　私たちは解釈によって，あたかも神託を下すかのように，絶対的真理を提示しようとしているのではありません。ふたりの関係性のなかに見出される，ふたりにとっての事実を浮かび上がらせようとしているのです。ですから，クライエントの答えは，関係のコンテクスト――それをより精神分析的にとらえるなら，転移（－逆転移）のコンテクスト――において吟味されるものなのです。

ふりかえり

○解釈をすることは，赤ん坊に対応する母親をモデルにできます。
　　母親のもの想い／α（アルファ）機能

○解釈をなすには，気に留めておくポイントがあります。
　　どこで
　　誰に
　　いつ
　　何を
　　どう
　　なぜ

○解釈を伝えた後の反応を追うことが大事です。
　　⇒肯定，否定，無視

第9章

精神分析的心理療法のプロセス

転移の深まりとそのワークスルー

I 治療のプロセスを知ることの無意味さ

1. 分析的体験とワークスルー

　この章までに，精神分析的心理療法のハード・ソフト両面の枠組みとその前半までのプロセスをほぼ示してきたように思います。あとは，言ってしまえば，この展開を真摯に続けていくことなのです。それは陸上競技にたとえるなら，100メートル競走とは対照にあるマラソンや20キロ・レースなどの長距離走のイメージに近いものかもしれません。それとも山あり谷ありのクロスカントリーでしょうか。

　ただこの心理療法の長い旅は，ふたりで続けられるのです。精神分析の用語では，内的世界を知ることをじっくりと丹念に，そしてより深く**ワークスルー**（「徹底操作」と訳出されてきました），その言葉通り，やり通していく過程です。

　分析空間のふたりは，いわばクライエントの転移によって築かれた，無意識の空想の世界を生きていくようになります。その転移にからめとられていく治療者は，理解できることと理解できないこと，主体性を保つこととそれをほとんど失ってしまうことを揺れながら，見えてきそうなときもあれば，ときとしてまったく見えない未来に向かって歩んでいくのです。精神分析的治療において，治療者は常にクライエントとともにそのクライエントとだけの初めての新鮮な体験を生きていくのです。そしてそれが，あらかじめ知ることのない体験であるからこそ，ふたりにとって生きた新しい体験であり，こころの生きた治療となるのです。

2. 無　　知

　こうしたわけで，心理療法で何が起こっていくかをあらかじめ知っておくことは危険です。むしろ治療者を知性化させ，その先入観で体験を陳旧化させて型にはめてしまい，その知的視点からのマニュアル化した対応をおこない，ク

ライエントの足を引っ張ることにもなりかねません。では，まったく無知な方がよいのでしょうか。おそらく，それがよいのでしょう，あなたがその無知であることに耐えながらクライエントとともにいることのできる人であるのならです。

しかし私自身をはじめとして，たいていの方はそのように初めから無知であり続けることはできないでしょう。やはり，精神分析的治療にかかわる以上は，治療過程全体の見通しや，治療過程で起こる普通のできごとや特別なことを知っておきたいものでしょう。この知識が，治療を不幸にするかもしれないとしても。

まず精神分析的心理療法全体の展開を見てみましょう。

II　精神分析的心理療法の全体プロセス

その開始から終結までを分けてみるなら，つぎのような相に区分けできるかもしれません。これは治療セッションが週に1，2回とした場合です。

1. 開始期　見立ての面接後，セッション10回ほどまで
2. 展開期（3期に分けてみます。）
   a. 展開期初期　セッション数40回前後まで
   b. 展開期中盤　セッション数40回から200ないしは300回ほどまで
      　　　　　　主たるワークスルーの時期にあたります。
   c. 展開期後期　セッション200ないし300回以降
3. 終結期　予定された終結日までの10～30回のセッション
   　　　　最後のワークスルーのときです。

精神分析的治療を経験された方はご存知のように，治療開始後，5，6回で終わってしまう場合，20回ほどで終わってしまう場合，40回前後で終わってしまう場合，80～100回前後で終わる場合と，実際にはここに示した終結までの過程に至る前に終わりが来てしまうことも少なくありません。それにはそうなる理由があるのです。

精神分析的心理療法の終結は，治療者とクライエント両者の合意で決められるものです。しかし治療者はもともとクライエントのみずからを知る作業を援

助しようと思ってこの治療に取り組んでいますので，クライエントのその作業を深めていくことに意義を感じています。そのため，終結を早い時期に設定することはあまりありません。**一方クライエントは折にふれ表面的にはさまざまな理由から，終結を考えます**。それが前述の終わり方をもたらします。ですから，提示した全体プロセスは治療者としても納得のいく作業がなされ，終結に至ったものと言えましょう。

見立ての面接以降の展開をこれからいくらか詳しく見てみましょう。

Ⅲ　開始期

これまでの章の多くの部分がこの開始期に関係していましたので，ここでは詳しく述べる必要はないようです。そこで要約するような形で述べてみましょう。

1. 精神分析理論の使用

ビオンは開始期に関連して次のことを言っています。

> 新しい患者とのあいだでは，ほかに頼るものがほとんど何もないのですから，精神分析理論にある程度頼ることも役に立ちます。最初の3つのセッションには有用です。そのあとに必要な情報もなく解釈を与えることは，分析家は証拠を必要としていないと患者に考えさせてしまいます。
>
> （Bion, W., 1978）

そして別の機会に次のようにも述べました。

> おおよそ3回のセッションぐらいは，精神分析といわれているものはまるごと大変役に立ちます。あなたは他に何もわからないのですから，ともかくそれしか頼るものがありません。しかしそれは，あなたが当のその人に何かふさわしいことを言うことができるようになるためであり，時間をかけてあなたが話している人はどういう人なのかを知るまで必要なだけなのです。
>
> （Bion, W., 1976a）

ここでビオンは，週に5セッションの精神分析療法でのおそらく見立ての面接を含めておよそ3セッションと言っていると私は思います。そこでこれを普

通の治療者による週に1, 2セッションの精神分析的心理療法に移し変えてみますと, 私は見立ての面接を別にした最初の4, 5セッションにあたると思います。

この間までは, エディプス葛藤等の精神分析理論を借りてきてクライエント理解を進めることが許されること, しかし, それと同時にクライエントの話にしっかりと耳を傾けていて, じかの交流を持つようになることが必要である, と言っているようです。

2. 転移を集める／転移が集まる

この時期すでに転移は活動しています。ですから治療者は解釈によって転移を集める, 凝集する時期です。

このとき治療者は, 最初はいくぶん理論やそれまでの臨床経験に頼った解釈や問いかけをしますが, やがてクライエントの話やふるまいに基づいた解釈や問いかけをしていかねばなりません。それらが適切であるならクライエントに「この治療者は私のことを誰よりも理解する。この治療者とのあいだでは自分の何かがわかりそうだ」,「何かが変わるかもしれない」という意識的前意識的な期待を抱かせるでしょう。あるいは「ここには, ほかの場所にいるときとは違う自分が確かにいる」という感覚を抱くでしょう。そこでクライエントは治療者と**一緒に知ろう**（K／knowing）という姿勢をとるようになります。ここに最初の精神分析についての動機が成り立ちます。

この展開は, 陽性転移の発達とか治療同盟（作業同盟）の確立とも言われてきたことと似ています。実際治療者によっては, 陽性転移の発展のみによってこの時期が維持されることも少なくありません。ただそれは治療者のクライエントへの好意, 愛情を第一とするL（loving）の情緒関係であり, それだけでは次の時期に大きな難問が生じてきます。転移性恋愛の巨大化, 治療者の理想化の肥大といった, 知ることがますます遠くなる事態です。治療者が魅力的であることは実際望ましいのですが, 誘惑的や幻惑的であることと勘違いしないようにしないといけません。

また治療同盟という表現は, ふたりが最初から**意識的**にある治療目標を分かち合い, 保持できているかのようです。しかし実際にはこの時期はまだ治療者もクライエントも何がほんとうに起こり, それに何がなされるのかは, つまり無意識の何が本当に大切なこととして現れてくるのかはわかっていないのです。

要は，クライエントが治療者といるときに感じる恐怖や不安――それは「自分のなかにはひどいものしかないのではないか」との恐れですが，「自分が狂ってしまうのではないか」，「この治療は不毛なのではないか」，「治療者が見抜くのではないか」，「治療者を傷つけてしまうのではないか」といった恐怖などとして体験されます――に耐えていけるように，ときに治療者による解釈などの介入の援助を得ながら，その面接室にクライエントがともにいることができるかなのです。
　そしてこの作業がうまく展開しないときには，クライエントはさまざまな理由を挙げて来なくなり，早々に治療は終わってしまいます。

IV　展開期初期

　この時期をセッション40回前後まで，と私はしました。それは週に1セッションの精神分析的心理療法のときでは，開始後約1年目ごろまでにあたります。また2セッション／週の精神分析的心理療法では，開始後6～8カ月ごろにあたるでしょう。

1. 陽性転移の高まり
　転移が治療者とのあいだで最初の閾を越え，やがてひとつの高まりに達してくるときです。すなわち，クライエントの治療者への転移対象像がかなり明確になり，治療者に向けられている情緒も強いものになります。
　このため治療者は，クライエントの情緒に巻き込まれていることに気がつきます。つまり中立性や受身性が揺さぶられていると感じます。しかし，逆転移でのぎちぎちに追い詰められたような極度の動けなさまでも感じることは多くありません。それは，この時期に高まる感情はおもに陽性のものであることが多く，表面は陽性の転移体験だからです。
　こうした変化にともない，クライエントが心理治療を求めていたもともとの問題や症状は話題から遠のきます（陽性転移の高まりによってもともとの問題や症状がまったく姿を消してしまって問題とされなくなった状態を，**「転移性治癒」**と呼んでいました）。そして多くの場合，治療者との関係，あるいはクライエントが困惑しているセッション外のある対人関係，あるいは内心こだわりを感じていた過去のあるできごととそれにまつわる人間関係，自分自身の何

かに連想は向かい，そのクライエントを治療者がどう見ているのかという点に（言語化されたりされなかったりですが）焦点化されてきます。

　一般にはここでクライエントは治療者に，理想化された姿や愛情を求めると同時にその拒絶を恐れます。この愛情希求と拒絶の恐れのどちらが前景に現れてくるかは個人差のあるところです。そしてそれは母子関係やエディプス三角をモデルとするコンステレーションによりはっきり位置づけられます。

2．介入のポイント

　この時期の治療者の介入として大切なことは，これらのクライエントにとって前意識，あるいは無意識にある感情や対象関係，空想について，陽性と陰性**双方のバランスのとれた転移解釈**をおこなって意識化させることです。

　この解釈をすることは，その意識化によってクライエントが無意識のうちに陽性転移を高め，やがて幻滅して陰性転移が反動的に最速で閾を越えはじめるというダイナミクスをいくらか意識のもとに展開させることをもたらしますし，前意識的な拒絶の恐れから現実的に見えるもっともらしい理由をつけてクライエントが時期尚早に治療を終わろうとするという「現実への逃避」に入り込んでしまうのを防いでくれます。

　ちなみに，「おかげさまで，よくなりました」ということで治療が25〜50セッションで終わってしまうときとは，たいていこの陽性転移をベースにした「現実への逃避」のパターンです。

　またこの転移解釈によってクライエントは，自分ではわかっていなかったこころの動きが自分のなかにあって，それが現実生活での自分を動かしているのを知ることになり，分析的な治療の意義や役立ち方をより確実につかむことになります。治療への動機づけがより確固としたものになるのです。これが，やがて強まる陰性転移に対処していくときの治療を維持する力となります。

　そして，やがて分析空間の密度の濃い空気はひとたび薄らいでいきます。

Ⅴ　展開期中盤

1．こころの痛みの重さと陰性転移

　この時期は，抑うつ態勢のワークスルーがなされていくときです。

　クライエントは展開期初期を通して，親密な愛情ある出会いの満足感と前後

して治療者と自分自身に幻滅や怒りを体験し始めました。思い描いていたほどの素晴らしい治療でも治療者でもなければ，自分自身も夢に描いた別の自分に瞬時に魔法のように変わることはないという幻滅を感じないわけにはいかなくなってきました。

　自分には得られないものがある，失われたものは取り戻せない，後悔する事態や嫌な自己部分は取り消せない，抱えてきた傷つきは消えないとのことに徐々に直面しはじめるのです。

　この抑うつ的なこころの痛みは耐えがたいものです。そこでクライエントはふたりの関係の外の誰かや社会の何かにその責任を負わせ, 憎しみを向けます。しかし治療者が転移をほどよく取り扱っているなら，やがてクライエントはその責任を治療者に向けていきます。すなわち治療者に向ける陰性転移が閾を越えていきます。治療者への憎しみが陰に陽に向けられていくのです。

　このため治療者は，クライエントの内的世界のコンステレーションでの冷酷で残虐，傲慢な，もしくは惨めでみすぼらしく無能力な対象や自己そのものであるかのような，それに縛られて動けない気持ちに追い込まれます。悪くひどい自分という姿に縛りつけられているとの逆転移感情はとても苦しいもので，そこから今すぐにも身を離したい思いに治療者は駆り立てられるのです。

　しかしここで治療者は安易に治療者の（クライエントが思うよりももっとましな姿であると自認する）現実の姿を見せよう（つまり，自己開示としての「私

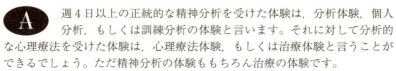

 トレーニングを目的とした「精神分析的心理療法」でのクライエント体験を何と呼んだらよいのだろうか。

　週4日以上の正統的な精神分析を受けた体験は，分析体験，個人分析，もしくは訓練分析の体験と言います。それに対して分析的な心理療法を受けた体験は，心理療法体験，もしくは治療体験と言うことができるでしょう。ただ精神分析の体験ももちろん治療の体験です。
　「自分は訓練として受けたのであって治療ではない」と，この質疑を通してのこの「治療」という言葉に抵抗があるとしたのなら，おそらくそれはこの抵抗という感覚が含む不快な不自由さを引き起こしているものについてのさらなる自己分析が必要であるということでしょう。治療，病気，患者という言葉をキーワードとして。

という人間は……です」,「私はあなたのことを……と思っています」）**としないこと**です。また陰性転移の起源に思えるクライエントの過去の関係に話題を意図して持っていこうともしないことです。そうではなく，いまここでの関係，つまり分析空間のなかの治療者－クライエント関係にとどまり，クライエントの抱く治療者像と感情（つまり，クライエントの抱く無意識の空想）そのものをクライエントが意識化するよう，機会を見つけて解釈することが大切なのです。

　治療者はみずからのなかでは，いまセッションで起きている状況が転移性のものであり，クライエントの内的世界，内的対象の投影であることを認識し，こころのなかでははっきり言語化していながら，しかし**クライエントとのあいだでは生きた体験として取り扱う**のです。

　このころの逆転移での苦しい感情は，ときにはクライエントが排出している苦しい感情を治療者が実感していることとしても認識されえましょうし，内的対象の思いとして認識されることもありましょう。やがてそうしたことを解釈できるときも来るかもしれません。しかし何より大切なことは，**母親のもの想いのように治療者自身のもの想い**のなかにこれらの感情を滞在させておくことに持ちこたえることです。

　母親自身が消化できないものは，赤ん坊は栄養にできるようには食べられません。同じように，治療者が消化できていない感情は，クライエントは消化できません。やがて治療者がなす投影についての解釈は，与えられる前にクライエントが消化できるものに治療者のなかで変形されていなければなりません。

2. 健康な抑うつ体験

　クライエントの投影，そして投影物に治療者が持ちこたえていきながら，その投影や投影物についての解釈を機会をとらえて治療者が重ねていきますと，クライエントは徐々に，それらの投影物を自分のなかに戻し入れ始めます。すなわちクライエントに無意識の空想，つまり心的現実が認識されていきます。心的現実が明瞭になることによって――その結果それと識別された外界現実の認識につながるのですが――この認識に必然的にともなう抑うつ感情を体験していくのです。現実を知ることは，限界を知ることであり，みずからの無力さを知ることです。まさに，**「喪の哀悼の仕事」**（mourning work）にクライエントのこころは入っていきます。

　クライエントは，底の知れないほど深く落ち込んでしまいそうな抑うつ感,

取り返しのつかない償いようのない罪悪感，まったく明るさの見えない絶望感，手のつけられない欠陥を前にした無力感，肝心なものをなくしてしまっているとの喪失感など破局的な不安にほとんど圧倒されそうです。

そこではこの分析関係もまったく無意味なもの，いやむしろ自分を苦しませて喜ぶ治療者のいる最悪のものとさえ，体験されます。

クライエントはまったく孤独です。しかし重い経過のなかで，その最悪を治療者がともに生きていることにクライエントが思いがけなく気がつくとき，クライエントはほのかに暖かなものを感じます。そこから，とても小さな希望や修復していく力が感じられ始めるのです。抑うつが限りを持ったものであることも気づかれます。

こうして抑うつ態勢のワークスルーは成し遂げられていくのです。

しかし，ことが順調にいくはずもありません。ワークスルーからのさまざまな逸脱はどうしても起きてくるものです。

この健全な抑うつへの耐え難さは，極端な形では「**躁的防衛**」を作動させます。抑うつや無力感，悲哀感はすっかり否認され，心的現実を否認する強い万能感，勝利感，支配感でこころは充たされてしまいます。あるいは狂気への怖れ（妄想的迫害的不安）や悲哀感や喪失感（抑うつ的不安）から保護してくれ，快感や心的麻痺に浸らせてくれる**自己愛的なこころ**の構造（いわゆる「病理構造体」や「自己愛構造体」）へと引きこもります。さらに時期尚早で表面的な償い行為へと向かう「**躁的償い**」，やはり表面的で自己愛的な「**偽りの思いやり**」などが作動します。

3. 内的世界の認識

また，この時期になりますと，クライエントによる治療セッションの内と外の仕分けが明瞭になります。つまり，カウチに横たわる前や終了が告げられて後のクライエントの在り方と治療セッション中のクライエントの在り方が目に見えてはっきり異なってきます。クライエントは外界での体験を語りの材料にはしても，それに左右されず，セッションのなかでは乳幼児的自己や原始的対象関係の感覚が分析空間に転移的連続性を持って継続して体験されてきます。それはあたかも前回のセッションがほんの先ほどのようで，1週間や数日の空きがなかったかのようです。その一方でセッション前後には，社会で活動している自分を素早く取り戻します。

これらのことはクライエントが面接室，すなわち分析の空間を自分の内的世界そのものとして体験し，面接室の外を現実外界と認めるという識別ができていることの証でもあります。いわゆる「良性の退行」と言われる治療状況は，こうした識別のあるところで起きているものです。

　さらにこの時期から**夢がよく語られるようになること**も起こります。とくに展開の重要なポイントで夢が語られたりするものです。この夢が語られることは，クライエントが少なくとも前意識的には自分のこころ，内界を私たち治療者と分かち合い，内的世界を見ていく共同作業に積極的に参画しようとしていることです。ですから，私たちはそれらの夢を取り上げる――クライエントにそれについて連想を勧め，続いてクライエント自身の夢理解を聞いたり，私たちも積極的に解釈，とくに転移解釈しようとする――ことが大切です。

　こうした状況で治療者が，提示された夢を取り上げないことは，クライエントの本質を知ることに治療者が関心を抱いていないかのような思いを抱かせることになります。それは結果的にクライエントが夢を語らなくなるという形で，内界を知るための重要な共同作業の機会をふたりが放棄することになるのです。それは治療の行き詰まりにもつながりかねません。私たちは臨床での夢の有用性をこのときこそ，存分に活用するべきなのです。

VI　展開期後期

1．深まり

　この時期は，抑うつ態勢のワークスルーを繰り返し，クライエントがみずからの内的世界の現実（心的事実）をさらに直視し，それを受け入れていく，そしてその結果，**より深く考える能力**や**豊かに情緒を感じる能力**，思いやりといった**愛情深い悲しみ**を内に含むこまやかな襞を備えたこころ，対象についての情緒豊かで視野の広がった見解といった達成をさらに成し遂げていくときです。そして来るべき自立，**離乳**に備えた豊かさを自分の内に蓄えていくときでもあります。

　ですからこの時期には，現実を見つめることでの悲しみや寂しさというこころの痛みにクライエントがもちこたえ，それらの情緒体験を踏まえて思考していく能力も高まっています。それによってクライエント自身が自分のこころをよりこまやかに知ること（K）ができてきますし，治療者が解釈をしなくても，

それまでの理解をさらに深めて，クライエントが自分で結びつけたり，洞察することが増えていきます。つまりD（抑うつ心性）をより長く維持できるようになりますし，PS（妄想‐分裂心性）にあったとしても，PS⇒Dの移行が容易になります。そのため，治療者が口をはさむことが次第に少なくなってきます。

こうしたクライエントの情緒を味わい洞察する力の高まりとDを維持する能力の高まり，つまるところは治療者とのあいだでの信頼関係の高まりを根底において，より原始的な感情である，羨望や貪欲さが探究のターゲットになっていきます。またより早期の依存や愛着も扱われます。

しかしながら，やはり抑うつ感情に耐えられないため，被害的な感情に染まったPSやアクティング・アウト（発散運動；第10章を参照）の使用に戻ってしまうこともたびたび見られてしまいます。だからこそワークスルーしていくのです。身体にしろこころにしろ，くせは一度だけの気づきでは抜けません。

2. いつまで面接が続くのか

この抑うつ態勢のワークスルーをどの程度まで繰り返すか，言い換えれば，どの程度までこころを深く見つめていくかによって，この後期の期間が決まってきます。

200セッション±aで終結に向かうのか，それとも300，400，500とセッションを重ねるのかは治療者とクライエント両者が折にふれ検討することになります。

私は精神分析的心理療法の場合には，比較的順調な経過で300セッション（週2回以上がベース。週1回ベースなら，200セッション）を越えているなら，治療者が終結を考慮していき始めてよいように思います。私たちは強迫的な完璧さを，終結に求めないようにしておくべきです。

ここでのワークスルーは，いわゆる**転移の解消**や**転移の克服**をめざすものなのでしょうか。私はそうは思いません。起こることは，転移，あるいは無意識の空想がそれとして認識され続けていくのです。その結果，心的現実と外界現実が選り分けられていきます。私たちは無意識のうちに転移世界に巻き込まれることが減っていくのです。

この過程は，転移が体験的に発展し，そして体験的に識別されていくと言えるのかもしれません。転移感覚がすっかりなくなってしまうことはありません。それはそもそもの転移の原型体験が，私たちそれぞれのこころの事実だからで

す。私たちは一度知覚したことを忘れ去ることはできないのです。

　ところで，この後期でそろそろ終結に向かえそうに感じられる時期にありえそうなこととして，自己開示の可能性があります。治療者が過度に防衛的であるととられてしまいそうな対応をするより，ふたりのあいだで情緒の交流がとても自然な，お互いが受け取れる姿勢にあるときに，いささかパーソナルな感覚であっても自然な形で自分の気持ちを伝えることが，ふたりの人間的つながりを深めることとしてあってもよいときがありうるとのことです。しかしこの場面でも，治療者がこまやかに対応しているなら，自己開示をしないでもクライエントは治療者とのつながりでの人間的信頼を高めていくものです。

◆◆◆ *column* ──────────────── 精 神 分 析 で の 疑 念 と 精 神 分 析 へ の 疑 念

 個人分析を受けたらどうなるのか。問題のない素晴らしい人間になって，魔術のように治療もうまくいくようになるのだろうか？

 確実に言えることは，**個人分析を受けると，自分が問題のない素晴らしい人間にならなかったとのことを身を持って体験します。** そのような魔術的万能感を確実に消してくれます。人としてのこれほどの素晴らしい達成を確実にさせてくれるものがほかにあるでしょうか。私たちは神にはなれません。

　いやむしろ個人分析は，ある意味，自分がこれまでまったく病的人間であったし，今もそうあることに気づかせるという，まったく明白であるが，ひどく苦痛な事実を知るようながします。そしてその病的な在り方が（分析を受ける人がそれを思っていたとしても）自らが思い描いていたものとは違ってもっと深刻なことも体験します。こうしたことゆえに，個人分析は避けられます。この事実が現れ出てくるゆえに，それにかかわるどちらもが不快な時期を体験するからです。

　しかし不思議なことに，この個人分析が首尾よくいくなら，悩みがさらに広く深くなっているとの事実に持ちこたえる力ももたらしてくれます。そしてほんとうの自分をそのまま知ったことでの大きな落胆と小さな安心ももたらしてくれます。こんな力や気づきはまったく無価値なものかもしれません。しかしこの自分をほんとうに知ることに意義があると思える人もいるのです。

Ⅶ　終結期

　精神分析的心理療法の終結は大きなテーマのひとつですし，最後に章をあらためて述べていきます。そこでここでは簡略に，一部のポイントを述べてみましょう。
　ちなみに丸田は終結について上手にまとめています。

　　　精神療法の終結とは一言でいえば，「昨日にサヨナラを告げ明日に向かう」ことです。つまり，治療者にサヨナラを言うだけではなく，かつて葛藤のため別れを告げそびれた人びとに対して，サヨナラをもう一度言い直す過程です。それは人生における別離同様，悲しくも，発達・成長の可能性を秘めた，貴重な体験です。

　終結には，そのための一定の期間が確保されることが望ましいものです。それはできれば，**2，3カ月から半年ほどの期間**は持ちたいものです。それほどの時間の確保が困難であるときでも，できるだけ長めに確保したいものです。
　また終結の時期にセッション数を減らしていくことは**すべきではありません**。週2回を1回に減らす，毎週を隔週にするといったことが，分離に徐々に慣れるためにといった理由でなされようとすることがあるようです。おそらくこれは，治療者自身が終結の分離に耐えられないのです。最後の日まで，毎週のセッション数は同じであるべきです。これらの理由はのちに述べます。
　加えて，この終結の時期は，**これまでの分析的な面接過程の振り返りや反省，総まとめをするときではありません**。それをクライエントがしていくことは彼女／彼の自由ですが，治療者は意図してそれに加わるものではありません。なぜならそれは，社会儀式的な予定調和的な終わり方を治療者もクライエントも求めていることに過ぎないからです。
　精神分析的な治療は，最後まで未知の体験の積み重ねであって，知的学習のときではありませんし，無意識水準での新たな交流に意義があるのです。それは終わりの日まで続けられるのです。言い換えれば，終結期は，抑うつ態勢のワークスルーのいよいよ最後のときなのです。終結という形で，いまや現実に生じてきている別れに基づいた意識的無意識的情緒体験に，どちらもができる

だけ触れていくときなのです。

　それは，乳児の離乳になぞらえられます。すなわち終結過程は，**離乳の過程**なのです。クライエントは治療を終わることで，こころを豊かにしてくれた，心地よい暖かさを授けてくれたよい乳房／治療者を失ってしまうのです。ここには，もはや二度と取り戻せない確かな外界での喪失が待ち受けているのです。クライエントにとってその喪失に直面するという切実なときであり，それは同時に治療者もクライエントを失うときなのです。そうした意味では，分析過程での最大の山場と言えるかもしれません。

　ひとつひとつのセッションが分析セッションとして大切に営まれねばなりませんし，最終セッションの最後の一秒まで，この作業が続けられて，宇宙にひとつのこの精神分析的心理療法は終わるのです。

Ⅷ　おわりに

　ここでは，精神分析的心理療法の全経過をかなり形式的に述べてみました。

　私自身，あまりに表面的な記載であると感じています。まるで，ある特定の山に登ろうとするときに，日本全体が載っている地図を広げて，登り方を指し示しているかのようです。実際には何百時間かけることを 2，30 分で読むほどにまとめたのですから，当然と言えることなのでしょう。体験して学ぶべきことを書物から知識として知ることとは，こうしたことなのです。

　それはともかく，あなたがおこなっているその分析的治療にはそれ独自の始まりと中盤と終結があるのです。そしてそれは，（スーパーヴァイザーとは知ることを分かち合えるとしても）あなたとそのクライエントだけしか体験できないものなのです。

ふりかえり

○定型的な治療プロセスという前概念を捨てましょう。

○精神分析的心理療法の全体過程を分けてみました。
　　開始期
　　展開期初期
　　　　　中盤
　　　　　　後期
　　終結期

○〈開始期〉には，最初は理論も必要ですが，いまここにいるクライエントをじかに知ろうとするときです。転移が集まってきます。

○〈展開期初期〉には，陽性転移が濃くなってきます。

○〈展開期中盤〉には，分析関係の現実に出会い，幻滅し，陰性転移が濃くなります。こころの痛み，抑うつ態勢に生きるときです。
　　抑うつへの耐え難さは，「躁的防衛」，「自己愛的ひきこもり（自己愛構造体，防衛構造体，病理構造体）」，「躁的償い」へと向かわせることがあります

○〈展開期後期〉には，こころの痛みにもちこたえること，すなわち抑うつ態勢機能が高まってきます。
　　終結がめざされます

○〈終結期〉は，離乳のときであり，最後の貴重なワークスルーのときです。

第10章
精神分析的心理療法プロセスで起こること
予想されるできごとや予想を超えるできごと
退行，行動化，中断，危機状況，行き詰まりなど

I はじめに

　前章では精神分析的心理療法がどのように展開し収束していくかを一通りながめてみました。けれどもそこにも書きましたように，この治療は実際にはそれにかかわるふたりによって独自に進められていくものですから，その数だけのさまざまな展開がありえるのです。そしてそこには，そのまま自然に起こること，避けたいと思ってもほとんど避けられないで起こること，避けられたかもしれないが，起こってしまったことがあるでしょう。いずれにしても，起こったらとても困難なこともそのなかにはあります。

　こうしたことがらのうち，比較的日常的に起こるのだが取り扱いにとまどいがちなものや困難なものについて，この章で取り上げてみます。ですから，プロセスに起こるできごとすべてを網羅するわけではありません。また込み入った理解を求められる難しい課題は，むしろ簡略に記載するにとどめました。

　治療途中のできごとを，「退行」，「行動化（アクティング・アウトとアクティング・イン）」，「中断，あるいは早すぎる終結」，「危機状況」，「行き詰まりと陰性治療反応」と分けて記載していますが，これらの区別は便宜上のことにすぎません。実際の臨床ではそれらが重複していることが稀ではないことは経験的に知っておられましょうし，このような区分け自体がしがたい状況があることについても同様です。

　ではまず，退行というできごとに目を向けてみましょう（表10-1参照）。

II　退　　行

1．悪性の退行

　退行については，すでにところどころで述べてきました。ここで取り上げた

表10-1　精神分析的心理療法プロセスで起こるおもな困難なできごと

1. 悪性の退行
2. 行動化　アクティング・インとアクティング・アウト
3. 重篤な危機状況
4. 治療の中断と早すぎる終結
5. 行き詰まりと陰性治療反応

表10-2　退行の性質（バリントによる）

良性の退行（benign form of regression）
　　　　　退行後，ふたたび成長していく
悪性の退行（malignant form of regression）
　　　　　快感希求が際限なく，治療困難

いのは，治療の維持を困難にしたり不可能にしかねない，いわゆる「悪性の退行」といわれる性質のものです（表10-2参照）。

　悪性の退行とは，クライエントが乳幼児的に治療者に身体接触をせがみ続けたり，甘える要求的言動を繰り返し，欲求不満がひどくなるとかんしゃくを起こして物品を投げたり，罵詈雑言を吐いたり，自傷や暴行をなします。それらはどんどんエスカレートし，治療者の言語的介入に反応しなくなってしまいますし，面接室の外でもこの退行での言動が続く事態です。すなわち言葉を使っての理解より具体的な欲望充足行為を即座に実現しようとするあり方なのです。この「退行」のエスカレートはふたりの関係を破壊し，分析的治療の中断や入院治療に行き着きます。よって「悪性」なのです。

　分析的な治療が展開してきますと，クライエントによってはそれまでの在り方よりも，子どもっぽいふるまいや話し方で語っていくことが出現してきます。それはあたかもそのクライエント自身が，子ども時代，乳幼児時代の彼／彼女にすっかり戻ってそこにいるかのようです。そのため，この状態を「退行」と呼ぶわけです。一般にこれは治療展開期の初期後半から中盤あたりに何かをきっかけとして，すみやかに起こってきます。

　しかし見方を変えると，この「退行」は広義の「**アクティング・イン（エナクトメント）**」，あるいは転移的「**ドラマタイゼーション（劇化）**」と見ることもできます。つまりこの子どもがえりの状態を，その人物がすっかり子どもや

乳幼児に戻っていると見てしまわず，彼／彼女の**「子どもの自己（self）」が表在化して活動している**と見る視点です。それはちょうど夢において，自分自身が子どもに戻って何かをやっているとともに，一方にはそれを見ている現在の大人の自分も別にいるときとよく似ています。

すなわちそれはその子どもの自己と向かい合っている**転移対象としての治療者**もいる「ドラマタイゼーション」なのです。またそこに彼／彼女の**大人の自己もいる**のです。対象関係をマトリクスとした世界がそこにあります。ゆえに治療が展開していく可能性を秘めた大きなチャンスのときです。

この視点を持って，治療破壊的とされる悪性の退行を見てみますと，それにはおおよそふたつの在り方が見られます。

2. ふたつの原因
a. 精神病性自己の突出

ひとつは治療の進展によって，依存的な乳幼児的自己が活動するようになったのですが，その自己は精神病の性質を持つ自己であるとのことです。ですから，これは退行と言うより，現実吟味が失われた快－不快原則優位な**精神病性のこころの活動が露呈した状態**です。そのため妄想－分裂心性がたやすく作動します。欲求不満耐性は損なわれ，不快な悪いものは知覚されるやいなやすぐさま**排泄**されるだけになってしまいます。

この事態は，クライエント自身にとって**危機状況**です。この場合は，クライエントの現実検討能力は確実に落ちていますから，精神病状態による**自他の破壊を防ぐマネージメント**という現実的対処を治療者が図る必要があります。精神科医による治療，入院，面接の休止などです。これらの現実的対処は治療者の働く環境・施設に応じて，迅速になされる必要があります。この十分なマネージメント供給の後で，分析的心理療法が継続可能かを判断することになります。治療者の予想外の出来事としてこの事態が起こったことには，本質的には見立てに問題があったと考えられます。そのクライエントの持つ精神病部分の査定が不足していたのです。

私が若い頃，醜形恐怖の若い女性に総合病院外来での週1回の精神分析的心理療法を，グループ・スーパーヴィジョンを受けながらおこなっていたことがありました。彼女は「口がおかしい」と執拗に訴えていました。もともと年齢より子どもっぽい雰囲気はありましたが，面接を重ねるにつれてあるときから

急速に退行し、話し方は方言も混ざった小学生のようになり、周りが彼女を、とくに口をおかしく思っているという訴えも増え、感情の動揺が激しく落ち着きのない様子が増えてきました。

しかし私は彼女は精神病ではないというスーパーヴァイザーの見立てを受け入れていましたので、治療が進んだゆえに不安が強くなったのだと思っていました。ところが、ある日やってきた彼女はこの様子でよく来られたものだと思えるほどに、不安に圧倒されて激しく怯えひどく興奮していました。怯えに歪んだ表情でわめくような激昂した話し振りで迫害を訴えるかと思えば、うって変わって泣き始めるというように、もはや対話が成立しませんでした。面接の時間を終わりましたが、彼女は興奮してしゃべり続けます。明らかに急性精神病の精神運動興奮状態でした。事態は切迫していました。私は外来医長とも相談し、もはや家に帰すことは困難と判断しました。それから彼女は急遽入院になりました。数週間を経て精神運動興奮はおさまりましたが、彼女が統合失調症であるという見立ても判明しました。興奮解消後の彼女は、パーソナリティの機能水準が明らかに低下しました。そこでスーパーヴァイザーと相談の上、分析的心理療法はやめることになりました。

b. 治療者の対応による乳幼児的自己の肥大

もうひとつは、退行したクライエントの様子を**治療者がまさに乳幼児そのものであると見た対応だけをしてきているために、乳幼児的自己がどんどん肥大**し、その活動が度を越してしまった状態です。依存や要求が貪欲で傲慢でがまんのないものになってしまいます。

これは、治療者が幼児の自己に出会っているとしても、クライエントの大人の自己も同時に必ずそこに存在しているということをまったく認識しないで介入しているときに起こってくる事態なのです。起こっている退行の全景（その人のパーソナリティ全体）が治療者に見えておらず、さらに「退行」させてしまうのです。ですから、こちらは治療者の理解と対応がきちんとなされているなら、たいてい避けられたことです。

このようなトラブルゆえに、クラインは「退行させてはならない」と言いました。退行の状態はそれとして受け入れるとしても、**両眼視をする、つまり大人の自己にも同時に目を向けて、その自己と触れあっておくことを怠らないこと**です。

私と週に2回の面接を続けていたある女性は、そうなることを恐れながらも

退行し始めました。やがて，転移としてのひとりに置かれていることへのあまりの恐怖にカウチに横たわることができなくなってしまい，カウチの上に座り込んで，べそをかいてふるえていました。そのとき，私は彼女を無視する冷酷な母親であり，彼女は怯えてふるえる幼児でした。

　私はそこで次の解釈をしました：〈私がここにいるのをあなたは知っていますが，でも，あなたには私はいないのですね。私は，**いない**冷たい母親としてここにいるのですね。そしてあなたの子どもの自分は，ひとりの寂しさに怯えています〉。彼女は聞きながら，はっきりうなずきました。

　このやりとりでは，退行的転移状況がなまなましく起こっていますが，その体験のさなかに生きている治療者とクライエントとともに，その状況を理解するもうひとつの対象関係，すなわち治療者と彼女の大人の自己もいることが成し遂げられています。

c. 退行より病状と呼ぶべき事態

　ここにもうひとつ，つけ加えておきたいことがあります。それは**病状**と呼ぶほうが適切である状態を「退行」と呼んでいるために起こる混乱です。

　私たちの治療に初めて来たときにはすでに，そのクライエント／患者が繰り返し自傷をしたり，食べなくなったり，母親に幼児のようにまとわりつくようになっているという場合があります。

　この様子を退行というのは，現象としては言えないことはないかもしれませんが，心理療法での関係性のダイナミズムを踏まえるなら，それは病状と呼ばれるべきものです。精神の機能が生活環境の中で幼児化しているのですが，それはもともとの病状としての幼児性の出現なのです。典型的には精神病の人に見られますが，パーソナリティ障害やヒステリーの人たちにも見られるものです。このような状態を退行と認識してしまうために，臨床での対応に混乱が生じてくるのです。

III　行動化／アクティング・アウト

1. アクティング・アウト（行動化）

a. アクティング・アウトとは

　アクティング・アウトとは，本来なら分析セッションのなかで語られたり考えられたりすべきことが，**面接室外の何らかの行為（アクト）となってしまう**

表 10-3 アクティング・アウト／行動化の種類

アクティング・アウト：面接室の外での行動化
　　　　　　　　　　（あるいは，アクティング・インを含む広義の行動化）
アクティング・イン　：面接室のなかでの行動化

ことです。つまりフロイトの言う「エス在るところに自我在らし」めるに至らず，エスのままに在っていることです。

ところでアクティング・アウト／行動化は，広義に面接室内外の行動を含める呼称としてのアクティング・アウトと，上述した定義のように面接室外の行為を「アクティング・アウト」，面接室内の行為を「アクティング・イン」と分ける狭義の定義があります。本章では両者を分けて取り上げています（表10-3参照）。

面接室外のアクティング・アウト／行動化には，セッションに遅刻する，セッションを忘れる，キャンセルする，料金の持参を忘れるといった面接に直接影響するものから，クライエントからの電話や手紙というセッション時間外の行為によって治療関係に影響するもの，職場の同僚や家族とのもめごとや過度に深いかかわり，恋愛，散財，何かへの没頭，自傷行為，性的逸脱行為といったようにパーソナルな生活にはっきり重大な影響をおよぼすもの，さらには職場や学校をやめる・代わる，家出，結婚・離婚，妊娠，事故，病気，暴力といったように社会的に大きな変化であるため，クライエントの社会的立場や治療継続の危機を招きかねない深刻なものまでさまざまです。

行動化は精神分析過程のどこででも起こりえます。それは「アクティング・アウト・パーソナリティ」という診断名があるように，行動化に走りやすい人と行動化を起こしにくい人がいるという違いで，起こる頻度が変わります。つまり病理の深さに行動化の頻度が並行しているのではないのです。とても深刻な病理を抱えていても行動化に頼らない人たちも少なくありません。

行動化に走りやすい人は，抑うつ不安に耐えられず，それが反転した**躁的なこころ**，すなわち万能的行動に向かいやすい人です。大量服薬や自傷のような抑うつ心性を思わせる，一見自己懲罰的な行動化がありますが，それらも内的抑うつにもちこたえられないための万能的対処なのです。

b. 背景にあるエス，そして感情

　私は精神分析的心理療法の経過において，行動化を完璧に避けきってしまうことはできないと思っています。人は動物，すなわち動く物です。すなわち行動するようにできています。また治療はそもそも長い期間「エス在るところに自我在らしめて」いないパーソナリティに対応していくのですから，自我が在る，つまり考える前に行為してしまうのではなくきちんと考えるとたやすく変容できるとはいきません。と言っても，私がアクティング・アウトを容認しているととられたいのではありません。やはり私たちは，「自我在らしめる」努力は常にすべきなのです。ただ，必ずしもすぐに，そしていつもうまくいくとはかぎらないのです。

　この行動化を起こす要因には，治療者との間や自分のなかでの抑うつや不安，恐怖，罪悪感，攻撃性への耐えられなさがあります。つまり行動化は，それらの感情の排除，外在化（投影同一化）といった**耐え難い感情の操作的な排泄を基盤に置いている**のです。ですから**行動化が生じているときには，その基底に扱えないどんな感情があるのか，それは治療者とのどのような関係，すなわち転移関係から生じているのかを見定めようとすることが必要です。**

c. 行動化と無意識の空想

　このように行動化は基本的には外部者に向け変えられた，つまり投影に基づいた行為であり，その背景に特定の感情があるのですが，この行動を起こしている人物のこころにはこの感情を内包する多彩かつ重要な無意識的な空想が存在しているのです。つまりその目に見える行動化は，**無意識の空想を実演しているもの**なのです。この認識は重要ですし，ゆえにその無意識の空想を探っていこうとすることはとても大切です。

　治療契約時に不要な行動化が起きないように治療契約という形で行動の枠を明確にしておいたり，アクティング・アウトが頻発しそうなケースでは管理医の設定など必要に応じてマネージメント体制を確立しておくことは大事なことではありますが，その枠のうちで無意識の空想が行動化されることも起こることです。ですから行動化が起こらないようにとの監視や抑制に過度に熱心になることは，精神科治療での激しい破壊的行動を頻発するパーソナリティ障害の治療では必要ですが，それだけではこころにある無意識の空想を見逃してしまいます。こころの治療にならなくなってしまいます。

d. よいアクティング・アウトと悪いアクティング・アウト

ここまで読まれた方のなかには、アクティング・アウトには好ましくないアクティング・アウトが多いのだろうが、なかには**そこまで悪くない、健康さを含むアクティング・アウト**もあるのではないかとの疑問を抱き始められた方もおられるのではないかと思います。当然の疑問と言えます。

そもそも人間が行動する場合、動機は決してひとつとは限りません。たいてい無意識でもある幾つかの動機がそこには混ざっています。とくにこころが葛藤的にあるときはそうです。フロイトが指摘したように、神経症状が異なるふたつ以上の心的ダイナミクスの妥協産物であるようにです。ですから、どのアクティング・アウトにも病理面と健康な面が入っています。

ところで私たちは分析療法にかかわっています。ですからその行動化はよいとか悪い行動化だとか、道徳的に評価して伝えようとしているわけではありません。その行動の持つ（無意識の）意味をつかむこと、それによって行動の後ろにある感情や考えにクライエントがきちんと目を向けることを目指しています。そして一般に、よい意味はクライエントによっても意識されやすくかつ強調されやすいものですが、好ましくない意味は意識化しにくいものです。苦痛なことは考えたり感じたりしたくないものです。その後者の意識化こそが、私たちが援助するべきものなのです。

私たちはアクティング・アウトの理解において幾つかの意味を検討した上で、クライエントに何をどう伝えるかを決定すべきなのです。そのときこの問題は治療者のなかで適切に扱われているのです。

e. さまざまな行動化とそれらへの対応

ⅰ) 対応の基本

［行動化の解釈］

行動化にはそれが起こりそうなときと、もはやそれが起こってしまっているときがあります。正確には後者が行動化であり、前者は**行動化の危機**であるのですが、両者はともに、治療者の慎重かつ鋭い対応を必要としています。そこで両者を併せて、アクティング・アウトの精神分析的取り扱いを考えてみましょう。それはすでに述べてきたことでありますが、あらためて言うなら、**行動化の背後に潜む無意識の考えや感情の理解を治療者は試み、そのもっとも重要な理解をクライエントに解釈すること**です。それがなされるなら、クライエントは行動することをやめ、その行為の意味を分析セッションで考えるという分

析作業に戻るのです。できるだけクライエントとともに探り，そして解釈するのです。このときも**転移の文脈**で取り上げる心構えが必要です。

［解釈の効果］

しかしこの場合に考慮しておく必要があることは，治療の時期によってこの行動化の解釈は効果がちがっていることです。

治療の展開期初期の強い陽性転移が働いているときには，この解釈によって行動化は収まりますが，それは解釈内容の理解というより，この陽性関係に基づいた抑制です。一方同じく治療の前半でも潜在的にしろ陰性転移が優勢なときには，治療者の解釈は拒絶か無理解と受け取られ，行動化は収まらないものです。このとき行動化が収まるのなら，そこには冷酷な治療者からの懲罰の怖れという陰性感情が働いているのかもしれません。

しかし治療も展開期後半の抑うつ態勢のワークスルーが進展している時期には，行動化の転移解釈はより聞き取られるようになります。

ある抑うつに苦しむ女性は治療開始4年後に治療者への不信を顕わにした後，さまざまな理由でセッションを繰り返しキャンセルするようになりました。そこで治療者は彼女が治療者と対立してしまうことを恐れて休んでしまっていること，それは治療者から悪意で見られていると彼女が確信しているためであるとの転移解釈を伝えました。彼女は最初怒りで反応しましたが，やがて恐れを肯定し，考え込み始めました。こうしてキャンセルというアクティング・アウトは終わり，核心の問題がふたたび言葉で語られていきました。

行動化が起こる前に，その行動に含まれている無意識の考えや感情を伝えるこのアプローチをすることは，往々にして禁止のニュアンスをクライエントが感じることになります。そのためやはり超自我対象転移は起きてきますが，そこには治療者のパーソナルな現実の入る余地はあまりありません。

［行動化の後での解釈］

またアクティング・アウトが起こったあとに取り上げることは，なんだか後の祭りのようですが，決してそうではありません。行為についてじっくり考えるという姿勢を育むことになりますし，これからの行動化の抑止にもなります。とくにその行動化のインパクトがまだ残っているときに取り上げるべきです。何より，行動化の意味が両者にほぼ明らかであるにもかかわらずそれを取り上げないことは，治療者の容認，あるいはクライエントへの無関心さと受け止められ，さらにエスカレートした行動を刺激するなど，治療の崩壊につながりか

ねません。

　ある女性は再三，夫との喧嘩を繰り返していました。それは明らかに治療者に向けられない怒りを夫に向け変えたものでした。しかし父親と同様に治療者も理想化されていたため，治療者への怒りはクライエントには実感のないものでした。しかし150セッションを過ぎた頃になると父親や治療者への怒りが認められるようになりました。こうしてようやくこのアクティング・アウトについての転移解釈が意義を持つようになり，彼女はそれをはっきり肯定し，夫とのいさかいは減っていきました。

［行動化の禁止という介入］

　しかし，あまりに切迫していて危険なこと，たとえば，「死にたいので，面接が終わったあと自傷して死にます」とクライエントが差し迫った様子で言うときには，禁欲規則を持ち出して禁止するというアプローチがあります。

　これも事態を鎮静化するひとつの方法です。激しい自傷行為や性的逸脱行為，家出，激しい暴力など危険な行動化では，この禁止を伝えるのもありうるやり方です（ただ，この危険度の判断が難しく，しかし決然とした判断と態度が求められるところです）。

　この態度は，治療者を厳格な超自我に位置づけます。それはそれで転移関係での意味を持つこととして，治療的に扱えそうです。しかし問題は，こうした介入をするとそこに治療者の価値観や性格といったパーソナルな現実が否応なしにあからさまに出てしまいます。そのためにその部分が無意識に転移されている超自我対象に吸収され，その結果**治療者の現実の姿と超自我的空想対象の識別ができない状況**が生じてしまうのです。つまり転移の取り扱いが難しくなり，クライエントが心的事実を見出せなくなるという問題が生じてしまいます。

　自殺企図のため入院治療を受けていたある自己愛女性は，みずからが抱えていたみじめさを精神科病院に入院しているみじめさに置き換え，入院させた私に激しい怒りを向けるとともに，病院事務の不備を衝いては事務職員を執拗に罵倒しました。

　その出来事そのものについては彼女に一理あるとしても罵倒があまりにひどいため，私はそれを禁じ，私にまず言うように確固たる姿勢で伝えました。すると彼女は激怒し，私に水を浴びせかけて個室から追い出し，部屋に入れないように内側から封鎖してしまいました。以後は事務職員への罵倒はなくなりましたが，私は彼女を権力で支配する管理的母親対象と強烈に同一視され，階上

のベランダの柵を越えて屋根の縁に立ち，そこから飛び降りるとの自殺の脅しという彼女の一連の行動化の現場に立ち会わざるをえなくなりました。それはかつて母親とのあいだに繰り広げられていたものでした。

　これから個別のアクティング・アウトへの対応にいくらか目を向けてみましょう。
　　ⅱ）治療関係に直接かかわる行動化
　この種のアクティング・アウトには，面接時間外に電話やファックスが入る，手紙や小包を送ってくる，遅刻やキャンセル，早く来すぎるといったことがあります。
　　○電話やファックス，手紙等が送られる
　これらの行動化への対応の基本は，これらの面接室でのセッション時間以外のやりとりとなっている**その事実をセッションのなかで取り上げる**ことです。このとき大切なことは，電話や手紙に述べられているその中身よりも，時間外に伝えられていることを面接時間のなかで治療者に話せないのはどんなことからなのかという**治療者との関係に重点を置く**ことです。
　遅刻やキャンセルも同様ですが，そこには治療者への陰性感情やなんらかの怖れがあります。それらの感情がふたりの間でじかに表され，話題にされることが重要なのです。
　このとき電話やファックス，手紙の内容に私たちが深く入っていくなら，それらの手段による伝達が分析セッション時間内に話すことの代わりに確実になってしまいます。それは精神分析的なふたりの関係には不自然な状況ですから，常套化することは望ましくないのです。ちなみに同様の理由から私は，E-メイル・アドレスをクライエントに伝えることはしないでよいと考えています。電話，ファックス，手紙等の伝達手段はすべて面接状況設定，たとえば至急の時間変更連絡や遅刻の連絡等にかかわる事務連絡のための手段であり，ふたりのかかわりは分析セッションのなかにあるものです。
　しかし内容にまったくふれないというわけにはいかない場合もあります。たとえば，面接のなかでは言わないのに，手紙や電話では「**死にたい**」と訴えるクライエントがいます。このような場合には，〈いただいたファックスには，あなたに死にたい気持ちがとても強いことが書かれていました。そうなのだと思います。でも，それにしても，あなたのその死にたいという切実な思いを，

こうして私たちが会っているこの今話されないのはどうしてなのでしょうか〉と伝えてみるなら，何らかの答えが返ってくると思います。

とくに莫大な量の手紙やファックス，本が送られてきたときに治療者はどうしたらよいのかに戸惑うことがあるものです（ちなみにこの事態は，面接室のなかで同じように大量の手紙や本などを読んでもらいたいと持ち込まれるというアクティング・インが起こったときにも起こります）。

これらのいわばそのクライエント理解のための資料に私たちが目を通すには，セッション時間以外の多くの時間をクライエントのために使う必要がでてきます。それが，クライエントが意識的にか無意識的に私たちに求めていることのひとつでもありましょう，「私を知る時間をもっともっと持ってください」と。

私は，私たちの時間と気持ちが可能なら，それらを読みましょうし，それらを読むことに無理があるなら読まないという私たちにとって自然な対応でよいと考えています。受け取ったからといって，強迫的に読む必要もなければ，意図的に無視する必要もありません。なぜこのことが今起こっているのかと，クライエントを理解するために私たちが起こっている事態を考えることが，ここでも何より大切なのです。

それにしても，この種の行動化で生じてくる実際的な問題があります。

まず，電話での受け答えをするべきか，するならどのくらいが望ましいのかという問いがありましょう。電話での受け答えは最小限にすべきです。その理由はすでに述べたところです。

けれども，ここで起こるもっと難しい問題があります。この電話で「**今から，死にます**」，「**今，家出をしています**」，「**これから大量服薬します**」など，クライエントが語るときです。

火急のときです。私たちの即座の判断と対応が要求されそうです。ただここで治療者はそのクライエントが実行の前に，もしくはそのさなかに連絡をしてきているとの事実に注目すべきです。つまりその彼／彼女は**治療者に依存している**のです。この事実を認識して治療者が共感的かつおだやかな冷静さで対応していくなら，たいてい事無きを得るものです。「死ぬことはしません」とか「家に戻ります」といった言葉を聞くものです。

しかしただ一方的に「**今から，死にます。さようなら**」と言って，クライエントが電話を切ってしまう場合やそうした内容のファックスが送られてくる場合には，こちらから電話を入れることも必要になります。そして危険が差し迫

っているようであるなら，クライエントの家族等に連絡する必要も生じてきます。いずれにしても，これらのやりとりは次のセッションで必ず話し合われる必要がありますし，それは現在の精神分析的心理療法の治療構造を維持できるかを含めて，検討されねばなりません。

○遅刻・キャンセル・早く来すぎる

　ケースによって繰り返される行動化に，遅刻やキャンセルがあります。すでに精神分析技法についての書籍を読んでおられる方なら，遅刻はそのセッションで，キャンセルは次の来室時のセッションできちんと取り上げなさいという文章が目に入っているでしょう。確かにそれが原則です。もちろん，ただ機械的にそれらを取り上げればよいというのではなく，そのセッションでのクライエントの連想の無意識の文脈を踏まえて，というところが大切なことです。それはやはり，遅刻やキャンセルはクライエントが治療者と会うことに抵抗を感じていることの表れと考える必要があるからです。

　さらにここで大事なことは，遅刻やキャンセルに**まことに現実的に思える理由があろうと，この治療への抵抗という考えを放棄しないこと**です。たとえば，風邪で具合が悪かった，道が事故で混んでいた，幼い子どもが熱を出した，急な仕事が入って終わらなかった，台風で交通が麻痺したといったやむを得ないと考えられそうな理由が述べられることがあります。その理由を全面否定する必要はありませんが，それでもクライエントがどこか面接に来ることに逆らう気持ちを抱いていたと考えておく必要はあるのです。

　繰り返しますが，人がある行為をなすとき，その動機はひとつとはかぎらないものです。台風で確かに交通が一時止まったが，すでにその前に面接に来たくない気持ちがあってキャンセルを決めていたのだとか，なんとか間に合わないこともなかったがどこか気乗りしなくて15分遅れたとか，抵抗が対処されたのなら，あとでクライエント自身がこのようなことを自発的に語ってくれるものです。

　遅刻やキャンセルを取り上げる場合は，〈ところで，今日は15分遅れて来られましたね〉とか〈前回は面接を休まれましたね〉というように，あらためてその事実にクライエントの注意を向けさせる基本的な介入があります。

　それによって，自分のなかの気乗りしない思いにただちに目を向けていくクライエントもいます。しかしこの介入は治療者の言い方やタイミング，さらにクライエントの気持ちの在り方によっては，遅刻やキャンセルそのことを治療

者が非難しているとより陰性にクライエントに受け止められてしまい，ふたりの関係がよけいに窮屈になってしまいかねない場合も起こりえます。

　そこでより自然な取り上げ方を試みるなら，そのセッションでのクライエントの連想に耳を傾けていくなかで，クライエントの治療関係や治療者への不信とか怖れや陰性感情が明らかになったときに，そのことと現在起こっている遅刻やキャンセルを結びつけた**転移解釈をおこなう**ことです。こうすると，行為と考えがクライエントのパーソナリティから派生しているものとして，つながった形で理解されやすくなります。

　遅刻やキャンセルが繰り返され続けるときには，丹念に，できるなら転移の文脈を踏まえて何度も取り上げることが必要になります。とくにキャンセルは，セッションの間合いを空けてしまうという時間の隔たりによってふたりのあいだの心的距離を遠く隔ててしまうやり方ですので，関係自体が希薄になってしまうことから治療の行き詰まりの原因ともなりがちです。遅刻も同様ですが，遅刻はそれがそのクライエントの時間の使い方でもあるという視点から，なぜ今このように彼／彼女が時間を使うのだろうかと考えてみるのは，抵抗とだけとらえるよりももっと広い視野から新しい理解をもたらしてくれるかもしれません。

　クライエントが早く来すぎることもあります。治療構造として待合室がないときには，前のセッションとぶつかってしまうので，これはただちに取り上げる素材になります。一方待合室がある構造で，その待合室にかなり早い時間から来ていることが続いているときも取り上げる素材です。もちろん，遅刻と同じように抵抗と見るだけでなく，依存感情，独占願望などからセッション内の素材とつないで取り上げるのがよいでしょう。

○ほかの治療者へ行く

　ほかの治療者，治療機関に行くというアクティング・アウトがあります。ここには挑戦や絶望を含めた治療者への陰性感情があります。また治療者に何か足らないものを気づかせたいというクライエントからの促しのサインであることもあります。これらの行動で表わされている思いが，ふたりのあいだに置かれるような介入をすべきです。

　たとえば〈ほかの治療機関に行ったとのことを私に話されたのは，それによってあなたが私に伝えようとされていることがあるのでしょう。それは……というあなたの気持ちなのではないでしょうか〉とか，〈あなたがほかの治療者を訪

ねられたのは，私とでは見通しが持てないとあなたには感じられていることがあるからなのでしょう。それは……なのでしょうか〉と伝えられるでしょう。

　ここでもやはり，次のような変則の事態も出てきます。それはクライエントがほかの治療者を訪ねたとのことが，その本人には内密な形で家族や別の機関から治療者の耳に入った場合です。この場合は，治療者がこのアクティング・アウトをそのままセッションで取り上げて話題にすることはできません（述べるまでもありませんが，クライエント本人が語っていないことは治療の中では取り上げないことが，こうした面接の原則です。それをすると境界が壊れます）。ですから，ここでは治療者はこの判明した行動化をこれまでの転移関係全体の文脈に置いて，その意味を検討するべきです。そうするなら，その行動化と等価な，クライエント自身がセッションの中で語っている別のできごとや内容が浮かんでくるはずです。そこからクライエントの思いに入ることができそうです。

　○面接室に家族や友人を連れてくる，あるいは家族や友人の治療を求める

　クライエントの現実の人間関係にかかわる行動化です。厳密には「家族や友人の治療を求める」ことはアクティング・アウトそのものではなく，その前ぶれにすぎませんが，それもここで検討してみましょう。

　おもに治療の前半期にみられることですが，クライエントが家族や友人の治療をしてもらいたいと言って，その人を連れてこようとすることがあります。もしくは，家族や恋人といった身近な人たちをすでに連れてきていて自分のことを治療者から説明してほしいと同席で，あるいはそのクライエントの時間を使って彼／彼女に代わって，それらの人物との面接を求めることがあります。

　これらの身近な人たちを面接に連れてこようとすることや，私たちの治療を受けさせようとすることは，クライエント自身は「自分のため」とたとえ言うとしても，明らかにクライエント自身の抱える課題や不安を直視することから目をそらすやり方のひとつです。またこの行為は，治療者が自分をどう受け止めているか，大切に思っているかについての疑念の間接的表明でもあります。つまり根底は被害的（妄想 – 分裂的）ながら，ここにはみんなに，とくに治療者に自分をもっと理解してかかわってもらいたい，大事にしてもらいたいというクライエントの強い依存の思いがあります。

　ですから，それらの思いを充分取り上げるとともに，私たちは〈私は，あなたをあなたその人から理解していくことが何より大切であると思っています〉，〈私はあなたとの面接を大切にしたいのです〉と伝えてよいでしょう。そして

とくにその人物の治療を求めてという場合には，**きちんと断ること**です。もし必要があれば，治療者として誰かを紹介してもよいでしょう。

問題は，**すでにクライエントが身近な人を連れてきており，面接を強く求める場合**です。それには，断固断るという対応があるでしょう。最初の治療契約でその取り決めをしていたのなら，それに沿ってできることです。

ただ私はこの場合も，そのセッション時間はクライエントが自由に使ってよいものであるという視点から対応を考えます。ですからこのときは，クライエントがどうしても求めるのなら，私は会うことにします。ただ，求められている面接をクライエントの時間内でおこないます。その面接を同席でするか，時間をどれだけ取るかはクライエントに判断してもらいますが，クライエントと一対一で話す時間はその設定時間のなかに確保しておきます。そこにおいてクライエントの思いを聴くとともに，先ほど述べた治療者の考えを伝えるのです。このとき大事なことは**時間を延長しない**ことです。行動化が利益を生むことは望ましくありません。その身近な人との面接での対応は，あとに述べます家族が乗り出してきたときと同じものです。

面接の時間は基本的には**クライエントの使いたい形で使ってよい**ものです。私たちにとって必要な課題は，この行為が彼／彼女にとって何なのかを見ていくことです。

クライエントが連れてきたのではなく，家族が乗り出してきたという場合もあります。この場合は，クライエント自身に話した上でというときもありますが，言わないで隠れて来たということもあります。この事態も本質的には，**クライエント自身に家族らが動かされている**（つまり，無意識のうちにクライエントの投影に操られている）との視点を私たちは忘れないようにしないといけません。

家族がすでに来てしまっている場合やとても熱心に会うことを求めるときには，私は会うことにします。そして家族がどんなことを問題に感じているのか，何に困っているのか，どう考えているのかといったことを聴く側に徹するようにします。しかしあまり長い時間はとりません。家族はある面，この治療者に任せて大丈夫かどうかを知りたい気持ちもありますから，その意図も頭に置いて聴くのです。コメントは最小限にし，クライエントその人との信頼ある交流を何より優先したいことを伝えます。

ここで知っておくべきことは，私たちが何を語ろうと，たとえ家族がクライ

エントに内密に来ているとしても，**私たちの語ることはまもなくクライアント本人に伝わる**と考えておくべきです。身内での秘密はおおよそ守られないものです。

　〇年賀状や暑中見舞いを送る

　最後に，年賀状や暑中見舞いといった一般社会儀礼的な葉書が送られてきたことへの対処を考えてみましょう。私は返信を書くか書かないかは治療者のみずからの判断で決めてよいことであろうと考えます。つまり社会儀礼として返礼されるもよいし，しないという選択もあるということです。要は，一貫した対応をすることであると思います。ただ返礼しないなら，もらった後のセッションの始めに，「お年賀，いただきました。ありがとうございました」と伝えることは礼儀であろうと思います。

　私は年賀状をもらうと返礼を出すようにしています。ところがあるとき，困った事態が生じました。それは身内の死去のため，翌年の新年は喪中の欠礼をする必要が生じたのです。しかしこの喪中のための欠礼の葉書はきわめて治療者の個人的なものです。そのため私は考えました。私の出した結論は，非個人的な場（たとえば，職場）における挨拶状として年賀状をとらえることでした。つまり私の面接室にいただく年賀状には例年のように年賀状での返答をすることにしました。ダブル・スタンダードを保持しているような罪悪も感じましたが，分析関係の性質を考慮した判断としてあってよいと結論づけたのでした。

　　iii）社会活動に影響する行動化

　この種のアクティング・アウトには，職場や学校をやめる，家を出る，離婚・結婚，妊娠，病気・事故，社会問題となりかねない対人トラブルなどがあります。

　転職や転校，退学や退職，離婚や結婚等社会生活での大きな変更は，歴史的には禁欲規則のもとに治療契約の時点で禁じられていたものです。しかしそれは当時の精神分析療法が1，2年で終結するものであったという時代的背景があります。その後精神分析療法が5年も10年もかかるようになると，これらの変更の禁止は非現実的な要請となってしまいました。分析的治療が5年以上におよぶときには転職や結婚，進学，妊娠など，ライフサイクルの一環としてありうることです。ですから**禁止だけで通すことは非現実的なこと**であると私は思います。

　これらのアクティング・アウトによる社会的変化には，分析関係を危うくするものが含まれます。妊娠の場合は出産や育児での中断が予想されますし，事

故や病気も同様に中断の可能性が生じます。また転職や転校は面接時間の確保を困難にするかもしれません。結婚，離婚，転職はそれにともなう転居や経済の困窮などで，治療が継続できなくなるかもしれません。

　これらの事態が発生しかかったときには，それがクライエントの人生にとても重大な用件であることに注意をうながします。この行為による変更が性急になされようとしているときには，**性急であること**を早く指摘しておきます。そしてその上で，「**いま，それが起こっているのはどうしてなのか**」，すなわち現在の分析的関係との関連や影響を一緒に見ていきます。つまり治療者との関係の投影，置き換え，回避，治療者の煽動，治療者への挑発など転移要素がそこに含まれていないかの検討です。ハイマンは逆転移についての著名な論文で，治療者を表わしているほんのまえに知りあった女性と急いで結婚しようと行動化した男性の分析例を描いています。

　とくに離婚や転職などは，治療者は思わず（治療者の視点からは「現実的な」と表現できそうな）警告を発してしまいたくなったり，強く禁止したくなりますが，禁止することよりもその行為の無意識の意図をともに探すことが精神分析の作業ですし，そのような強い思いをクライエントが治療者に喚起しているのはいったいどうしてなのかを逆転移から検索するのが必要な作業です。

　ときとして起こるアクティング・アウトに，職場や家庭の人間関係がひどく険しくなることや結婚外の異性関係が発生することがあります。

　前者の場合は，おおよそ治療者との関係に持ち込めない陰性感情，とりわけ怒りや憎しみを周囲の人とのあいだに表出していることであり，後者の場合は治療者との関係で充たされない依存や性の願望を充足しようとする，どちらも**スプリットされた転移側面**の行動化です。ですから面接外の別のできごととして切り離されているそれらの行為を積極的に治療者との関係につなぐ解釈をおこなう必要があります。

　すでに述べましたが，このような社会活動に影響する行動化については，つい現実のできごとと見て私たちは現実的な指示や注意，コメントをしたくなってしまいます。しかし私たちは私たちが分析セッションのなかにいることを忘れてはなりません。そのできごとを取り上げますが，精神分析的治療者としての介入にとどまるのです。なぜなら一般的な見解は周囲の人が提供できるものなのです。たいてい多くの一般的な意見をクライエントはすでに聞いています。しかし，**精神分析からの理解は，私たちしか供給できません**。そしてその場が

分析の場であることは、クライエントもわかっているのです。

ですから、このとき私たちが社会人的アドバイスをしたいとの思いに強く駆られるのなら、それがいったいどこから来ているのかを私たちはみずからのなかで真剣に検討しなければなりません。私たちの逆転移かもしれませんし、何らかの転移対象に同一化してしまっているのかもしれないのです。

　ⅳ）危険な行動化

自殺企図や自殺念慮、身体各部の自傷、大量服薬、大量飲酒、著しい性的逸脱行為、激しい暴力などがここに含まれます。

これらの危険な事態について、まず必要なことは、それらの危険な行為がそもそもの症状行為なのか、それとも分析的治療にともなって起こってきた行動化なのかを鑑別することです。近年一般精神医療において、「行動化」という用語がパーソナリティ障害に頻発する自傷や大量服薬等の逸脱行為の意味で安易に使われることが増えてきているため、たやすく行動化と呼ばれてしまう傾向にあります。行動化はそれとしてきちんと仕分けられねばなりません。

その上でのそうした行動化への対処としては、安全の確保や生命・身体への処置が優先されます。それゆえ、その精神分析的心理療法がどのような治療環境において営まれているのかが、その対処に直接にかかわる重要な要因になります。クリニックや病院のような医療機関での心理療法であるほうが、心理相談室等の非医療機関よりもこれらの危険なアクティング・アウトをおこなうクライエントを安全に抱えておける容量が大きいことは述べるまでもありません。

ですから、これらの危険なアクティング・アウト、とくに自殺企図や自傷、大量服薬、激しい暴力が起こり始めたとき、もしくは起こりそうに切迫しているときには、精神分析的心理療法が維持できる限度を治療者は早急にみずからのなかで確認し、その限界をクライエントと分かち合うようにする必要があります。

この限界設定は、医療機関、あるいは医療機関関連施設であれば医師やほかの医療スタッフとの協力で、ある程度幅を持たせることも可能です。つまり管理医を置くことや医療チームとして対応してもらうことで自殺企図や自傷、大量服薬への対応を任せることができます。しかしこうした危険な行動化が起こっている場合は、管理医に任せっぱなしにしてしまうことは望ましくありません。面接でそれらの危険な行動の意味やおよぼす影響について積極的に話し合う必要があります。事態の深刻さにふたりで直面することが求められます。そ

こには，すでに述べました「禁止」という介入もあります。

　ところが精神分析的心理療法が非医療機関で営まれている場合は，それを維持できる限度はかなり限られます。もちろん医療機関との連携という方法がありますが，これらの危険なアクティング・アウトが頻繁であるときには即座の対処が困難です。ですから非医療機関での心理治療でこれらのアクティング・アウトが起こってきたときには，面接の中断，終了と医療機関への治療の移行を治療者は検討すべきです。**ここには限界があるのです。**

　この治療者自身において検討した結果をこころに置いて，クライエントとそれらのアクティング・アウトについて話し合います。面接の中断を含めた私たちの明確な考えをクライエントが理解するときには，これらの行動化が止まることがあります。しかしそれでも止まらないようであるときには，いさぎよく治療を中断し，適切な医療機関を紹介します。

　これらの対応で私たちがこころしておくべきことは，これらの自殺企図や自傷，大量服薬がどこまで**私たちへの依存的コミュニケーションとしてのものなのか，それとも心的苦痛を排除するだけでなく自己を放棄してしまっているものか**をつかもうとすることです。前者と考えられるときは，そのことを転移の文脈で明確に解釈した上で，行為ではなく言葉での交流を強くうながします。後者である場合は保護環境の提供を図るのです。

　電話やファックスでの「死のう，死にたい，大量服薬する」というクライエントからの連絡についての対応はすでに述べました。面接のなかで「今から死のう」，「死にたい」という発言があるときには，私たちはその表現が意味するところを懸命に考えなければなりません。

　私たちが，クライエントの死にたい思いから自分をそらさず，死にたい思いを一緒にていねいに見ていくことが大切です。クライエントが「死にたい」というと，それだけで治療者が強い恐怖に圧倒されてしまうこともあります。治療者はそのような**自分のなかの恐怖**を自覚し，もちこたえねばならないのです。

　危険なアクティング・アウトでも，大量飲酒や激しい性的逸脱行為等，ときに自傷や大量服薬も含まれますが，これらには少しちがう要因が含まれます。それは身体的快感の積極的希求での苦痛の回避という**倒錯的要素**が大きいことです。このことはクライエントが現実を知ることで生じてくるこころの痛み（抑うつ感）にもちこたえる力を落とすパーソナリティの好ましくない変容が起こっていることを伝えています。この行動化は，**考える能力への積極的な攻**

撃であり，快感原則にしたがう一次過程がかなり優勢であることなのです。

その結果起こってくることは，セッションのキャンセルや遅刻が増えたり，来てもアルコールの影響や睡眠不足などのため考える力が減退している様子だったりします。これらの付随する行動化や心的機能低下が強いときには面接の中断と医療への移行を含めた限界設定も検討しなければなりませんが，可能な限りいまクライエントに何が起こっているかを，転移の文脈を踏まえて，ともにきちんと見ていく作業がまず求められます。とくに性的な逸脱行為の場合は，それがいかに**自己破壊的**で**治療破壊的**であるかを認識していく働きかけが必要になります。

暴力についてひとつ，つけ加えておきます。面接ではまったくそうした素振りがなく，本人から語られることもないにもかかわらず，家庭では母親や兄弟，配偶者に**ひどい暴力**をふるっていること——たとえば家族の誰かが骨を折るほどのもの——を家族が治療者に伝えてくる場合があります。この家庭での暴力行為はまったく外部から入ってきた情報ですから，面接では直接取り上げられないものです。しかしこれは危険な行動であることは確かです。つまり面接でやがてその兆候が現れてくるかもしれないことです。ですから未来への対応と現在の対処を考えていく機会として，家族には暴力行為について医療機関や保健機関，警察等に相談する場所を持つことを勧めることは考えてもよいように思います。またもちろん，治療者は家庭での暴力と面接場面でのクライエントの様子とのギャップがどこから来ているのかをじっくり検討し続けるべきです。

2. アクティング・イン

a. 定　　義

行動化のなかでも，面接室のなかでなされる行動化を，「アクティング・イン」と呼んでいます。ものを持ち込む，贈り物，早すぎる退出，治療者に触れる，歩き回るなどの行為です。

近年はアクティング・インについて細かな見方が導入され，もっと微妙なふるまい，たとえば姿勢の変化や話し方などもセッション内の非言語的コミュニケーションとしてのアクティング・イン，より新しくは「エナクトメント（enactment）」と呼ばれ，とくにクライエントのアクティング・インに無意識に反応する治療者のアクティング・インという交流を転移 − 逆転移性のエナク

トメントと見る視点も注目されているところです（第6章「分析空間でのできごと」を参照）。

ここでは一般的な狭い意味のアクティング・インについて述べます。

b. さまざまな種類と対応

丸田俊彦は，「患者さんが普段とちがったことをした場合，それが良いか悪いか判断するよりは，まずどうして患者さんがそうしているのかを考えることのほうが大切です」と述べています。確かにこの視点がアクティング・インに出会ったとき，私たちに求められます。対応していくための基本がここに述べられています。

［動作によるアクティング・イン］

早すぎる退出や歩き回る，カウチで起き上がるなどの行為は，クライエントもそれを自覚しているので，普段とちがうふるまいとして話題にしやすく，その意味を取り上げやすいものです。治療者との関係での何らかの不安がそこにはあります。

［物品の持参］

一方，日記や手紙，誰かの著書，絵，CDなどを持参して治療者に見てもらいたいとクライエントが求めるときがあります。貸そうとするときがあります。

このときは，クライエントが**治療者にもっと自分のことを知ってもらいたいと願っている**ときです。言い換えれば，まだ治療者に十分には理解してもらっていないと感じているときです。あるいはクライエント自身の言語表現に自信が持てないことなのかもしれません。ここでは，その思いを一緒に探っていくことが大切です。

しかしここには，実際にクライエントによって提示されているものにその場でどのように対応するかという差し迫った問題が生じています。

ひとつの方法は，持ち込まれたものが本や手紙，日記などなら，クライエントが伝えたいところを彼ら自身に読んでもらうこと，写真や絵なら彼／彼女が持ったままで，ともに見ながら伝えたいところを説明してもらうことです。それによってクライエントの言葉にしてもらうのです。

それらの品を預かることはできるだけしないほうがよいことです。まず，〈お預かりしないことにします。なぜなら，あなたの大切な品は，私ではなくあなた自身が持っていることが大切と私は思うからです。ここで私がお預かりするとしたら，それは品物ではなく，あなたの思いです〉，〈個人の貴重な品物を預

かることは，私はできないのです〉と，きちんと断るようにしましょう。それでも預ける行為には，それによって自分には持っておけない苦痛な思いをしばらく治療者に預けておくという意味が含まれているときがあります。このときは，数少ない預かることがあってもよいときです。

　ある女性は中学時代の日記を持参し，治療者に預かってくれと頼んできました。今読むと母親への怒りが暴発してしまいそうだからだとその理由を語りました。それまでの状況も踏まえてその怒りの暴発がありそうなことと治療者は感じ，預かることを受け入れました。もうひとつの預かる判断をした根拠は，その女性が預かることを求めても，読むことは求めなかったからでした。そこで治療者は預かりましたが読みませんでした。それから数カ月ほどして彼女は日記を返してくれるように求めてきましたので，治療者は返しました。そのとき彼女は言いました。「先生は読みましたか。読む必要はなかったですよね。私はほとんど話してしまいましたものね。話してしまうと，過去になってしまいました」

　しかし一般には，治療者が受け取ることは，クライエントが治療者の生活時間に**貪欲に侵入すること**（治療者はその預かり物を賞味するためにセッション時間以外の時間をその彼／彼女のために費やすことになります）を，治療者が受け入れることになります。その結果，治療者に**無意識のうちに陰性の逆転移**が高まりやすくなり，それが思わぬところで暴発したりします。こうした不要な心的負担を抱え込むのは，治療者の機能を健全に保つためにも，さらには面接枠組みの健全さのためにも避けるべきです。またクライエント自身も自分の依存欲求の含む貪欲さに罪悪を感じており，これらのアクティング・インが無意識のうちにさらに罪意識を高める機会となってしまっていることもあるのです。

　こうした物のやりとりは，結果的に非言語性の交流を後押ししている非治療的かかわりであるとの側面を忘れないようにしておきたいものです。

　［とくに，贈り物について］

　これらの物品が，あるいは食べ物などが治療者へのプレゼントとして持ち出されることがあります。これは基本的には**断る**べきです。

　〈ありがとうございます。でもどうぞ，あなた自身でお使いください。私はあなたのお気持ちをいただきます〉，〈あなたのお気持ちは有り難くいただきます。ただこの品物は，あなたのものにしてください〉，〈私はあなたとのこころでのつながりを何より大切にしたいと思っています〉，〈贈り物のない関係が，

私たちには自然だと私は思います〉などをていねいに伝えてよいと思います。このときには性急ではないが，**はっきりした態度**が大切です。

　この贈り物についてクライエントはたいてい，感謝や礼儀と言います。しかしもちろんそれだけではありません。そこには，いまだ治療者への**安心感のなさ**や不信もあるのです。それをこのやりとりの場において直ちに伝えることは，クライエントの感情を逆撫でしすぎます。ですから，しばらく間をおいて，ほかの素材もそろった上で，それを取り上げることです。またどうしてもやむを得ない場合には，預かるという形で収めることもあります。

　このように私たちが受け取る選択をした場合にはとくに，クライエントの贈り物についての思いをきちんと言葉にしておく機会をこのとき持つようにこころがけます。行為を言葉に置き換える作業です。お礼を伝えた後で，〈私にプレゼントをしたいと思われたときには，あなたのなかにさまざまな考えや思いが浮かばれたことでしょうね。その思いを教えてくれませんか。それが私たちにふさわしいプレゼントでもあると思います〉，〈このプレゼントにどんな思いを込めておられるのか，教えてもらえませんか〉と伝えることもできるでしょう。

　預かり物にしろ，贈り物にしろ，ひとたび私たちの手元に置いたのなら，失くさないよう**きちんと保管しておかねばなりません**。なぜなら，気持ちが変わった患者がのちになってあれを返してくれというのは稀ではないからです。そしてそのやり方で，（無意識のうちに）クライエントは私たちがどんな人間かを見ようとしてもいるのです。

　ある女性は，彼女の信仰する宗教書を私にプレゼントとして持参してきました。私は彼女の大切な本にするよう断りましたが，彼女はどうしても私にあげたいと言い張ります。そこで私は預かることにして，彼女は納得しました。そしてそれから約2年後，治療が終わるめどがついたころ，あるセッションで彼女は突然，あの本を返してもらいたいと私に言いました。私はこの日を感じていましたので，預かった日に職場の私の棚にしまっておいたその本を，次の面接のとき彼女に返しました。彼女はにっこりと笑顔で受け取りました。それはまるで不思議でも何でもないことのようでした。

　クライエントが分析的治療とは何かを経験的にわかってくると，つまりこころとこころの直のふれあいであることがわかってくると，そこではもはや不要な介在物であると見えてきた贈り物はしなくなります。贈り物は，クライエントの私たちの作業についてのそうした理解の指標でもあります。このように，

プレゼントがなされることは，その関係がいまだ分析的な関係になっていないことではないかと治療者は省みるべきことを伝えています。すなわち治療者が直接世話している関係でありそうです。だからお礼，贈り物が必要なのでしょう。クライエントが自分で考え，それを治療者が手伝う，それが両者に苦しくもある共同作業と知るなら，その微妙なこころはプレゼントでは表せなくなっています。

ゆえに私たちは，その贈り物をもらう，もらわないにこだわるばかりでなく，どうしていまプレゼントなのか，を考えるのです。

［治療者に触れる］

面接中にクライエントが治療者に触れたがるときがあります。あるいは治療者に触れようと近寄ってくることがあります。

これはもっぱら**愛情**や**依存**を求める行為として起こってくるものですが，稀に**怒り**や**憎しみ**からの暴力という表現であることがあります。乱暴な行為への対応は次の項に述べていますので，ここでは愛情や依存を求めて治療者に触れようとするアクティング・インについて見ていくことにします。

精神分析的心理療法過程が展開していきますと，クライエントは転移的な在り方を深め，乳幼児のように母親に抱かれて安らぎたいとの思いや，異性として抱きしめられたい，さらには抱きしめたいという思いを持ち始めることは少なくありません。後者，異性としての望みは，いわゆる「恋愛転移」からのものです。こうしたときにそれが実際の行動となると，アクティング・インなのです。

クライエントによっては急に立ち上がって治療者に抱きついたり，セッションの開始や終了のちょっとした機会に治療者の手を握ろうとしたりします。もっと合理化された形では，「安心して面接のない日を過ごしたいので，毎回の終わりに握手をしてください」と手を差し出してくることもあります。

こうした行為は，**突然**起こってくるために回避できないことがあります。

ある恋愛転移にあった女性は，セッションの途中から室内を歩き始めましたが，ふとした瞬間に座っている私の足元にしがみついてきました。そして私の膝に顔を伏せ，激しく泣き始めたのでした。避けきれず抱きつかれた事態に私はひどくとまどっていました。ひどく泣いているため一挙に振りほどくこともしがたく，どうしたものかと私は離れるタイミングを考え，そのための言葉を探していましたが，ふと気づくと彼女の顔が目の前にあり，私にキスしようと

迫っていました。私は思わず，顔をそらし両手で彼女を制し，それから身を離し，彼女に自分の位置に戻るようはっきり伝えました。しばらくして彼女は戻りました。そしてそれから，彼女のそこまでの一連のふるまいにある恋愛感情を彼女のこころの非常に切迫した思いとして取り上げ，言語化の作業に進みました。

　私にこのとき気の緩みがあったのかもしれない理由は，彼女が幼児的な依存も私に表現していたからでした。しかしこのように乳幼児的な依存からのものも，実は性愛化されていることが多いことを忘れてはなりません。このことは幼い子どものプレイ・セラピーで起こりがちなことのひとつです。治療者はクライエントがとても幼い子どもであることから性愛性を考えないようにしてしまうなら，この事態に気づけなくなってしまいます。

　またそれとは対照的に，あからさまな性愛的な態度に**乳幼児的依存が隠されている**場合も考えておく必要があります。

　面接中のある女性は男性治療者に抱いてもらいたいと服を突然脱ぎ始めました。治療者は驚いて面接室を飛び出し，ほかの女性スタッフに助力を求め対処してもらいました。私は，このときあわてず，脱衣という性愛的行為にある幼児的依存をはっきり解釈することが第一の対処であったろうと考えます。それによって，彼女が性愛化した行為を続けるよりみずからの行為の隠された意味を考えるように働きかけるのです。この場合の治療者が実際におこなった対処は，**行為に行為で対応している**ことになっています。

　治療者に何らかの形で触れようとするこれらのアクティング・インは，そのままではエスカレートしてしまいやすいものですから，治療者のほうから積極的にその行為を取り上げ，行為にある思いを言葉にするよう働きかけるべきです。しかしそれでもクライエントが治療者に触ろうとし続けたり，触りたいと主張することがおさまらないときもあります。「**一度でいいですから**」と懇願することもあります。

　これらの場面において治療者は，そうした触れたい思いについても断固として言葉でのやりとりを続ける必要があります。ここで治療者の姿勢にあいまいさがないなら，クライエントはたいてい言語での交流に戻ります。ちなみにこれは，クライエントから暴力が出てきそうなときにもあてはまることです。

　ここで私たちが自分のなかで検討していくべきは，この状況がきわめて転移的なものであることとして，その転移での意味を考えることです。そしてその

理解をクライエントとのあいだの言語交流に活用するのです。

　異性のクライエントによる性愛性の触れようとするアクティング・インが起こってくるとき（性愛性の恋愛性転移そのものでも同様ですが）には，治療者，とくに男性治療者はみずからの**逆転移**での性愛願望もしくは恋愛願望を振り返るべきです。**治療者が意識しないままに誘惑していること**は少なくありません。一方，女性治療者のなかには性愛への恐怖や嫌悪が強いために，逆にそれがプレイ・セラピーでの小さな男の子であっても，男性の行為を前意識的に性愛と受け止めて過剰にこだわる逆転移反応をしてしまい，転移性の依存状況を混乱させてしまうこともときどきあることです。

c. 対話で対処できないアクティング・イン

　面接室に居続けて退出しようとしない，乱暴な行為，自傷，薬物や飲酒による抑制欠如があるときといった，もはや対話では対処できないアクティング・インが生じたときには，今まさにそれらの治療破壊的なアクティングによって治療が危機にあることをはっきり伝えるべきです。このままでは治療は終わることになると伝えます。このような状況では，治療者こそがパニックになりやすいものです。ですから**治療者は自分が過度に動揺してしまっていないか**と，その場の自分自身にも十分目を向けておかねばなりません。そして決断を含むきっぱりとした態度を治療者はとらねばなりません。

　これらの介入によってクライエントの治療破壊的行為が改められ，治療場面の安全さが維持されそうなら，これらの行為にある思いを探究することになります。それを行為ではなく，言語化させるよう働きかけます。しかし行為に改善がないときには，悲しいことではありますが，面接は中止に至ります。そしてそれからの必要な治療は医療に委ねられるべきでしょう。

3. 治療者の行動化（アクティング・アウト，アクティング・イン）

　この主題は，第3章でおもに述べました治療者の在り方，とくに治療者の禁欲規則や中立性にかかわることがらであり，ここで述べることではありません。しかし蛇足を承知で触れておきます。

　次のような問いかけを受けたことがあります。「面接を始めてそんなにたたないとき，面接していた高校生が歩道橋から飛び降り，その結果骨折して某整形外科病院に入院した。治療者は入院中の病院に見舞いに行きたいと強く思った。どうしたらよいのか」と。

治療者は見舞いに行くことでよい関係を保持したいと思ったようです。ここで治療者が見舞いに行くなら，治療者の行動化です。よい関係，よい治療者であることを保持するため，いやおそらく冷たい治療者という陰性の関係を避けるための分析的治療の枠を逸脱した行動であるからです。この場合治療者は，みずからの愛情希求という**逆転移**で動こうとしています。実は私も若い頃，一度このようなアクティング・アウトをしたことがあります。当時は自分のそのふるまいの病理を認識できていませんでした。

私たちがセッションのなか，もしくは外でなにかの行為をしたいと思うときには，ひとまずそれにブレーキをかけて，それはいったい何かをじっくり考えなければなりません。

Ⅳ　面接中のクライエントに重篤な危機が認められるとき

アクティング・インの最後に述べた事態に近い状況として，クライエントが精神病性の急性破綻をきたしているときや強い切迫した自殺念慮を訴え，行為に移しそうなときがあります。私は経験がありませんが，クライエントが切迫した他者への傷害や殺意を語るときもこのときに入るでしょう。

前者の精神病性の破綻については，本章の退行に関しての精神病性自己の突出という項で，若い女性患者との私の体験例をすでに述べています。後者の自殺や傷害の切迫はとても取り扱いの難しい問題です。それがクライエントの

◆◆◆ *column* ─────────── 精神分析での疑念と精神分析への疑念

　精神分析は科学か哲学か？

　哲学とは主体的に知ろうとしていることであると思います。一方科学は，客観的に知ることを目指しているのでしょう。
精神分析は主体を科学的に知ることをなそうとしているのではないでしょうか。それは不可能なことであろうという疑問がありそうです。私はその見解を否定しません。しかし哲学の方法も，科学の方法も，究極的には不可能なことを実践しようとしていると思います。私は精神分析というもうひとつの不可能なことをやってみたいのです。

生々しい空想である場合は，圧倒してくる内的攻撃性の問題として治療のなかで真剣に分かち合われていくことがとても大切です。しかし，それが**行為として実行**されるのなら，現実は悲惨この上ない事態となります。ここには私たちの熟考された，しかし断固とした判断が求められます。そしてそのための深く豊かな臨床経験が必要です。

　この深く豊かな臨床経験とはどんなものかを知りたいと思われる方もおられましょう。それはまさに書いている言葉通りなのですが，つけ加えますと，精神分析的治療として深くかかわっていたクライエントが実際に自殺を図り，既遂してしまった，あるいはなんとか一命は保ったが身体機能の障害を残したという**後悔や罪悪感にさいなまれる体験から私たちが学ぶ**という，とても重い学習の機会も含まれるのです。

　そうして治療の中断，あるいは家族や医師に急いで連絡することが必要と判断したときには，そのことをクライエントにきちんと伝えなければなりません。そしてその後の時間はその対応のために使うことが必要です。つまり予定された面接や仕事をキャンセルして，そのクライエントにとっての安全な在り方が家族や医療スタッフ等に引き継がれるまで対応することになります。私たちは大変例外的な対応をすることになりますが，それほど危機であるということです。

　あるひきこもりにある青年が，私の個人面接室を訪れたことがありました。対人関係に苦しんでいるということで相談機関を調べ，私に連絡してきたのでした。親しみを感じさせますが，しかし葛藤内容が不明瞭で精神病も考慮する必要があるようでした。彼は私の面接を受けたいと希望しましたが，条件的な問題もあり，私はすぐには受けませんでした。その後彼はたまに私に電話してくることもありました。しかしそれは内容のつかみにくい話でした。私は精神病を強く疑いました。

　それから半年以上経った頃，突然彼が私に会いたいと言ってきました。そこで臨時のコンサルテーションとして，私の時間の都合のつく翌日に会うことにしました。やってきた彼は前とはちがって，意識が浮いた表情でした。話し始めましたが，それは途中でときどき止まりました。そして表情はますます呆然となり，動作もぎこちなくなってきました。急性精神病の亜昏迷状態でした。

　私は，この事態は現実的に対処しなければならないと判断し，彼のまとまりなく語ることを根気強く聴きつつ，途中に現実状況を把握する介入をしていきました。彼はすでに精神科クリニックにかかっており，今日も通院を予定して

いることがわかりました。やがて昏迷はいくらか和らぎました。そこで私は私との面接が終わった後，ぜひ行くように勧め，簡単な状況説明の添書を持たせ，そのクリニックに向かわせました。終了時の状態から一人で行けるだろうと私は判断しました。この間，1時間40分を要しました。そもそもは50分間の予定でした。私は彼と会う後を休息時間にしておいてよかったと思いました。

V　中断，あるいは早すぎる終結

1．治療の中断

　治療の中断は，初心の治療者が最も恐れることのひとつです。それは，その治療者が未熟もしくは無能であるということの証明や判決のように，初心者は治療中断を感じやすいからです。こうして「治療をやめたい」という発言に怯え，**ドロップアウト恐怖症**になります。

　しかし**クライエントはたびたび治療をやめたいと思うものです**。それは，精神分析的心理療法を通して自分の現実を見ることはとても苦痛なことだからです。けれどもクライエントもやめたらどうなるのだろうかと，やめることを怖れてもいます。ですから，この怖れを取り上げることは，やめるという形で表現されているクライエントの転移的葛藤に触れる機会になります。

　私のみていたある中年女性（週1回のセッション）は，その始めから「いつ終わりますか」，「もうやめましょう」とたびたび口にしていました。私はその辞めたい思いを私とのつながり，つまり転移的な不安としてそうしたたびに取り上げていきました。結局，その精神分析的心理療法は4年ほどで終わりましたが，それは両者の合意の上でのほぼ目的を達成した終わりでした。

2．中断，早すぎる終結のおもな原因

　ここに精神分析的心理療法の時期による中断，早すぎる終結のおもな動因を表で示してみます（表10-4参照）。

　これからいくらか解説を加えてみましょう。すでに第9章で述べていることと重複する部分もあります。

　治療の導入の段階，開始期にクライエントが治療をやめたいというのは，たいていの場合，これからよくなるという希望よりも，この治療や治療者が怖いという思いが強いからです（「治療が役に立たない」という発言の裏には，こ

表 10-4　時期による中断,あるいは早すぎる終結のおもな動因

1. 開始期　　　⇒　不適切なケース選択,不十分な動機,治療への怖れ
2. 展開期初期　⇒　転移性治癒／現実への逃避（陰性転移の回避）
3. 展開期中盤　⇒　転移のワークスルーの失敗,行き詰まり
4. 展開期後期　⇒　行き詰まり,陰性治療反応

れからの治療の展開への怖れがあるものです)。そしてそこには,さまざまな理由があります。ここでの問題は,その理由をきちんと把握するにはまだセッションが少なくて,私たちは情報を持っていないことです。ですから,この段階でクライエントが治療をやめるとしてもやむを得ないところがあります。ある意味,治療は始まっていないのですから。

　展開期初期の後半,つまり,30〜50セッションの時期にクライエントが治療をやめたいと,早すぎる終結を言い出すときがあります。そこでは一応**現実的な理由**が出されるものです。かなり改善した,仕事を始めようと思う,学校に行くなどです。

　しかしこれは実際には前章でもふれたように,それまで続いていた治療者との陽性の理想的な関係が揺らぎ始め,感じられ始めてきた陰性の感情からクライエントが逃れようとするためです。それは治療者への怒り,恥ずかしさ,失望,罪悪感,拒絶の恐れといった感情です。場合によってはクライエント自身には,たとえば,治療者への愛情が高まりすぎて不安だとか,より近づくなら自分のひどいところが露呈してしまうと体験されていたりします。そのすぐ背後には,拒絶されるのが怖かったり,恥ずかしさを怖れる心理があります。

　治療者によい感じと嫌な感じを抱くというのは健康なアンビヴァレンスであり,クライエントが**全体対象**として治療者をとらえ始めている,ほんとうの関係を持ち始めていることなのですが,その感覚に耐えられなくなっているのです。このままでは「健康への逃避」,「現実への逃避」という葛藤の**回避**に向かってしまいます。ですから,ここでは転移の文脈を踏まえて,治療者への陰性感情,失望,不快感,怖れ等を積極的に解釈していく必要があります。クライエントが前意識的にはわかっているものをきちんと言語化させて,ともに見ていくのです。

　次に,展開期中盤の100〜140セッションあたりに,治療の終結をクライエ

ントが考える時期がきます。この時期には転移がかなり深くなっていますので，クライエントの治療者への憎しみや依存のどちらもが情緒的に強烈になっています。それはこの関係から離れられなくなってしまう，受身的に依存したままになってしまう，あるいは治療者を殺したいほど憎くなってしまうのではないかという，いわば離乳できなくなる恐怖に動かされてのことです。原動力が，いわば乳幼児の感覚にあるのです。

　この状況では，確実に転移の文脈を踏まえて，「やめたい」思いにまつわる感情を丹念かつこまやかに解釈していかなければなりません。ここでのやり取りは，よりこころの襞に触れるものであり，精神分析的なかかわりでしか体験できないものです。ここでの転移のワークスルーに治療者がうまく対処できないと，治療は両者がどこか後ろ髪を引かれる感覚を残しながら終わってしまいます。転移の理解が不充分であったり，逆転移が治療者のなかでうまく対処されていないことが気持ちのずれを広げ，中断の原因になりやすいのです。

　この時期を過ぎますと，中断よりも治療の行き詰まりや陰性治療反応がより切実な主題となってきます。それらについては，のちにふれましょう。

　初めに例示しましたが，クライエントのなかには絶えず「やめる」，「やめたい」と言い続ける人たちもいます。この人たちは狼少年のようなもので，いつも言っているだけだと思うと大きなまちがいです。**「やめる」ことを言っている人たちは，やはりやめやすいものです**。しかし「やめる」と言うことでつながりを保とうともしているのです。そして「やめる」，すなわち関係を切るという表現での交流にはその原型となる対象関係があり，それがここに再現されているのです。つまり転移です。それらを知ると，このコミュニケーションは対応しやすくなります。

3. 治療者の逆転移に基づく中断，早すぎる終結

　ときに治療者の逆転移に基づいた早すぎる終結や中断が見られます。

　ひとつには，治療者がクライエントに怒りや嫌悪感，軽蔑などの陰性感情を抱いている（つまり，陰性逆転移を起こしている）のですが，それが意識化されていないため，その陰性感情に駆り立てられて拒絶を行為として実行してしまうゆえに治療を終わってしまう場合があります。実際にはもっと広い範囲の感情，すなわち憎しみや愛情や恐怖といった逆転移感情に無意識に支配されているゆえに，治療者がその感情を消そうと，たとえば，（理論的な）改善の兆

候が認められている，早めに社会適応をはかったほうがよい，続けるには遠距離すぎるなど，何か表面的な理由を持ち出して治療を終わります。

　もうひとつは同じ逆転移からでも，治療者が無意識にクライエントの投影する内的対象に同一化してしまったため（つまり，治療者の投影－逆－同一化です）に，その対象のように（たとえば，サディスティックに，支配的になど）ふるまってしまうことがふたりの関係を壊し，治療は中断に至ります。これは，無意識にクライエントの内的世界を分析関係で反復してしまっていることです。

　別の治療者の場合には，その治療者のそもそもの性向として深い情緒がからみついてくることに耐えられないために，治療を続けると過度に深い問題が出てくる，などといったやはり表面的な理由で治療を終わります。

　いずれにしても，一見合理的な理由で治療は終わりますが，その本質は治療者側のふれあい続けることの回避やたえられなさにあるのです。ここには，その治療者個人の病理が働いています。ですから，この問題の解決にはその治療者自身の分析こそが求められます。

VI　行き詰まりと陰性治療反応

　展開期中盤以降，すなわち150セッション前後から終結に至るあいだに出てくる課題が，治療の行き詰まり，そして陰性治療反応です。これはとてもむずかしく深刻な問題であるとともに，高度な問題でもあります。これらの問題ゆえに精神分析でのさまざまなパーソナリティ理論や技法論が生まれてきたとも言えます。ここでは本書の入門的な性質ゆえに，簡略に触れておきましょう。

1. 行き詰まり

　「行き詰まり」とは，治療の進展が感じられない，治療が意味のないものになっていると感じられる事態です。そこにはどんよりとした沈滞が感じられます。なにか堂々めぐりだけで理解も深まらず，ふたりの関係での新鮮な体験もでてこない，と面接室の空気はよどんでいるようです。あるいは，面接ではやりとりは活発で交流は展開しているのですが，何かが噛み合っていない体験が表面だけを流れてしまっていると感じられることもあります。治療者は，治療が壁にぶつかっている，袋小路に入っているようだ，状況が変わらず，手の打ちようがわからない，出口がまったく見えないといった思いにさいなまれます。

クライエントもうまくいっていない停滞感や違和感を抱いていることもありますが，同じ話題が何度も繰り返されたり，同じ症状や困難が頑固に変化することなく繰り返し語られたり，それらにさらに新たな困難がつけ加えられたりします。いったん軽減した，あるいは解消したと思われていた困難や症状がふたたびひどく苦痛なものとして語られることもあります。またときに，クライエントからこの治療への失望や見通しの持てなさが語られますが，聞いている治療者もその気持ちに追従する感覚に入ってしまいます。

　治療者のこれらの気持ちは，初心の治療者なら治療経過中にたびたび抱いている思いかもしれません。それとこの行き詰まりとはどのようにちがっているのでしょうか。

　それは行き詰まりにおいては，治療者は初心の治療者とは異なり，現在の関係の性質や転移／逆転移のダイナミクス，さらには進展状況について一応の見解を抱き，それに基づいた介入をしているのですが，状況はそれにそぐわないし変化も生じないままであるところです。

2. 行き詰まりの打開を探す

a. 行き詰まりへの治療者の寄与

　ここでは，まず関係性，つまり気持ちのふれあいが表面的である可能性を検討することが必要です。ふたりの間に**偽りの調和**が生じていないかを見ることです。この偽りの調和があるなら，それには転移と逆転移の両者が関与しています。両者を検討しなければなりません。現状での私たちの転移理解がまちがっていないか，逆転移での何らかの怖れや憎しみから深いふれあいを回避していないかといった点です。

　まず転移を考えてみるなら，治療者が無意識のうちにこれまでの経過のなかに作り上げた転移認識にとらわれてしまっているため，現れている新たな側面や新たな意味が見えていないことがあります。既成の認識とは異なった転移像を見出すために，素材全体を改めて検討することも必要です。

　次に治療者の逆転移をあらためて調べる必要があります。治療者の逆転移，とりわけ怖れや憎しみや性愛感情，羨望が，クライエントの問題の核心に触れることを避ける働きをしているときがあります。この意識されていない逆転移のために，クライエントについての理解，とりわけ転移の認識が限られてしまっていることは稀ではありません。

行き詰まりを逆転移への気づきによって打開する転機を，神田橋は「(治療の）道が拓けず困っているときは，実は，窮していることを心のどこかで否認していることに気づいた。窮している自己のありさまに充分直面しさえすれば，ほどなく，自分の内部に崩壊感を伴なった変化が生起し，引き続いて新鮮な連想が突然湧いてくることをくりかえし体験した」と述べています。

　読むとなるほどと思われ，こうした転機がたやすくもたらされそうですが，この「自己のありさまに充分直面」し「自分の内部に崩壊感」を体験する作業はひとりでおこなうには相当に困難なものです。加えて，行き詰まりの原因になりうる逆転移は深刻な性質のものであることも多いものです。その理解と解決には，治療者の丹念な自己‐分析が要求されます。この難しさは，治療者が自己‐理解を深めるために個人分析を受けようとする十分な理由になるものです。

b. 行き詰まりへのクライエントの寄与──とくに陰性治療反応

　次になされるべきが，クライエントの病理の再検討です。クライエントの病理の把握が不充分でありうるのです。パーソナリティの病理部分（病理構造体，自己愛構造体と呼ばれるパーソナリティがスプリットされていたり，表面は良性にさえ見える悪性の部分），あるいは精神病部分の活動を見落としていないかを見直す作業です。ここにクライエントの恨み，羨望，懲罰願望（罪悪感），倒錯性，自己愛的万能や心的ひきこもりが見出されることがあります。

　ここで「**陰性治療反応**」という行き詰まりの特殊形を紹介しましょう。

　「陰性治療反応」とは，クライエントの自己理解は確実に深まっているにもかかわらず，現実の事態，すなわち病状や人間関係，社会適応は悪くなっていっている事態を指します。いわば，肝心なよい体験やよい理解を受け入れることを拒否し続けているのです。この原因は，改善することへのクライエントのなかの抵抗です。

　陰性治療反応について，フロイトは「無意識の罪悪感に基づく懲罰願望」が治ることに逆らわせると考えました。クラインの朋友，リビエール Riviere, J. (1936)は「抑うつ不安に耐えられないナルシシズム」によると考えました。クライン（1957）は治療者への「羨望」が改善を拒否させると考えました。ロゼンフェルド（1971）は死の本能が優勢な「パーソナリティの自己愛構造体」が引き起こすと考えました。異なる視点からケースメント（1985，2002）は，潜在している傷つきがさらし出される恐れからの「対照の痛み」によると見ています。これらの見解からも，陰性治療反応は精神分析の治療者が長年にわた

って検討し続けている精神分析臨床での危機であることがおわかりでしょう。

しかし行き詰まりや陰性治療反応に至るには，クライエントのこれらの病理が活動しているとしても，治療者も無意識にそれに寄与していたり，無意識のうちに巻き込まれているものです。ですから，これらの問題も**クライエントの病理のせいだけにせず，ふたりの関係性の視点から見ていくこと**が必要です。

3. 行き詰まりへの実際的対処

こうした行き詰まりや陰性反応に気がついたのなら，その状況をみずからがじっくり省みることが求められます。

ただすでに指摘しましたように，私たちが独力で気づくには限界があるものです。そこで実際的に対処するには，スーパーヴィジョンを受けることが有用です。スポット的なコンサルテーション，もしくは継続的なスーパーヴィジョンを求めることが望ましいのです。それができないときには，ケース検討会に提示してみることもひとつの方法です。つまり，第三者によってもたらされる新たな視点から現状，転移と逆転移を展望する機会を積極的に持つようにすることです。そしてやはりさきほど述べましたように，個人分析（教育分析）に入ることも治療者の内側から行き詰まりを打開していく道をもたらす有用な方法です。

もうひとつとして，じっくり振り返り検討してみてもとくに明瞭な問題点も浮かび上がらず，おおよその方向性はまちがっていないようであるなら，わからないながらも進行や打開を急ぎ過ぎず，この苦境に根気強くとどまる気持ちも大切です。あるときから霧がすみやかに晴れて，新たな視点が開けてくることもあることです。やがてクライエント自身が道を切り開いていくこともあるものです。

Ⅶ　その他のささやかなこと

行き詰まりなどに較べると，比較的ささやかとも言えそうなことですが，面接場面ではとくに初心の治療者なら戸惑うことを最後に2, 3述べてみましょう。

［クライエントが専門用語を使う］

第5章でも取り上げていますが，クライエントが専門用語をさかんに使うことがあります。

「私の投影かもしれませんが」とか「ナルシシズムの問題なのでしょうね」,「アニマが……」といったようにです。セッションにおいてクライエントが専門用語を使うことは,クライエントの自由です。しかしそこには知性化を必要と感じる劣等への不安,認められたいとの願望など,治療者に向けられた思いがあるのです。すなわち,たとえそれが治療の初期であったとしてもある**転移**が発生していることを,治療者は認識しておくべきなのです。そしてこのとき治療者は,同じ専門用語を**分かち合われている共通の言葉**であるかのように**安易に使わないこと**が大切です。むしろ「投影」や「ナルシシズム」などとクライエントが言うその実際の内容を,競争的雰囲気を持ち込まないようにしながら,日常語で体験的に理解しあえるものにすることがここに求められる作業です。

何より専門用語はこころに響きません。そもそも私たちは,面接のなかで専門用語は使わないものです。

[理論で対抗する]

少し似ていますが,クライエントが治療者に対抗するような理論を持ち込むことがあります。哲学,宗教,脳科学,社会学などからの理論です。それによって精神分析や精神分析的治療者を手厳しく批判します。あるいは治療者と立場がちがうと思われる精神分析理論によって治療者に対抗しようとするのです。これは,クライエントの自分を知られることの怖れを意味しています。劣ったものと自分を見られることの怖れがありましょう。ですから討論に乗るのではなく,そうした不安をじっくり取り上げることです。

[声が小さくて聞こえない]

面接室のなかでクライエントの声が小さすぎて聞こえないときがあります。この場合は,まずそのことを指摘してみることです。しかしそれでも声が小さいままに続くこともあります。そうなら治療者は,その理由をもっとくわしく検討してみる必要が出てきます。

それは,治療者にもっと近づいて耳をそばだててもらいたいという依存の高まりかもしれません。あるいは聴かれることに怖れがあるのかもしれません。聞こえるはずだとの万能的一体感があるのかもしれません。すでに見捨てられているという絶望感があるのかもしれません。私たちは,聞こえないことから派生する私たちのなかの思いも活用して,その他,ありうることを検索し,可能性の高いものを解釈することが必要です。

それでもなお,声が小さいままのこともあります。そのときには当分のあい

だ，それをそれとして受け入れていくことです。私たちがその間も感じ続け考え続けているなら，いつか何かがわかってくるでしょう。

Ⅷ　おわりに

　ここには治療のプロセスで起こる取り扱いの難しいことのほんの一部を取り上げたにとどまってしまいました。

　精神分析的な心理療法においてはときとして，大変重要なことが私たちが予想していないときに，まったく思いがけない事態として起こるものです。そのときにクライエントだけでなく，私たちも無意識のうちに自分という人間をさらけ出してしまいます。私たちが常に自分を知り，日ごろ自分を修正しようと努めておく必要はここにもあるのです。前田（2003）は芳賀幸四郎の芸論として「逆境も『世に風流』」という言葉を紹介していますが，まさにそのとき，私たちがそう思えるでしょうか。

ふりかえり

精神分析的心理療法過程の困難なできごとをおもに取り上げています。

○ 退　　行
　　悪性の退行と呼ばれるものとは
　　　　⇒精神病性自己の突出／乳幼児的自己の肥大／病状と呼ぶべきもの
　　転移から見ることの大切さ

○ 行動化／アクティング・アウト
　　アクティング・アウトとアクティング・イン
　　　　⇒行為の後ろに控えている無意識の空想，感情や考えに目をむけるようにします
　　　転移の文脈で解釈します
　　　困難なときには，禁止，治療の中止がありえます

○ 中断や早すぎる終結
　　ドロップアウト恐怖症／治療への恐れ
　　逆転移性の回避／現実への逃避
　　行き詰まり
　　そこには転移，逆転移が働いています

○ 行き詰まり
　　行き詰まりと陰性治療反応の現実的打開策
　　　　⇒スーパーヴィジョンを受ける
　　　　　症例研究会に提示する
　　　　　個人分析に入る

第11章
治療の終結と終結後

I はじめに

いよいよ精神分析的心理療法を終わる段階に入りました。すでに終結については，第9章で終結期として簡略に述べています。また第10章でも，早すぎる終結についてふれました。

精神分析的治療の終結は，クライエントが一人歩きを始めるという分離・自立・独立であり，象徴的には離乳です。その子があまりに重篤な病を患っている子でなければ，成長の過程での自律性を育む節目として母子間での離乳はなされねばなりません。同じく**精神分析的心理療法の終結もなされるべきことです**。これまでともに歩んできたふたりの間に，終わりは来るのです，人生でいつでも普通にあるように。

II なぜ終結が問題とされるのか

終結を検討することの要請は，精神分析的心理療法プロセスそのものからであり，さらにはそこでなされる作業から発生してきます。それは，このプロセスと作業が必然的にもたらす**目標の変容**ゆえなのです。そして治療のターゲットが変わってしまった以上，私たちが治療開始当初に立てた終結の目安は新たに設定されなおされねばならなくなります。

精神分析過程の事実を知ることは，精神分析的心理療法の作用の本質を知ることでもありますから，私たちがそれをここでいくらか考えてみることは精神分析的な治療者としての準備のひとつにもなると私は思います。

1. 精神分析的治療のプロセスがもたらすこと——目標の変容

たいていの場合治療開始時，治療者もクライエントも，クライエントが提示してきた主訴，すなわち精神や身体の症状もしくは苦悩（たとえば，「死にた

くなる」,「行き詰まっている」)を和らげる,可能ならそれらをすっかり解消するという目標に向かって心理療法の道のりを歩み始めます。つまり主訴の改善です。

　ところが精神分析的心理療法が進展していくうちに面接室のなかでクライエントは,症状や苦痛な訴えにまつわる話から徐々にもしくは急速に,連想していく内容や関心を向ける事象をみずからの内面に移していくのです。すなわち,そのクライエントの人生やパーソナリティが形成されてきたなかでの対象関係,感情,思考,空想等に気持ちが向いてくるとともに,発育体験の過程にまつわってそれらが想起され,とくに治療者との関係において現在のものとして転移として体験されながら,それらをじっくり見つめていくことになっていくのです。

　つまり,もはや主訴や症状という表面に出ていたものではなく,その奥に基底をなしているその人の内的世界や内的対象関係にふれていくことを通して**その人の在り方,生き方にクライエント自身の目が向けられるのです**。すなわち精神分析体験の中で,変えていこうとする目標が変わってしまいます。こうした変化が**精神分析の自然なプロセス**として起きてきます。

　こうして分析セッションにおいて新たなターゲットとなったそのクライエントの在り方や生き方が検討されていくのです。しかしながら人の在り方や生き方を検討していくことや変えていくことには終わりがないでしょう。ここで単純に考えるのなら,精神分析のなかのふたりで半永久的にやり続けるしかないのかもしれません。

　けれども実際の人生においては,この検討はいずれクライエント本人が自分自身で取り扱うものに収められる必要があります。自律です。それを精神分析的心理療法は可能にしていこうとしているのです。ここには,こころの成熟はその人の自律する能力を高めるという精神分析的人間観がありましょう。また治療者の内在化や内的対象としての治療者との内的対話を持てるようになるというこころの成熟モデルも含まれるかもしれません。そうした本人の自律が可能になった時期に,精神分析的心理療法は終わることができるはずです。ゆえに,終結を提案すべきときが決定される必要があります。

2. 精神分析作業がなすこと——現実認識という抑うつ的な達成

　精神分析的治療の開始は,人が抱かずにおれない**万能空想の開花**から始まる

と言ってもよいかもしれません。すなわちクライエントは，ときとして治療者も，クライエントが抱えている苦痛や不快，苦悩から全面的に解放され，もはや悩んだり重い気持ちを抱えたりすることの一切ない楽と快だけの天国にいるような生き方の達成という空想が実現することを期待します。

──────────精神分析での疑念と精神分析への疑念

Q15 第11章のⅠの「はじめに」に書かれていることだが，重篤な病を抱えた子の場合の離乳はなされないのか。
　その延長として重篤な病である統合失調症にかかわる場合を考えてみる。そこでの心理療法家の働きかけは，生きることを直接に支えることと自己を知っていく過程の援助をしていくことであろう。この働きかけで前者，生きることを直接に支えることが優勢なときは「治療」と言えるか。

A 重篤な病を抱えた子では，離乳は死をもたらします。同じように重篤な精神の病を抱えた人では，無理に導入される精神的な離乳は**心身の死**をもたらすでしょう。実際，統合失調症や精神遅滞の重篤な人では，精神科病院の隔離室という象徴的にベビーベッドを表わす空間を離れることができない人もいます。
　母親がかまい過ぎるので，幾つになっても子どもが自立できないと非難されるのを精神保健や教育の領域で耳にすることは少なくありません。この非難が的確なものであることもたびたびです。しかし，ときにその母親の世話がなければ，その人物の精神の崩壊はもっと早く重篤に起こっていただろうと思えることもあるのです。**誰もが離乳できて大人になるわけではない**とのことは，私たちが生物であることからの事実のひとつです。
　私たちが精神分析的治療でおこなっていることは，生きることを支えることであろうと思います。それをその人自身が自分を知っていくことで，自分自身でできるように援助しようとしているのでしょう。ですから，後者，自己を知っていく過程の援助が精神分析的治療という言葉に近いものです。それでは，直接に生きることを支える援助とは，医学ではリハビリテーション，介護・看護という言葉に近い治療ではないでしょうか。
　この前者は広い視野から見れば，こころの精神病部分の活動によって縮小してしまっているこころの健康な部分の活動の回復を目指すかかわりと言うこともできそうです。後者は精神病部分そのものに働きかけることであるとして，この意味では両方を認識しながらバランスよくかかわるのが，分析的な治療なのでしょう。

しかし精神分析的治療がなすことはちがっています。精神分析的心理療法が実際になす苦痛の軽減とは，病的な（もしくは，歪んだ）苦痛や苦悩を**現実的な苦痛や苦悩にすること**にすぎません。精神分析での作業とは，みずからの抱える苦痛の性質や自分というパーソナリティの性質を現実的に理解し，それによって**苦痛に現実的に持ちこたえる力を高める**ということなのです。

　すなわち，**精神分析の作業を続けていくことは，万能空想の完璧な現実化という初期の目標がけっして達成されないとのことを知ることが達成されることなのです**。つまり幻滅（北山［2001］は「脱錯覚」と言っています）であり，理想対象や理想世界の**喪失**です。それはまさに，現実を現実としてそのまま受け入れて生きていこうとするという**喪の哀悼の仕事，悲哀の作業**（mourning work）と言えます。クラインはこれを発達的に位置づけ，**抑うつ態勢のワークスルー**と呼びました。ここにおいて精神分析での作業の目的が明らかになってきました。そしてそれをやり通さなければなりません。

　しかしながら，私たちの人生は生まれてから死んでしまうまで，喪失を引き受ける，現実の悲しみを避けずに我が身で受け止めることで現実を認めていくという抑うつ態勢のワークスルーの繰り返しでもあります。そうであるなら私たちはどこまでこの作業を精神分析的心理療法のあいだにおこなえばよいのでしょうか。ここに終結をどのように決定するかが問われるのです。

Ⅲ　どのようにして終結が予定されるのか

　理論的には終結に向かうときとは，クライエントの内的課題がもはや分析で扱われる必要がなくなったときでしょう。

1．精神分析の創始者フロイトの終結の基準

　フロイトは最晩年の論文「終わりある分析と終わりなき分析」（1937）のなかで，精神分析の終結について述べています。

　「第一は，患者がもはや症状に苦しまなくなり，また不安や制止症状を克服したとき，第二は，問題となっている病的現象が今後も繰り返し起こる可能性をもはや恐れる必要がなくなる程度にまで，抑圧されていたものが患者に意識化され，理解しえなかったものが解明され，内的抵抗が除去されたと分析家が判断したときである」と明快に表現しました。

2. クラインの終結の基準

クライン（1950）は精神分析の終結のための基準について，人生の生後1年間に経験される「最初の悲哀の体験についての分析」が充分になされているかを挙げ，続けて次のように述べました。

「迫害不安と抑うつ不安が分析中に体験され，根本的に軽減されるにつれて…（中略）…最初期の恐ろしい人物像が患者のこころのなかで根本的な改変を受ける。…（中略）…迫害者と理想像とのあいだの強い分割が軽減されてはじめて，よい対象がこころのなかに安全に確立される」ときに，精神分析治療は終結に向かいます。

ふたりの使う言葉はちがっていますが，つまるところ，内的世界についての理解が不要に原始的不安に攪乱されないほどに進み，そのワークスルーがさらに成し遂げられ，外的な困難も十分和らいだときに終結が考えられるようになる，と言っているようです。

3. 私の考える終結の基準

私は次のように終結の基準を考えました（松木，2004）。そこでは**クライエントサイド**での達成と**治療者サイド**での達成の両面に目を向けています。それを述べてみます。

　a. 患者における：
　1. 悲哀の作業を含む抑うつ態勢のワークスルーの遂行と**抑うつ態勢機能の維持**
　2. 転移のワークスルーからなる無意識の空想の意識化とその結果の現実的な識別能力の増大
　3. よい全体自己とよい全体対象の双方への信頼の確立
　4. 倒錯的でない，楽しむ能力の獲得
　5. 自虐的でない，苦痛にもちこたえる能力の増大

説明を加えてみましょう。
　1. 抑うつ態勢機能の維持とは，基本心性がPS水準ではなく，D水準で安定して維持されるようになっていること，つまり体験していることに対して，他罰的で被害的な視点にとどまらず，そこから素早く立ち直れることです。
　2. 現実的な識別能力の増大とは，みずからが陥りやすい空想（内的事実）

を充分意識化できており，その結果，その空想の現実外界への投影が減り，それがあったとしてもその空想と現実的な状況を識別できることです。

3. 自己と対象への信頼とは，自分のよさと他者のよさの両方を受け入れ，外界の人物との支配や寄生でない互恵的依存ができるようになることです。

4. 楽しむ能力と5. 苦痛にもちこたえる能力とは，現実的で妥当な達成や快は喜べるとともに，現実での不可避な喪失や傷つきの痛みにはもちこたえうることです。それは，現実的なこころの苦痛を身体的快感や躁的心性という快でごまかす倒錯的な在り方や，迫害的罪悪感にもとづく現実的な快も拒絶するマゾキスティックな在り方が避けられることでもあります。

b. 治療者における：
1. その分析作業での達成の客観的評価および残された課題とその限界の認識を踏まえて終結するという判断ができること
2. その患者との治療の終結，および精神分析作業の意味とあり方についてのみずからの考えが充分に意識化されていること
3. 終結をめぐる逆転移――とりわけ悲哀の作業――のワークスルーをなす心準備があること

やはり説明してみます。

1. 達成と限界の評価とは，その分析作業での達成された部分を評価するとともに，成し遂げられていない部分も治療者は認識した上で，現実的な全体状況を踏まえて終結が決定できることです。フロイトの述べる分析の成果だけでなく，**未達成部分にも**目を向けて終結を検討することです。

2. 終結までの作業の意味とそのあり方の意識化とは，その精神分析作業がクライエントの人生においてどんな意味のものであったかを，そしてその終結がクライエントの人生での何なのかを治療者が認識でき，それを踏まえた予測を持って終結に進めることです。

3. ここでの逆転移とは，前項を踏まえて，治療者がD機能水準で終結に向かえそうであることです。治療者自身が終結による別れの悲哀を受け止めるこころに向かえていることですが，この治療者側の終結に向かう心準備の達成を調べることが，時期尚早な終結や逆転移による終結となってしまわないよう保護してくれるでしょう。

4. 終結の現実

フロイトの基準を始めとするこれら3つの終結の基準はすべて，終結への**必要十分条件**と言えましょう。しかしながら実際の治療では，これらの必要十分条件を完璧にそろえて終結に向かうようにはほとんどなりません。それは，あまりに強迫的な完全主義過ぎることです。もっと不完全なところを残して，実際には精神分析的な治療は終結に向かうのです。もし治療者が，あるいはクライエントが，ときとして両者が完璧な達成を求め続けるのなら，終結は永遠に来ないでしょう。

それは，大変おおまかな言い方をするなら，前章に述べたような途中の早すぎる終結，中断しそうなときをくぐりぬけて，抑うつ不安のワークスルー，転移／逆転移のワークスルーを繰り返し，クライエントも治療者もそろそろクライエントがひとりでやっていく時期が来たと感じるところで**どちらともなく**，終わりを話題にしはじめるというのが，自然な流れといえそうです。

残されたこころの課題（**世の中に，そうした課題を抱えず生きている人はひとりもいないでしょう**）は，クライエントのこころに内在化されている治療者，さらにはほかの重要な内的人物との内的対話によって，終結後も続けられていけばよいのです。

多彩な身体症状を訴えていたある中年女性は私との精神分析的心理療法（1回／週）を200セッションほどで終えました。この間彼女は私との転移体験を生きていくとともにそのなかで現在の，次には思春期の，さらには幼児期の葛藤状況を想起するとともにワークスルーし，それによって自らの在り様を知るとともに，その上で現在の対人関係を見つめるところに戻りました。このころには自己犠牲的な過剰な行動より派生していた身体症状はもはや問題にならなくなっていました。そして現在の対人関係は現実的な視点と対応で考えられ扱われるようになりました。

この結果，彼女は終結を考え始めました。実は私との治療は彼女にとって2回目にあたるものでした。それもあって，彼女は治療の初期ごろ「もう，終わりましょう」，「終われますか」とたびたび私に問いかけていたものでした。しかしその後転移が深まっていくとその問いは減っていっていました。

私はこの時期の終結はありうることと考えました。彼女は前の治療での入院期間を含めて，すでに6年以上治療を受けていました。また，ある職業に就いていましたが，働きながらの遠方の病院への通院のための時間の都合には限り

がありました。そして被害感は確実に減っており，上述の達成もなされていました。私の中にも，ワークスルーがなされたとの達成感とそれゆえの哀しみもありました。そこで私たちは終結を話し合い，3カ月後に終わることにしたのでした。

Ⅳ　誰が終結を提案するのか

　終結はふたりの合意において成立します。その終結の提案は治療者とクライエントのどちらからするのでしょうか。それは「**どちらともなく**」と言えるでしょう。

　フロイトは終結の決定をフロイト自身が決めていたと思います。それは父親として，医師としての父性的在り方が影響していたのでしょう。しかし何より，精神分析療法を知っているのは当時フロイトだけでしたから，終わるタイミングも彼しかわからなかったでしょう。

　有名な話ですが，クラインとの教育分析においてビオンは8年目に彼自身が終結を決心しました。クラインはまだ終結は早いと初めは反対していましたが，終局的にはビオンの決意を受け入れました。スィーガル Segal, H. もビオンよりずっと早い時期にクラインの教育分析を受けていますが，おそらくクラインが終結を決めたでしょう。メルツァーもクラインの教育分析を受けました。この分析はクラインの最晩年にあたりましたため，ある時期からクラインが病気で衰弱していったことが終結につながりました。終結はクラインがやむなく提案したのでしょうが，状況から両者にとって分かち合われざるをえないものだったでしょう。このようにひとりの精神分析家においても，さまざまな終結決定への道があるのです。

　けれども，すでに書きましたように，たいていは「**どちらともなく**」というのが私自身の経験を想起したときの感想です。どちらかが終結を思い始め，それについてふたりで見ていくセッションを重ねるうちに，本格的に終結が決定されるのです。そこでは終結がありうることとの雰囲気がふたりに次第に分かち合われてきます。しかしどちらかによって早すぎる終結が目指されるときには事情がちがってくることはすでに述べました。

V　終結の実際のあり方

上に述べましたように，来るべき時期が来て終わる，というスタンダードがあります。その一方で，実際にはそこまでに至らない終わり方もあります。そしてこの終わり方も少なくないものです。

1. 転居や人生の転機をきっかけとする終結

分析的治療途中に発生したクライエントや治療者の転居によって終結に向かうことがあります。クライエントの就職や結婚，離婚といった人生の転機を終結の機会とすることがあります。あるクライエントは週3日の精神分析的心理療法を私とのあいだで4年間ほど続けていましたが，新しい仕事での他の地方への転居が数カ月後に予定されたことが終結をめざすきっかけとなりました。

2. 病気入院をきっかけとする終結

さらにはクライエントもしくは治療者の入院，これは精神的な病での入院の場合もあれば，重篤な身体疾患による入院のための終結もあります。クラインの致死的身体病によるメルツァーやクラー・ウィニコット Clare Winnicott の教育分析の終結はこの例です。

3. 期限設定による終結

また達成は十分ではないが，続けることの陰性要素が強いために，治療者が期限を限って終結へ向かうことがあります。これはフロイトが「ウルフマン」の分析で導入した終わり方です。

私との週1回の精神分析的治療を10年以上続けていた重症強迫症の男性がいました。治療はいつのまにか彼が治癒のための努力をしている証拠となる一方で，抑うつ的な葛藤のワークスルーはキャンセルの繰り返しによって回避され続けました。このままでは治療は宙に浮いたまま強迫的に反復されているだけのものになると私は判断し，5カ月の期限設定による終結を導入しました。その5カ月，初めて彼はまったく休むことなく治療に通い，その結果転移のワークスルーがそれまでになく成し遂げられ，予定通り終結しました。

4. 実際のあり方
　a. 最終日までの期間

　　精神分析的心理療法の終結が決定してから最終日までは一定の期間が必要です。できれば**半年**ほど，短くても**2，3カ月**は確保したいものです。それは，すでに述べたように，現実の治療者と別れてしまう，治療者を失うという，乳房を失う離乳過程の具体的再現としてワークスルーされる必要のある，そしてそうする意義が十分にあるひとつの大切な過程だからです。この終結の過程において，それまでの分析過程が濃縮されて再現されるものです。**クライエントにはその大事な機会を得る権利があるのです。**

　　終わりが待っている関係のなかにとどまることは，分離，喪失の悲哀や罪悪を治療者も感じる，さらにそれらをクライエントが感じるゆえのさまざまな彼／彼女の反応を受け取るという治療者にもとても重い体験となります。それゆえこの期間を持つことから逃げ出してこの期間を設けず，突然終結を告げてさっさと終わろうとしてしまう治療者もいます。**私はあなたにそのなかのひとりになってほしくはありません。**

　b. 最終日までの治療者の姿勢

　　ですから，最終日までのあいだにまとめや振り返りといった形でセッションを使うことはしません。このような意識的な検討や会話は，達成を数え上げたりするといった治療者やクライエントの予定調和的なおたがいの自己満足にすぎなかったり，この日常会話に近い交流によって治療者側からの安易な自己開示がなされ，不必要な治療者像を最後の時期に追加することになってしまいかねません。**最後の一秒までが分析過程なのです。**

　c. 最終日までのセッション間隔

　　また第9章にも述べましたが，週1回のセッションを隔週にといったように，治療の終結に向けて漸減的にセッション数を減らしていくというやり方もすべきではありません。そのやり方で分離に慣れさせるというのは詭弁であろうと私は思います。いまさらどうしてそんなやり方をする必要があるのでしょうか。なによりセッションの間隔を開けることは，精神分析的心理療法としての密度を最後の大切なときに薄めてしまうことにしかならないからです。

Ⅵ 終結における諸問題

1. 終結の延期や取り消し

　終結の期間に困難な問題が出てくることがあります。それは，もともとの心的課題の最後の復活です。それがかなり深刻な様相を見せることもあります。

　英国の精神分析家ハーン Hahn, A. が話してくれたエピソードです。あるクライエントとの分析を終結することになりました。彼のいつもの習慣として，最終月の1カ月分の面接料の支払いはいつものように翌月ではなく，その月の終わり，つまり終結の日ということで，その月に予定されているセッション分の支払い請求書を早めに提示したところ，クライエントは治療者がお金目当てで分析をしていたとにわかに怒り出したのでした。

　ここにおいては，パラノイックな妄想‐分裂心性がもう一度最後のワークスルーを求めたのです。クライエントによってはこの期におよんで，治療開始時の頃の強い不安や身体症状を復活させることは少なくありません。

　こうしたときにクライエント自身が終結の撤回や終結日の延期を求めたり，治療者のほうが**不安**になって，終結の取り消しを考えたりすることがあるものです。かなり揺さぶられてしまうことがあるのです。しかしそれは極力すべきではありません。**予定日に終わり，その日まで最善を尽くすこと**がなされるべきことです。

　もし治療者が動揺のあまりに終結をたやすく取りやめてしまうなら，それまでの堅実で安定していた治療構造の上に置かれていたふたりの関係が築いてきたさまざまなものが一気に崩れてしまうかもしれません。クライエントが治療者の誠実な堅固さから得ていた安心や信頼の感覚についての強い疑念が湧き上がることになるでしょう。**獅子は一度しか立たない**のです。

2. 終結後にかんする言及

　このように一時的に悪化する状況でなくても，クライエントが終結後の関係について言及することがあります。「困難がふたたび生じたとき，分析を再開できるだろうか」，あるいは，「治療者に会いに来てよいだろうか」と言います。ここでまず大事なことは，この問いは**終結という分離をめぐる転移性の不安**であるということを治療者が認識していることです。ここには何より，転移解釈

が求められているのです。

　しかしこの件は，現実的対処も必要なことでもあります。そこで私は終結の間際に問いかけられたのなら，〈あなたが必要と感じられたのなら，私に連絡を取ることができるでしょう〉とたいてい伝えます。

Ⅶ　最終回のセッション

　最終回のセッションは，クライエントの自由連想から始まるという，**いつもどおりに進められるでしょう**。そしていつものようにふたりで，クライエントの内的世界を知ろうとする作業がなされていくでしょう。ですから当然ながら，転移解釈もなされます。ただ，必然的に強弱の差こそあれ，**この回が終わりであるというインパクトのある空気**がセッション全体を支配しています。その思いをクライエントがより自由に表せるように治療者は援助するべきです。そしてそれを，クライエントがそれまで内的に抱えてきた重要な思いとつなぐことも役に立つことと思います。

　最後のセッションはクライエントだけでなく，治療者もセンチメンタルになるものです。それをメニンガー Menninger, K.（1958）は治療者も「目に涙をため」と表現しました。その悲哀の感情は素直に認識しておくことなのですが，治療者やクライエントのセンチメンタルな感情だけで終わらないようにしておくべきです。

　そして，私たちが終わりを告げる時間がきます。まさに別れのときです。それを告げるのには悲しみがともないます。私は別れのまさに最後のとき，すなわちクライエントが戸口から退出するときに，それが私を動かすのなら，握手のために手を差し出すこともあります。唯一，クライエントと私が実際に触れるときです。そして，それは終わります。

Ⅷ　治療終結後の関係と再開の可能性

1．終結後の関係

　精神分析的心理療法の終結後は，会わないようにすることが理想的です。それはなぜかと言えば，**転移は続いている**からです。終結をしたといえども，精神分析での治療者－クライエント関係は消えてしまってはいないのです。です

から終結後に出会うことが，場合によっては転移のある局面を誇張的に再生強化し，ふたりの間に非現実的なやりとりが生じてしまう可能性があるからです。それは両者が不要に傷ついたり，分析での達成が朽ちてしまうことさえ引き起こします。

例外的にメルツァーは終結後にフォローアップ期を2年ほど設定しており，年に2，3回の面接を受け入れています（Cassese, S.F., 2002）。そこでは夢やクライエントの自己分析の能力が取り扱われます。私はこのやり方を肯定するわけではありません。

しかし教育分析や個人分析の色彩が濃い心理療法が終結した場合には，その後も社会的な場面では，顔を会わせることや職業的なもしくは学問的な連携をすることは必ずしも避けられるものではありません。ですから，もちろんそこには治療者側の十分に慎重な配慮が必要です。

ある男性は私との精神分析的心理療法を終えましたが，職業上の理由から彼と私の社会的関係は続いていました。その数年後も社会的関係は続いていましたが，お互い多忙になり会話の機会は激減していました。そうしており，彼に深いかかわりのある女性が私にひどく被害的になりました。さらには被害感からある組織に対して受容困難な要求を強く主張しました。私はこの女性の妄想性に気づいていましたので，おりを見て彼に，この女性のその組織への攻撃的態度を抑えさせたほうがよいだろうと伝えました。それからしばらくして，私は彼からの手紙を受け取りました。そこには私との交流を一切断つと有無を言わせない文勢で書かれていました。彼の中の威圧的父親と敵対し，苦しむ弱い母親を助けるという転移性のコンステレーションが強力に復活したのです。私は大きな衝撃と強烈な痛みを味わいました。このような義絶は私の人生で初めての経験でしたし，私たちがなした分析作業の大きな欠陥に直面したからでした。しかしもはや分析の関係ではないので，この状況は重要な心的現実を含めては扱えないと私は思いました。私は彼の主張を受け入れる返事を書きました。それは大変悲しく，心痛むものでした。もちろん，彼もひどく苦悩したにちがいありません。

今日私は同じ専門領域のつながりゆえに分析後の社会的関係を開始する，もしくは再開するにしても，少なくとも1年以上はブランクを置くようにしています。

私は精神分析という関係があったということは，**そのふたりにはもはや決し**

てプライベートでの**親密な関係はありえない**ということであると考えています。このことはとくに，**男女間では最大限に厳密にあらねばなりません**。精神分析の関係は唯一無二のものであり，分析では**心的な交わり**が許されているからこそ，分析空間でのその心的関係だけにとどまり続けなければならないのです。そうした意味では，親子のように悲しいものです。

2. 治療再開の可能性

　基本的に，私は再開は考えません。クライエントが再開を求めてきたときは，一度会って再開の思いを聴くにしても，別の治療者を紹介するほうがよいでしょう。

　精神分析的治療を体験し直すこと自体は何ら妨げることにはあたりません。私が思うには，別の治療者との体験が，それまでの治療での転移／逆転移の因果のためになされなかったものを達成する機会をもたらすことはありうることですし，それが望ましい場合もあります。それだけではなく人生での出会いという面からも，新たな治療者との間で新たな分析体験がなされることの利点が大きいと思います。そして，ここには治療者の度量の大きさが求められるところがあります。

　しかしケースメントは彼の著書（2002）に，成功に終わったと考えて終結した男性が数年後にふたたび分析を求めてきて再開した例を取り上げています。そこではその最初の終結による中断期間も個人的な意味を持っていたことや，再開によってさらに深い分析体験が展開されたことが述べられています。しかし私はこの状況は**例外的**と考えたほうがよいように思います。

　ただ，単発の1，2回のいわゆるスポット的なコンサルテーションは，安易になされるべきではありませんが，場合によってはありうるものと思います。

　ある自己愛女性がいました。1年ほどの治療の後，私の職業形態変更のため治療を再契約しようとしましたが，それは成立せず，治療は終わりました。しかし，しばらくして彼女は再開したいと再三打診してきました。私は，それは入れませんでした。やがて彼女は遠方に就職しました。そこからもときどき留守電に連絡を入れてきていましたが，私は治療の再開はやはり入れませんでした。けれどもあるとき，およそ終結2年後，「幻聴が死ぬように命令し，気がついたら，海の中にいた」と連絡してきました。私は彼女の抱える対人関係の困難さがかなり緊迫していると考えました。そしてある日，私が自分のオフィ

スに向かって歩いていますと，突然目の前に彼女が現れました。そして幻聴や離職の危機等，今の窮状を懸命に訴え始めました。私はその彼女に真剣さを感じましたし，この危機の対処は彼女の将来を左右すると思いました。そこで2回に限った臨時のコンサルテーションを引き受けました。その2回の面接で彼女は事態を理解し，気持ちの安定を取り戻して帰っていきました。その後はかなり順調な適応を続けています。

　私が思うには，精神分析的治療はそのふたりのあいだでのそのときの体験ですから，終わった体験をもう一度継続したり，前の治療からの連続として補うということにはなりません。同じふたりであるとしても，それは新しい体験を始めるということです。この意味でも，**再開したとしてもそれは新しい体験**ですし，それならできれば真に新しい体験がよいでしょう。

Ⅸ　おわりに

　さて，このようにして，ひとつの精神分析的心理療法は終わりました。

　それはひとつの人生のようで，どこかに成し遂げたという充実の感覚もあり，しかし責任を果たし，出会いを終えたあとの喪失の寂しさや切なさも感じられるものです。なによりその人と真剣に出会い，こころとこころでふれあい続けたという，ほかに代えがたい体験ができたのでした。

　精神分析的な治療者となることは，こうした体験に意義を感じるというひとつの生き方の選択であろうと思います。確かに喜びも大きいこの生き方の選択には，それに見合う責任と義務と矜持がついているでしょう。

ふりかえり

○始めた精神分析的心理療法は終わりましょう。

○終結の基準を見てみます。
  フロイト 古典的基準：不安や制止症状の克服，抑圧の意識化による内的抵抗の除去
  クライン 対象関係論としての基準：最初の悲哀の体験の充分な分析，よい内的対象の安全な確立
  私の提案 患者における5つの基準
      治療者における3つの基準

○終結の実際
  どちらかの提案によって予定される終結
  社会活動や人生の転機を契機とする終結
  期限設定による終結

○終結の実際のあり方
  2, 3カ月から半年以上の終結期を設ける
  最終日まで分析過程を継続する：まとめ，振り返りをしない
  セッション間隔を広げない
  終結の中止，延期は避ける

○最終回のセッション
  いつもどおりに

○終結後の関係
  理想的には，会わない──転移関係は消えない
  治療の再開は考えない──ほかの治療者を紹介する

特別章

私説 精神分析入門 [*注]

プロローグ：ひとつの臨床経験

　どうしてなのかわからないのですが思い浮かんできました，若い頃の臨床経験からのひとつのエピソードをお話ししたいと思います。この母子に関するこのエピソードはこれまで取り立てて人に話すこともなかったものですが，それにもかかわらず，何かの折に私のこころの中に浮かんできていたものでした。ただ，どうしてなのかはわからないと私が述べた，その「どうして」が皆様にはわかられるのであろうと思っています。

　私が大学病院で働いていた30歳前後の頃，17歳の摂食障害女子高校生をみていました。
　女性心理士が面接を行い，私は主治医としてのマネージメントが主な役割でした。しかし，精神療法的なかかわりもしていました。
　もともと彼女は拒食で痩せていましたが，過食発作が出てきており，不安や自身の不確かさに動揺しひどく苦しんでいました。あるとき，自宅で彼女はナイフでお腹を切腹のように切り，救急部門に運ばれました。「お腹を切って，食べ物を出したかった」と泣きながら言いました。彼女には女性心理士が対応し，私は彼女のお母さんに会いました。
　お母さんはもともと感情反応が乏しい人でしたが，この日も淡々としていました。
　若い娘が傷跡が残るようなお腹の切り方をしているのに，どうしてこのお母さんはこんなに穏やか，はっきり言えば，冷淡なのだろうと私は驚きと腹立ちを感じていました。
　そのとき，私が思い出したのは，あるとき——それはこの女性患者が手首を

（*注）本稿は，京都大学での最終講義（2016年3月21日）に基づいています。（最終講義の画像は，京都大学ホームページ（www.kyoto-u.ac.jp）動画コンテンツ→京都大学OCW講義映像コンテンツ→最終講義から見ることができます）

切って，やはり救急部門に来たときでしたが——言っていたことでした。自宅で彼女は苦しくて，お母さんにその苦しさを訴えたのですが，母親の返事は次のようでした。

「どうしてあなたは悩むの。私は若い頃，何も悩まなかった」

「何も悩まなかった」ということがあるのでしょうか。「何も悩まなかった」という人がいるのでしょうか。思い起こしながら私は改めて，「人は自分自身にこそ，嘘をつくのだ」と思いました。皆様は，そんなことは誰でもとっくに分かっていることだと思われているでしょう。けれども私は，このときまで，それをほんとうには分かっていませんでした。

I　幼い子どもの頃の疑問と事実の探究

1．子どもの不思議

　子どもの頃には不思議なことがたくさんありました。しかし，私は好奇心を露わにする子どもではなかったので，それらの疑問を積極的に周囲の大人に尋ねることはありませんでした。それでも無邪気に尋ねて，大人が戸惑いを見せたことも記憶に残っています。また世間には，子ども時代に好奇心そのままに尋ねて，大人に僻辟されたり叱られた経験を持つ人も少なくないでしょう。

　おそらく誰でもが抱いた疑問に，「男の子にはチンチンがあり，女の子にはそれがない」という不思議があると思います。男の子どもとしては，チンチンがないとおしっこがしにくいだろうと思います。女の子がしゃがむその不自由さ，パンツを脱ぐ面倒くささは気の毒に思えました。これはまったく不思議なことでした。チンチンがないというのはおかしなことでもあり，幼い兄弟でチンチンを股間に挟んで見えないという遊びをして面白がったこともありました。後にフロイトが，幼子は女性性器を男性性器が去勢されたものと理解する，との小児期における性空想を記述しているところを読んだときは，それに納得しました。その年齢では，女性性器が存在していることは想像できません。ただこれは，男児の性に関する認識でしょう。

　もうひとつ，ほとんどの子どもが言われたであろうことを挙げましょう。「子どもは早く寝なさい」という親からの命令です。「なぜ　子どもは早く寝ないといけないのか」と，どんな子どもも不思議に思ったにちがいありません。家族揃ってせっかく楽しい気分になっているのに，親たちからさっさと寝ること

を急かされます。親に何か企みがありそうに思えますし，しかし，それを聴いても教えてくれません。かえって早く寝るようにと怒られます。親によっては，「朝きちんと起きられるように」，「健康のため」，「決まり」等言いますが，そこには真実が含まれていないことを子どもは何処かで感知します。しかし，それは尋ねられないものです。なぜなら，尋ねることは望まれていないことですし，また自分のこの疑問をどう表現したらいいのかもわからないものだからです。

　これは私の個人的な不思議なことでした。母親はしばしば，「あなたたちは元気な両親が揃っているだけでも幸せよ」と言うのでした。私が生まれて物心ついたときからずっと元気な両親がいる生活をしているのですから，それは私には余りに当たり前のことでしかありません。また，当時は両親の両親も健在でした。それなのに，なぜ母親のこの発言があるのか，私には不思議でたまりませんでした。その発言に含まれていたに違いない母親の生涯に及ぶ苦悩を含んだ真意——母親の生育史にある事実——を知るには，それから40年以上の歳月が私に必要でした。

　そして，子どもはあるとき，周りの世界が何かの映像を眺めているように遠景になって，ふと思います。「一体なぜ，自分は今ここにいるのか」，「自分がすっと消えてしまっても皆は何も気づかず，何もなかったかのように生活を続けるのではないか。いや，そうなのだろう」。

2. 好奇心は猫を殺す

　これらの問い，不思議さは，「好奇心」と呼べるものかもしれません。しかし，日本語の「好奇心」が感じさせることばのニュアンスからは，好奇心として片づけるには深刻すぎるものかもしれません。

　「好奇心は猫を殺す（Curiosity killed the Cat)」という箴言があります。その意味は"好奇心もほどほどにしなさい"という警告です。過ぎた好奇心は，猫だけではなく，子どものこころも殺します。

　やがて子どもは，自らのこころに自然に湧いてくる「なぜ」を大人が求めていない，好んでいないことを知ります。それから「生きていること」についての事実の探究を止めます。実は「生きていること」についての事実の探究の背景には，その子ども自身もことばによって表現することがかなわない「生きづらさ」があるのですが，もはやそれを探究するのではなく，大人との間で平和裡に和らげようと努めます。忘れたほうがよいと思われることは忘れ，知らな

いままがよいと思われることは知らないままにします。そして，周りの大人のような大人になります。

II　精神分析は大人への静かな反抗である

1. 精神分析の世界

　しかし，それができない子どももいるのです。その子は場違いなところで親に不思議を尋ねます。あるいは，親が望まない癖や振る舞いをみせます。ですからその子らは，「変わった」，「変な」，「おかしな」子であると侮蔑されます。

　ある日，その子どものひとりが「精神分析」に出会うのです。

　精神分析は大人の世界への静かな反抗です。精神分析は反常識の生産に励みます。たとえば，「答えは，好奇心を不幸，あるいは病気にする」，「答えは，好奇心を殺す病である」，「知識は病的な無知である」といった，学校教育が教え込んできたこととは真反対の見解を披露します。まったく顰蹙ものです。

　結果として，精神分析は人をアウトサイダーに向かわせるのです。同じアウトサイダーでも，非行には理論とテクニックは必要ありません。非行とは，思春期・青年期のモラトリアムを抜かして一挙に成人を振る舞うことです。子どもだから非行ですが，喫煙・飲酒・性行為・権威主義的恫喝，これらすべては大人なら許され日常に行えることです。

　しかし，一旦理論とテクニックを身に着けた子ども，非行に向かわない子どもは，静かな反抗を続けるしかないのです。もはや元には戻れません。それを使って「木乃伊が木乃伊取りになる」しかないのです。思春期を経ても大人に生き返られなかった木乃伊は，別の大人を生きられないままの木乃伊の苦悩が理解できることから，その木乃伊が人の世に生きることを手助けしようとするのです。

　「人は，自分たちに理解できないものは侮蔑する」。これはコナン・ドイル（1859〜1930）が書いたものに含まれている文章です。また，次の文も見られます。「明白な事実ほど，誤られやすいものはない」，「すべて不可能なものを消去して，最後に残ったものが如何に奇妙であっても，それが真実である」，「運命は何故，弱い人間にこうも悪戯をするのか」，「見るということと観察することとは大きく異なる」。

ドイルはご存知の名探偵シャーロック・ホームズを登場させた作家ですが，英国サウスシーで開業中の医者でした。けれども，まるではやらない開業医でした。だから，時間があり余って小説を書けたのです。しかしながら，ドイルがシャーロック・ホームズに託して表した人間観や真実観は医師としての経験からのものでしたし，ホームズにとらせた方法，すなわち観察と推測は医師の方法でした。

2. フロイト

　ここでドイルとほぼ同時代に生きた，精神分析の創始者フロイトに目を向けてみましょう。

　フロイト（1956～1939）は，オーストリアのウィーンで開業中の神経内科医でした。フロイトは神経病の患者を専門的に診ていましたが，そこには神経学的には説明のつかない神経症状や精神症状を現わす若い女性たちが少なからずいました。手足の麻痺，失語，失立，意識消失発作，呼吸困難，頭痛といった神経症状，朦朧，解離，健忘，抑うつ，感情易変等の精神症状が，ときに劇的な悪化や改善を伴って見られました。彼女らは精神医学からは「ヒステリー」と診断される人たちでした。

　ヒステリーは心因疾患のようであるというのが，当時認められ始めた認識でした。ヒステリーの語源はラテン語の「ヒステロ」，つまり子宮であり，ヒポクラテスの時代は子宮が体内を動き回る病，すなわち身体疾患と受け取られていました。フロイトはヒステリーに大きな関心を寄せました。ユダヤ人であるゆえに，大いなる失意の中で大学での神経学研究者として地位を断念し，生活のために開業したフロイトが野心的にかかわる対象としてヒステリーが選ばれました。フロイトもヒステリーも当時の社会ではアウトサイダーでした。しかし，同時にヒステリーの治療はフロイトを想定外のところに連れて行ったと思えます。

　フロイトは，先輩開業医でヒステリーの治療に関心を抱いていたブロイエルと『ヒステリー研究』を1895年に出版します。しかしこの時点でブロイエルは，ヒステリー治療は厄介すぎると感じ撤退する意思を決めていました。ですから，『ヒステリー研究』は共著の体裁をとってはいますが，ほとんどフロイトが書いたものです。

3. フロイトの臨床観

その書のフロイトによる最後の文章は次のようです。

「私が患者たちに，カタルシス療法は助けとなるとか，あるいはそれによって苦しみを軽減できると約束するたびに，患者たちからは繰り返しこう言い返されてきた。「先生ご自身が，私の苦しみは私の生活環境とか境遇に関わるものだとおっしゃるじゃありませんか。でも，それは先生には変えられません。どんなふうにして私を助けてくださるおつもりなのですか？」

これに対して私はこう答えることができた。――「確かにあなたの苦しみを取り除くには私の力を借りるより，環境を変えるほうが簡単でしょう。それは疑いありません。しかし，あなたはヒステリーのせいで痛ましい状態にありますが，それをありきたりの不幸な状態に変えるだけでも，多くのことが得られます。そのことはあなたも納得されるようになるでしょう。そして神経を回復させれば，そんなありきたりの不幸に対して，もっと力強く立ち向かえるようになるのです」

（Freud, S. 1895 : Studies on Hysteria. SE 2. Hogarth Press. London. 1981）

フロイトはドイルが「運命は何故，弱い人間にこうも悪戯をするのか」と極めて叙情的に著わした人の本性を，もっと冷静に見つめました。フロイトは治療によって患者を治癒させるとか，苦痛を取り除いて楽にするとは言っていません。現在の痛ましい不幸をありきたりの不幸にしましょうと言っているのです。そして，そのありきたりの不幸に立ち向かえるこころを取り戻しましょうと言っています。

フロイトのこの臨床観は，精神分析という方法を確立した後も変わりませんでした。精神分析は治すのでも癒すのでもありません。「ケア」という意味不明なことをするのでもありません。込み入って痛ましさを増幅させている不幸をありきたりの不幸に戻し，それに向かい合うことを援助するのです。

4.「事実を見つめなさい」

それでは，フロイトの臨床観を達成する方法は何があるのでしょうか。

フロイトもドイルも医師でした。医師が訓練する臨床方法とは，観察です。当時パリに卓越した神経学者がいました。マルティン・シャルコー（1825 ～

1893）です。シャルコーは多発性硬化症やシャルコー・マリー・トゥース病（腓骨筋萎縮症）など，観察と推測により多くの疾患や病態を見出しました。シャルコーは次のことばを残しています；

「事実が語りかけてくるまで，繰り返し，繰り返し，事実を見つめなさい」

シャルコーは心因疾患であるヒステリーの症状が催眠に反応することにも強い関心を抱いていました。若きフロイトはフランスに留学し，シャルコーにも学びました。彼のシャルコーへの敬意は，長男にシャルコーの名マルティンを付けたところにも表れています。

Ⅲ 精神分析と事実

精神分析は事実に出会えるのか

ここで疑問を持たれた方がおられるのではないかと，私は推測します。シャルコーの標語「事実が語りかけてくるまで，繰り返し，繰り返し，事実を見つめなさい」は，外的事実の観察である。それを，こころを対象にする精神分析に適用できるのかという疑念です。

1. ドラ・ケースからの学び

ここでフロイトに戻りましょう。

1900年 匿名性を保つために「ドラ」と名付けられた，呼吸困難，神経性咳嗽，失声，偏頭痛，不機嫌，憂鬱を症状とする18歳女性の精神分析をフロイトは行いました。それは，わずか3カ月で中断に至りました。翌年の1901年にフロイトは論文化を試みましたが，その論文の仮りのタイトルは「夢とヒステリー」でした。この論題が明示するように，論文はもともと1900年に出版した『夢解釈』の臨床的な補遺だったのです。夢を解釈し無意識の思考を読み取るように，ヒステリーの夢を解釈することがヒステリーの抑圧している無意識の思考を意識にもたらし，それによって症状が解明され解消されることをその主題に予定していました。

その論文には二つの夢が取り上げられましたが，一つ目の夢は，繰り返し見られたもので「火事と宝石箱」と名付けられた次の夢です。

「家が燃えています。父が私のベッドの前に立ち，私を起こします。私は手早く衣服を身に着けます。ママはまだ自分の宝石箱を持ち出そうとしていますが，パパは『お前の宝石箱のために，私と2人の子どもが焼死するのはごめんだ』と言います。私たちは急いで階下に降り，家の外へ出たとたんに目が覚めました」

当時フロイトはこの夢を，再構成的に，"ドラの子ども時代の父親からの誘惑による性的興奮によるマスターベーションとその禁止"と解釈しました。
しかしながらフロイトは，ドラがある日突然宣言し精神分析を中止した事実を無視できませんでした。フロイトは論文作成を中断します。それから4年間，あれほど多作な彼が1本の論文は発表しますが，それ以外は目立った発表をなさない滞った状態を続けます。そして，この論文は1905年論題を「あるヒステリー患者の分析の断片」と変えられ公表されます。初心者が付けるようなまったく平凡なタイトルになりました。それに加えて，3カ月で中断した分析例をここまでして発表するのはどういうつもりなのでしょう。
そこでのフロイトは，「火事と宝石箱」の夢を次のように解釈できることを見出しました。
"子ども時代の父親，加えてヒステリー症状発生の引き金となったリゾート地でのK氏のように，診療室でのフロイトが私を性的に誘惑しており，私は今まさにその危機にある"と。
だから，ドラはフロイトとの治療を唐突にやめたのです。それにしても，この事態にフロイトは何を発見したのでしょうか。

2.「転移」の発見

フロイトは「転移」という現象を見出したのでした。過去に起こった外傷的できごとを現在の遺物の中から見つけ出し再構成するのではなく，その事象は面接室の中で分析家との間に今まさに生じているのです。この転移こそが，精神分析臨床を構成する中核事象であることをフロイトは見出したのです。この発見によって精神分析は全面的に刷新され，新たな展望を持ち始めました。
フロイトは転移を，現在は治療者に向けられている過去の幼児的な感情や態度の反復と定義しました。その後，アンナ・フロイト（1936）は転移を，治療者に向けられる幼児期のリビドー衝動や防衛の反復であり外在化であるとしま

した。またグリーンソン, R.（1967）は, 治療者との関係に表す思考・態度・空想・情緒を含む過去の再現であり, 治療者への置き換えであるとしました。こうした概念化を知ることで, 転移がどんな事象かがわかりやすくなるかと思います。

3. 転移の実態

転移とは, 過去──この過去は, 本質的には乳幼児期を指していますが──にある重要な他者との間で築き上げられた思考・態度・空想・情緒が, 現在かかわっている治療者との間に置き代えられて現し出されることです。

精神分析臨床は, その中核に転移という事象を置き, 精神分析過程は転移の出現と分析家による転移解釈を基軸に進展していきます。

4. クラインと内的世界

ここで, 注目すべき精神分析的見解に目を向ける必要があります。それはメラニー・クラインによって, 幼い子どもたちのプレイ・アナリシスを通して見出されました。クライン派, 現実外界とは異なる内的世界を私たちはこころに持っていることを発見したのでした。その内的世界は, 無意識的空想（世界）とも言い換えられます。クラインによれば, 転移とは, 過去から現在までに築き上げられてきている, 自己と内的諸対象の交流を基盤とする内的世界の全体状況が外界へ投影されている事象なのです。すなわち, 転移とは現在の内的対象世界の外在化なのです（Klein, M., 1952）。

この見解に基づくなら, 転移は面接室内での内的対象世界の実在化 actualization です。つまり, 私たちは転移を通して, 患者／クライエントのこころの「事実」に出会うのです。述べるまでもありませんが, それは心的事実, 主観的真実です。精神分析は心的事実に目を向け続けます。

5. フロイトに帰る

もう一度, フロイトに帰りましょう。

フロイトは 1914 年に精神分析技法論文「想起すること, 反復すること, ワークスルーすること」（Freud, S., 1914）を著わしました。そこでは, 精神分析の設定と技法の下で「患者は忘れられ抑圧されたことを想起せず, 行動化する, といってよいだろう。彼は記憶としてではなく, 行為としてそれを再生する。

もちろん，反復しているとは知らずにそうしているのである」，「精神分析療法においての作業は，転移を反復強迫するためのプレイ・グラウンド，「転移神経症」という治療者の介入が届く中間領域を創生することである」と述べられています。

　フロイトは，クラインが子どものプレイ・アナリシスでの子どもの遊びにみた無意識的空想／心的事実の転移的出現を，すでに大人の精神分析に見ていたのです。彼は，患者／クライエントは，想起し言語化するのではなく，その内容を無意識に治療者に対して振る舞っていると述べています。転移は内的体験全体のそうした反復であると明瞭に述べており，つまり，転移は<u>反復強迫性の行為</u>であることが述べられているのです。

6. 転移を観察すること

　これらのフロイトやクラインの転移についての見解に重要な示唆があることを私たちは見逃してはならないでしょう。

　フロイト自身も明言していますが，精神分析では，患者による自由連想の言語化と，治療者がそれを聴き，無意識的思考や感情を解釈するという言語的交流が根幹とされています。しかしながら，治療の本質的な展開要因は，転移性の言動に見出されるのです。パラドキシカルなのですが，行為であるとのことは，面接場面において連想内容だけに耳を傾けることに限定せず，その行為の観察，面接室における<u>現象の観察</u>が不可欠であるとのことを意味します。

7. 「もう，これから死にます」

　面接室のなかで，あなたの患者／クライエントが「もう，これから死にます」と言い放ちました。

　私たちがことばを聴くなら，その人は死の決意を伝えていると受け止めます。死という究極の不可逆な事態に向かうというのですから，大変深刻な危機です。「それは止めなければならない，死を絶対に防がねばならない，どうしよう」と考えます。

　しかし，そのときその発言をことば通りに受け取るという聴き方では不足なのです。

　まず，そのことばを観察するのです。発されたことばの明瞭さ，湿度，陰影，その発語の勢い，重さ，イントネーション，区切り方を観察できるでしょう。

それから、面接室での現象、すなわち、その人の表情や姿勢、それらの動き、また風采、身拵えや化粧、持参品とその手入れ具合が観察されます。すなわち、患者／クライエントのそのあらゆる表出面とそこに生じている、微細なものも含めた動きが観察されます。

　その面接室内において観察できるものは他にもあります。「もう、これから死にます」という発言が産み出している室内の空気があるでしょう。その空気感――それは色や気象に擬えて視覚的に表現されやすいものですが――を観察できます。

　もうひとつ、観察できるものがあります。聴いている私たち自身のこころです。「もう、これから死にます」を聴いて、私たちのこころにはどのような反応が起こっているのか、それらを観察することです。私たちのこころの動きは、その人からの刺激に反応しているのですから、それは私たちが感知できる面接室での現象です。

　もうひとつ、注目に値する事実があります。それは今その人が、他ならぬ私に向けて言っているとの事実です。これらの現象を観察することに加えて、なぜ今それをこの私に言っているのかとの問いを抱くことが、その患者／クライエントの「もう、これから死にます」という発言の真意、心的事実は何なのかを見出すことを導きます。

Ⅳ　転移という現象と思考

1. 新たな問い

　ここまで私は、精神分析の中核に位置づけられる転移は、内的対象世界というその患者／クライエントの心的事実が投影によって、面接室という閉ざされた空間に実在化している現象であるととらえました。ですから、面接室の現象を細やかに観察することで、転移、つまり心的事実を真に理解できることを述べたのです。精神分析は事実に出会えるのかとの問いに、それは可能であり、精神分析が出会うのは、心的事実、主観的な真実であることを提示しました。

　ここで、新たな問いを提示しましょう。

　私たちは面接室の転移現象を観察しますが、その現象は何なのか？　との問いです。この問いは奇妙に聴こえるかもしれません。現象は現象であり、それが何かという問いはないだろうというものです。それはそうですが、ここで私

は，他でもない転移現象について問いを発しているのです。その問いに向けて，次の考えを私は示したいと思います。

　転移はこころから持ち出された現象です。このことには次の含みがあります。それは，そもそも患者／クライエントにおいて外界の事象が見聞され，それらがそのこころにとり入れられて構築されたものが，内的世界という心的事実なのです。そのとり入れに際しては，その人の感情や空想が意識的無意識的に働き色づけしますから，外的事実は主観的事実に変形されます。

　そこで，この「とりいれられたもの」というのは，どのようなものなのでしょうか。クラインはこころに存在するそれを，無意識的空想と呼びました。そのとり入れられてこころに存在するというものは何のか。それを，変形されて私たちの内側に置かれるようになったものという意味で，「思考」と呼ぶことができるかもしれません。

2. さまざまな水準の思考

　皆さんは思考というと，たとえば，「経済」とか「共感」といった日常生活で使っている概念だけを思い浮かべられるのかもしれません。それも思考ですが，それらのような洗練され抽象化された思考ではなく，もっと原初的な思考も存在すると考えてもよいでしょう。たとえば，乳児がお母さんを「アッ」とことばにならない発語で呼んでいるとき，その「アッ」は乳児の内側に存在する，母親を意味している思考です。その乳児は次の機会にはお母さんを向けて「ウバッ」と繰り返し呼んでいるかもしれません。このように内側に浮かんでは消えるとしても，その乳児は「アッ」や「ウバッ」で，短い限られた時間にしろ，外界の母親がこころのなかに保持されていることを，つまり思考化されていることを示しています。

　ガリレオも「自然という書物は，数学的記号で書かれている」と述べたように，外界の現象は思考化されることによって初めて，私たち人間が理解し，対象化して操作するものになるのです。

　また，フロイトが夢における無意識的思考を解読してきたことは，すでに皆さんには周知のことです。ご存知のように，夢は視覚像や物語りで成り立っています。このことから，私たちが何気なく「イメージ」と呼んでいる覚醒時に浮かべる視覚像も，思考の一部だということを理解されると思います。

	定義的仮説 Definitory Hypotheses 1	ψ psi 2	表記 Notation 3	注意 Attention 4	問い Inquiry 5	行為 Action 6	….n
A β要素 Beta-elements	A1	A2				A6	
B α要素 Alpha-elements	B1	B2	B3	B4	B5	B6	…Bn
C 夢思考・夢・神話 Dream Thoughts Dreams, Myths	C1	C2	C3	C4	C5	C6	….Cn
D 前概念 Pre-conception	D1	D2	D3	D4	D5	D6	….Dn
E 概念 Conception	E1	E2	E3	E4	E5	E6	….En
F コンセプト Concept	F1	F2	F3	F4	F5	F6	….Fn
G 科学的演繹体系 Scientific Deductive System		G2					
H 代数計算式 Algebraic Calculus							

図 12-1　The Grid
(Bion, W. (1963) Elements of Psycho-Analysis. Heinemann. London.)

　ウィルフレッド・ビオン（1963）は，原始的な思考を含むこれらの思考を，発生・発達的に整理しています。それを「グリッド」という表に示しました（図12-1参照）。ちなみに，乳児の「アッ」や「ウバッ」はビオンの命名では「B. α要素」水準の思考です。夢やイメージは「C. 夢思考・夢・神話」水準の思考であり，前述した「経済」・「共感」は「E. 概念」水準の思考です。またビ

オンは，思考化されない／できない現象を「A．ベータ要素」と呼んでいます。

3．転移は思考である

　ここで転移に戻りましょう。

　転移というものが，患者／クライエントの内側に築かれている対象世界——外界の事象が，一旦，内在化において変形され構成されたもの——の面接室内での投影／実在化であるのなら，面接室での現象は，そもそも何らかの思考でありうるのです。すなわち，過去において一度(ひとたび)思考化されたものの現象化であるとのことです。

　それでは，転移はどんな水準の思考なのでしょうか。

　フロイトが精神分析を創生する前に関わった3つの事象には共通する要素があります。その3つの事象とは，ヒステリー，夢，そして転移です。最後の転移は，その認識はドラ・ケースのところで示したように1905年ですが，1890年代の経験として耳鼻科医フリースとの書簡交換を通した交流は，フロイトに生じていた紛う方なき陽性の父親転移でした。

　これらのヒステリー・夢・転移に共通する要素は，①視覚要素（画像性），②行為，act，③物語り性 narrative，④象徴の活動です。別の表現をしてみるなら，「夢」とは，睡眠中に思考が抽象性から一時的に退行し，具体性を取り戻すことで可塑可能となった思考であり，「ヒステリー」とは，夢を行為化して生きている人，そして「転移」とは，起きていながら，夢見ていることなのです（松木，2015）。それらは，「グリッド」で見るなら，「C．夢思考・夢・神話」に該当する水準の思考です。

　「グリッド」を見られておわかりのように，この思考は，概念のような意識的思考と，α要素のような無意識性が優勢な思考との中間，移行帯に位置する思考です。後にフロイトが提示した精神分析家の方法である「平等に漂う注意」とは，起きていて夢見ること／もの想いすることであり，こころをグリッドC水準に置くこと，つまり意識的思考と無意識的思考の交差点に置くことで患者／クライエントの無意識的思考を感知しやすくする試みなのです。フロイトは，無意識を含むこころへの接近は，グリッドC水準の思考に定位することによって可能であることを把握していました。

V　私の結論

そろそろ私が現在行きついている結論に向かいたいと思います。

1. 面接室内の現象の三領域

私たちが精神分析を実践しているのなら，私たちは面接室において，そこに発生している現象を観察することが何より重要なタスクです。それらから転移を見出すのです。面接室の中には，転移にかかわる3種の現象領域があります。(松木，2015)

一番目は，患者／クライエントが表出する現象です。転移についての古典的見解は，この現象に注目し，またそこに限定されていました。それは，主に**ことばによって**，また同時に**非言語なコミュニケーション**として**語り口，態度，振る舞い，臭い**等によっても表出されています。

第二の領域は面接空間であり，そこに創生される現象です。その部屋に備わっている**家具や絵・備品，窓・カーテン**，扉等が，その患者／クライエントにとってのパーソナルで特異な意味を表して立ち現われます。あるクライエントには，以前から備え付けられていたカーテンが突如，彼女が心的外傷を体験したその場面の一部（男性の下着の図柄）を表しました。室内の**空気**も観察されるべき現象です。空気は動き，染まり，沈み，凍ります。

最後，第三の領域として，治療者の内があげられます。そこに感知される現象があります。歴史的には対抗‒転移 counter-transference として取り上げられていた治療者内の**感情・思い・思考・連想**といった，もっぱら治療者のみに気づかれる心的現象です。私は対抗‒転移とされる現象を独立させるのではなく，ここで述べていますように，転移現象の範疇に収めることが転移の適切な理解を導くと考えています。

というのは，これら三領域の現象は，それぞれ独立した現象に見えるかもしれませんが，ひとつの転移の諸要素であるのです。すなわち転移は面接室内のひとつのまとまった現象 a whole phenomenon なのです。面接室内では，あらゆるものが転移の一部分・一片かもしれません。ですから私たちは，面接室内の3種すべての現象に万遍なく注意を向け，観察することが必要なのです。それはフロイトが「平等に漂う注意」(1912)，前田重治が「無注意の注意」(1999)

```
分析前                    分析中                              分析後
                    退行／拡散中の転移        転移過程
E．[誤った] 概念    ⇒B．α要素        ⇒C．夢思考・夢・神話    ⇒E．概念
（D．前概念）         A．β要素           （B．α要素）          （D．前概念）
（B．α要素）                                                   他
（C．夢思考・夢・神話）
（A．β要素）
```

図 12-2　思考からみた転移過程
（松木・藤山〈2015〉精神分析の本質と方法．創元社）

と呼ぶ観察法であり，思考法なのです。

2．転移の起源としての思考

すでに述べましたように，転移の起源は思考です。面接室での転移は，退行している思考です（図 12-2 参照）。現象の観察から私たちが直観，もしくは推測すべきは，そのそもそものオリジナルな思考です。患者／クライエントの心的事実，主観的真実がこころに収められたときの形の思考です。それに出会おうとするのです。

3．私の結論

以下が私の結論です

「転移」とは，その人のこころのなかにおいて一旦思考化された人生史での主観的事実が，面接場面での現象として実在化 actualize されているものである。すなわち，転移は現象であり，思考である。

それを観察し続け，精神分析家の方法である「平等に漂う注意」，起きていて夢見ること／もの想いすることに委ねることから，患者／クライエントのこころの事実／真実に私たちは出会う。

Ⅵ　長いエピローグ：精神分析，そして精神分析家

1．事実・真実

もはや，結論に至りましたが，精神分析についてのいま少しの補足をお許しください。

人のパーソナルな事実，こころの真実とは何でしょうか？　精神分析家モネ - カイル（Money-Kyrle, R., 1971）は，究極の真実として3つを挙げています。**至上のよい対象としての乳房**；この乳房が私たちを生かし成長させてくれます。**至上の創造的行為としての両親の性交**；第三者を創り出すそれによって，私たちは今ここに生きているのです。**時間の不可逆性と究極的な死**；私たちが今を生きている人という生き物であることを知らしめてくれます。

　これらの事実は，客観的な知識としては誰もが理解し納得するものでしょう。「改めてそんなことを言われないでも，わかったことだ」と思われている方もいるに違いありません。そうした方は健康なのかもしれません。しかし，私たちが生きてきた人生において，これらの事実―乳房，両親の性交，死―を知った，あるいは，出会ったときの驚愕をこころに残しているなら，それを思い起こしたとき，私たちはこの真実を真に受け入れているのか，ほんとうに出会えているのかを自らに問うことになると思います。

　「自分は母親から迷惑な子どもとして嫌われている，弟が愛されてきた」との信念を抱いて生きてきた人には，その人を生かし成長させてくれた母親の乳房は，拒絶や羨望を刺激する悪い対象でしかありえないのかもしれません。「生きていることが苦しい」と生きづらさに圧倒されている人には，私たちを今ここに生かしている**至上の創造的行為としての両親の性交**は，両親だけが快を得て，その結果，自身は過剰な苦しみを背負わせられているその元凶として憎悪の対象なのかもしれません。ある女性は子どものとき，人には死が待っていると知ったとき，強烈な恐怖に圧倒され，それからはその恐怖から逃れることだけが人生でした。

　これらの人生の事実，真実は，私たちを生きやすくも生きづらくもします。時として，この生きづらさは，その当人もはっきりわからないままでありながら，人生の大きな困難としてその人の前に立ちふさがり続けるのです。

　人生の真実を心的事実として受け入れている人たちには当たり前すぎることを，精神分析ではそのふたりが真剣に苦闘している様子を知るなら，大変奇妙な，大変不気味な，あるいは大変滑稽な事態と見えるでしょう。しかしながら，それは真剣に模索されて初めて見出されるものであることも，もうひとつの真実なのです。

2. 精神分析家であること

　私が述べてきたことを，ビオンは次のように表現しています。

　「自分が何であるのかを認識するのにあまりに長くかかってしまうアナライザンドの特異さや困難さに精神分析家はもちこたえねばなりません。精神分析家がアナライザンドの言うことを解釈できるのであるなら，それは，分析家がその解釈は知っているとの結論に駆け込まず，アナライザンドの言っていることにもちこたえる偉大な能力を持っているに違いありません。このことをキーツがシェイクスピアは負の能力にもちこたえられたと語ったときに彼が意図していたことであると私は思います」

　　　（Bion, W.1974：Brazilian Lectures 1. Rio de Janeiro. Imago Editora.）

　精神分析家とは，そのような専門家なのです。ですから，「答えは，好奇心を不幸，あるいは病気にする」，「答えは，好奇心を殺す病である」，「知識は，病的な無知である」との見方に一理あることを発言できるのです。
　ビオンのもうひとつの発言に耳を傾けてみましょう。

　「精神分析は，わからないことを教える方法ではありません。精神分析は，何かを発見するためのさらなる問いなのです」
　　　（Bion, W.1975：Brasilia.（In）Clinical Seminars and Four Papers. Fleetwood Press. 1987）

　精神分析家は何もできないことで何かをしているのです。

Ⅶ　おわりに

　「手に取らで　やはり野に置け　蓮華草」という短詩があります。
　江戸時代に，滝野瓢水が遊女を娶ろうとした友人を諌める目的で送った句とされています。ここでは遊女が蓮華草であり，平凡な日常の市井の華やかな遊女を刈り終えた田に春華やかに咲く蓮華草に擬えて，艶やかな遊女にのぼせている友人を諭す意図がありました。
　しかし，私はこの句に別の意味を見出します。精神分析家を始めとするこころの臨床家は，大学アカデミズムという家の床の間のような場所に飾り置かれ

るのではなく，平凡で日常的な市井の中で活動して，その真の美しさが，意義が顕れるというものです。
　これも，経験から私が学んだことです。

あとがき

　本書の第一歩は，金剛出版の山内俊介さんから雑誌『臨床心理学』に2年間の連載を書いてみないかとのお勧めから始まりました。

　この連載のテーマは自由に任せるということでしたので，連載といういまだ経験したことのない作業がどんな体験になるのか，その未知なものに取り組んでみたいという好奇心からお引き受けしました。テーマとしては，そろそろ精神分析的心理療法の入門書を書いてみるのもよいかなと思っていましたので，それを実行する機会と考え，「私説・対象関係論的心理療法入門――精神分析的アプローチのすすめ」と題して書き始めました。

　『臨床心理学』連載の期間は2003年はじめから2004年終わりまでの2年間ですが，実際に書き始めたのは連載執筆の提案をいただいた2002年8月の夏季休暇のときからです。私は気が小さいので，突然の病気や事故に備えて連載原稿のストックを作っておくようこころがけました。そのおかげで原稿の締め切りに極度に追い詰められる経験はしなくてすみました。それでも次の締め切りが来るのを，とても早く感じることもありました。このこころがけによってどうにか，どうしても気持ちがのらないときは書かないという，これまでの私の執筆のしかたを保持することができました。

　ところで本書は，『臨床心理学』に連載した一連の文章に加筆修正を加えたものです。追加した内容でかなり増えている箇所も少なくないのではないかと思います。何度も見直していたため，オリジナルの文章がわからなくなりました。

　とくに増えたのは，第2章の「見立て」，第3章の「治療契約と治療者の身の置き方」，第10章の「分析的心理療法プロセスで起こること」，あたりです。第2章の見立てがくわしくなったのは，臨床心理の方たちにはどうやら見立ての大切さが十分認識されていないようであると，連載の途中から私が思い始めたことの影響です。第10章の分析プロセスで起こることが増えたのは，後で書いていますように知人のコメントに応えた結果と言えます。私個人としては，第3章から第8章の解釈の伝え方までで，治療者がどのようにクライエントと交流していくかというところを入門的に伝えたいとより重点を置いたものと考えています。もちろん，ここも書き加えています。

　この加筆に際しては，比較的初心の方のみならず，経験を積んだ治療者からのコメントも得たいと思い，通読していただき，多くの有益な意見をいただき

ました。伊賀洋子，一木仁美，別所晶子，吉永恵子の各氏です。またとりわけ大前玲子氏には細かなご指摘をいただきました。それらはすべて何らかの形で本書に反映されています。コラムとして新たに追加している「精神分析での疑念と精神分析への疑念」もそれらのコメントからの生産物です。感謝いたします。

また連載時の読者のコメントも山内さんからうかがいました。それから，図表の追加挿入，各章の最後にサマリーのようなポイントのようなものとして書き加えた「ふりかえり」が生まれました。読者の皆様が示された見解がきちんと反映されたものとなっているのならうれしいのですが。

さらに私は著書としての向上の試みとして，欠落していた内容をとり入れるために，連載を書き上げたあとに，私は読んだことがなかった比較的最近のもので評判の高い入門書的な精神分析的治療書を読んでみました。

最近のものというよりエヴァーグリーンである土居健郎『方法としての面接──臨床家のために』（医学書院，1977），丸田俊彦『サイコセラピー練習帳』（岩崎学術出版社，1986），神田橋條治『精神療法面接のコツ』（岩崎学術出版社，1990），馬場禮子『精神分析的心理療法の実践──クライエントと出会う前に』（岩崎学術出版社，1999），成田善弘『精神療法家の仕事──面接と面接者』（金剛出版，2003）です。これに加えて，すでに読んではいましたが日本文化が香ばしい入門書である前田重治『「芸」に学ぶ心理面接法』（誠信書房，1999）と『芸論から見た心理面接』（誠信書房，2003）を含めて，私に感じるところのあった文章を挿入しています。ちなみに精神分析的心理療法にはまったくの初心という方は，馬場著『精神分析的心理療法の実践』を読まれることをお勧めします。とてもよい本です。ともかくも，私はこれらの著作のおかげで巨人の肩に乗った小人になれました。

本書の骨格は，私自身の臨床体験，個人分析体験，（スーパーヴァイジーそしてスーパーヴァイザーとしての）スーパーヴィジョンでの体験，セミナー・症例検討会での討論，そして精神分析での同僚との対話からなっていますが，読んできた多くの著書に影響を受けてきたことも間違いありません。あげてみるなら，フロイト，クライン，スィーガル，ビオン，ジョゼフ，ウィニコット，ケースメントの全著作，英国クライン派分析家のかなりの論文が根底にあります。

最初の著書『対象関係論を学ぶ』（1993年に書きました）からは10年を越える歳月が経ちました。この歳月に私は，精神分析を忠実に学ぶものから誠実に体験するものへと自分自身の在り方の変化を感じてきているように思いま

す。加齢が影響しているのでしょう。そしておそらく私のその感覚は，本書が漂わせる空気に反映されているのではないのでしょうか。

　本書を書き上げるためのこの2年を越える歳月のあいだにさまざまな形でお世話になった皆様にこころより感謝申し上げます。そして最後になりますが，山内俊介さんには無理をお願いして，私のイメージする精神分析治療の道行きにあう写真を撮ってもらいました。それが本書の表紙になっています。ありがとうございました。

2005年春愁の候に

松木　邦裕

文　献

馬場禮子(1999)精神分析的心理療法の実践―クライエントと出会う前に. 岩崎学術出版社.
Bion, W. (1962)（白峰克彦訳, 1993）思索についての理論. In : Spillius, E.B. (Ed.)（松木邦裕監訳）: メラニー・クライン トゥデイ②. 岩崎学術出版社.
Bion, W. (1963) Elemento of psycho-Aualysis. Heinemann, London.（福本修訳, 1999）精神分析の方法Ⅰ. 法政大学出版局.
Bion, W. (1967) Notes on memory and desire.（中川慎一郎訳, 2000）記憶と欲望についての覚書. In : Spillius, E.B. (Ed.)（松木邦裕監訳）: メラニー・クライン トゥデイ③. 岩崎学術出版社.
Bion, W. (1974) Brazilian Lectures 1. Rio de Janeiro. Imago Editora.
Bion, W. (1975) Brasilia. In : Clinical Seminars and Four Papers. Fleetwood Press. 1987（松木邦裕・祖父江典人訳, 2000）ビオンの臨床セミナー. 金剛出版.
Bion, W. (1976) On a Quotation from Freud. フロイトからの引用について. In :（祖父江典人訳, 1998）ビオンとの対話―そして最後の四つの論文. 金剛出版.
Bion, W. (1980) Bion in New york and San Paulo. In :（松木邦裕・祖父江典人訳, 2000）ビオンの臨床セミナー. 金剛出版.
Bion, W. (1994) Clinical Seminors and Other Works. Karnac Books, London.（松木邦裕・祖父江典人訳, 2000）ビオンの臨床セミナー. 金剛出版.
Casement, P. (1985) On Learning from the Patient. Tavistock Pablications, London.（松木邦裕訳, 1991）患者から学ぶ. 岩崎学術出版社.
Casement, P. (2002) Learning from our Mistakes. Routledge, London.（松木邦裕監訳, 2004）あやまちから学ぶ. 岩崎学術出版社.
Cassese, S.F. (2002) Introduction to the Work of Donald Meltzer. Karnac, London.
Cortart, N. (1990) Attention. In : Slouching towards Bethlehem : And further psychoanalytic explorations. Free Association Books, London 1992.
土居健郎（1977）方法としての面接―臨床家のために. 医学書院.
Doyle, C. (1993) The Oxford Sherlock Holmes. Oxford University Press.（小林司・東山あかね訳, 1997-2002）シャーロック・ホームズ全集. 河出書房新社.
Freud, S. (1895) Studies on Hysteria. SE2. Hogarth Press, London. 1981（懸田克躬訳, 1974）ヒステリー研究. In : フロイト著作集7. 人文書院.
Freud, S. (1900) The Interpretation of Dreams. SE4-5. Hogarth Press, London. 1981（高橋義孝訳, 1968）夢判断. In : フロイト著作集2. 人文書院.
Freud, S. (1905) Fragment of an Analysis of a Case of a Hysteria. SE7. Hogarth Press, London. 1981（細木照敏・飯田眞訳, 1969）あるヒステリー患者の分析の断片. In : フロイト著作集5. 人文書院.
Freud, S. (1911) Formulations on the two principles of mental functioning. SE12.（井村恒郎訳, 1970）精神現象の二原則に関する定式. In : フロイト著作集6. 人文書院.
Freud, S. (1912) Recommendations to Physicians practicing Psych-Analysis. SE12 Hogarth Press, London. 1958（小此木啓吾訳, 1983）分析医に対する分析治療上の注意 フロイト著作集9. 人文書院.（藤山直樹監訳, 2014）精神分析を実践する医師への

勧め. In：フロイト技法論集. 岩崎学術出版社.

Freud, S. (1914) Remembering, Repeating and Working-through. SE7. Hogarth Press, London. 1981 (小此木啓吾訳, 1983) 想起, 反復, 徹底操作. In：フロイト著作集9. 人文書院.

Freud, S. (1916-17) Introductory lectures on psycho-analysis. SE16. (懸田克躬・髙橋義孝訳, 1971) 精神分析入門. In：フロイト著作集1. 人文書院.

Freud, S. (1918) From the history of an infautile neurosis. SE17. (小此木啓吾訳, 1983) ある幼児神経症の病歴より. In：フロイト著作集9. 人文書院.

Freud, A. (1936) The Ego and the Mechanisms of Defense. Hogarth Press, London. (黒丸正四郎・中野良平訳, 1982) 自我と防衛機制. In：アンナ・フロイト著作集2. 岩崎学術出版社.

Freud, S. (1937) Analysis terminable and interminable. SE23. (馬場謙一訳, 1970) 終わりある分析と終わりなき分析. In：フロイト著作集6. 人文書院.

Greenson, R. (1967) The Technique and Practice of Psychoanalysis ①. International Universities Press, New york.

Grinberg, L. (1962) On a specific aspect of countertransference due to the patient's projective identification. International Journal of Psychoanalysis, 43；436. (下河重雄訳, 2003) 患者の投影同一化による逆転移のある特異面. In：(松木邦裕編・監訳)：対象関係論の基礎. 新曜社.

Heimann, P. (1950) On Counter-Transference. International Journal of Psychoanalysis, 31；81-84. (原田剛志訳, 2003) 逆転移について. In：松木邦裕編・監訳：対象関係論の基礎. 新曜社.

Heimann, P. (Tonnesmann, M. (Ed.), 1989) About Children and Children-No-Longer. Tavistock/Routledge, London.

平井正朗・松木邦裕 (1994) ヒステリー性神経症. In：(牛島定信編)：精神科症例集5. 中山書店.

Joseph, B. (1985) Transference：The total situation. The International Journal of Psychoanalysis, 66；447-454. (古賀靖彦訳, 2000) 転移：全体状況. In：Spillius, E.B. (Ed.) (松木邦裕監訳)：メラニー・クライン トゥデイ③. 岩崎学術出版社.

神田橋條治 (1990) 精神療法面接のコツ. 岩崎学術出版社.

Kernberg, O. (1976) Object Relations Theory and Clinical Psychoanalysis. Jason Aronson, New York. (前田重治監訳, 1983) 対象関係論とその臨床. 岩崎学術出版社.

北山修 (2001) 幻滅論. みすず書房.

Klein, M. (1950) On the criteria for the temination of a psycho-analysis. (北山修訳, 1985) 精神分析の終結のための基準について. In：メラニー・クライン著作集4. 誠信書房.

Klein, M. (1952) The Origins of Transference. The Writings of Melanie Klein. Vol.3. Hogarth Press, London. (舘哲朗訳, 1985) 転移の起源. In：メラニー・クライン著作集4. 誠信書房.

Klein, M. (1957) Envy and Gratitude：A study of unconscious sources. Tavistock Publications, London. (松本善男訳, 1975) 羨望と感謝. みすず書房.

Kubie, L.S. (1950) Practical and Theoretical Aspects of Psycho-analysis. International

Universities Press, New york.（土居健郎訳）精神分析への手引．日本教文社．

Langs, R.（1988）A Primer of Psychotherapy. Gardner Press, New york.（妙木浩之監訳，1997）精神療法入門．金剛出版．

前田重治（1999）「芸」に学ぶ心理面接法．誠信書房．

前田重治（2003）芸論から見た心理面接．誠信書房．

松木邦裕（1990）空気感について．精神分析研究，34；193-195.

松木邦裕（1993）クライン派から見た狼男．In：吾妻ゆかり・妙木浩之編：フロイトの症例．現代のエスプリ，317；12.

松木邦裕（1994）退行について．精神分析研究，38；1-11.

松木邦裕（1996）対象関係論を学ぶ．岩崎学術出版社．

松木邦裕（1998）分析空間の出会い—逆転移から転移へ．人文書院．

松木邦裕（2000）精神病というこころ．新曜社．

松木邦裕（2002）分析臨床での発見—転移・解釈・罪悪感．岩崎学術出版社．

松木邦裕編・監訳（2003）対象関係論の基礎—クライニアン・クラシックス．新曜社．

松木邦裕（2004）終結をめぐる論考．心理臨床研究，22-5；499-510.

松木邦裕（2015）精神分析の本質と理解を語る。In：松木邦裕・藤山直樹：精神分析の本質と方法．創元社．

松木邦裕（2015）精神分析という夢のとき．In：松木邦裕・藤山直樹：夢，夢見ること．創元社．

松木邦裕・藤山直樹（2015）精神分析の本質と方法．創元社．

Matte-Blanco, I.（1988）Thinking, Feeling, and Being. Routled London.（岡達治訳，2004）無意識の思考．新曜社．

丸田俊彦（1986）サイコセラピー練習帳．岩崎学術出版社．

Meltzer, D.（1966）The relation of anal masturbation to projective indentification, International Journal of Psychoanalysis, 47；335-342.（世良洋訳，1993）肛門マスターベーションの投影同一化との関係．In：Spillius, E.B.（Ed.）（松木邦裕監訳）：メラニー・クライン トゥデイ①．岩崎学術出版社．

Meltzer, D.（1967）The Psycho-Analytical Process. Clunie Press, Scotland.

Menninger, K.（1958）Theory of Psychoanalytic Technique. Basic Books, New york.（小此木啓吾・岩崎徹也訳）精神分析技法論．岩崎学術出版社．

Money-Kyrle, R.（1956）The world of the unconscious and the world of common sense. British Journal for the Philosophy of Science.（永松優一訳，2000）正常な逆転移とその逸脱．In：Spillius, E.B.（Ed.）（松木邦裕監訳）：メラニー・クライン トゥデイ③．岩崎学術出版社．

Money-Kyrle, R.（1971）The Aims of Psychoanalysis. In：Meltzer, D.（Ed）：The Collected Papers of Roger Money-Kyrle. Clunie Press, Perthshire.

成田善弘（2003）精神療法家の仕事—面接と面接者．金剛出版．

小此木啓吾ほか編（2002）精神分析事典．岩崎学術出版社．

大前玲子（2001）私信．

O' Shaughnessy, E. A clinical study of a defensive organization. International Journal of

Psychoanalysis, 62；359-428.（1981）（松木邦裕訳, 2000）ビオンの思索についての理論と子ども分析での新しい技法. In：Spillius, E.B.（Ed.）（松木邦裕監訳）：メラニー・クライン トゥデイ③. 岩崎学術出版社.

Riviere, J.（1936）A contribution to the analysis of the negative therapeutic reaction. International Journal of Psychanalysis, 17；304-320.（椋田容世訳, 2003）陰性治療反応の分析への寄与. In：松木邦裕編・訳：対象関係論の基礎. 新曜社.

Rosenfeld, H.（1965）Psychotic States. Maresfield Reprints, London 1984.

Rosenfeld, H.（1971）A clinical approach to the psychoanalytic theory of the life and death instincts：An investigation into the aggressive aspects of narcissism, International Journal Psycho-Analysis 52（2）；169-178.（松木邦裕訳, 1993）生と死の本能についての精神分析理論への臨床からの接近. In：Spillius, E.B.（Ed.）（松木邦裕監訳）：メラニー・クライン トゥデイ②. 岩崎学術出版社.

Sandler, J.（1976）Countertransference and role-responsiveness. International Review of Psycho-Analysis, 3；43-47.

Spillius, E.B.（Ed.）（1988）The New Dictionary of Kleinian Thought, Routledge, London.（松木邦裕監訳, 1993, 2000）メラニー・クライン トゥデイ①, ②, ③. 岩崎学術出版社.

Strachey, J.（1934）The nature of the therapeutic action of psychoanalysis. International Journal Psycho-Analysis 15；127-159.（山本優美訳, 2003）精神分析の治療作用の本質. In：松木邦裕編・監訳：対象関係論の基礎. 新曜社.

牛島定信（1988）思春期の対象関係論. 金剛出版.

山田忠雄ほか編（1996）新明解国語辞典 第四版. 三省堂.

困ったときの使える索引

1) 設定に迷っている
   面接室の条件　11
   面接室の備品　15
   面接室の雰囲気　15
   椅子か, カウチか　61
   椅子と椅子の距離　16
   見立てのためのセッション数　31
   面接の頻度　58, 73
   治療契約のしかた　58
   治療契約の解消　76
   終結の基準　208, 209
   誰が終結を提案するのか　212
   終結のための期間　163
   治療再開の可能性　218
   終結後の関係　216

2) 設定の変更に戸惑っている
   精神科治療への誘導　55
   治療契約の変更　71
   セッション時間の変更　72
   セッション頻度や料金の変更　73
   場所を変更する場合　75
   終結の延期や取り消し　215
   治療再開の可能性　218

3) ケースの選択に迷っている
   初心者に好ましいケースは　25
   初心者が避けたほうがよいケースは　25
   精神分析的心理療法の利用可能性　46

4) 面接のコツがわからない
   見立てにおける介入のポイント　50
   口をはさむタイミング　104
   口をはさむときの配慮　100
   転移について　120
   転移の発展を妨げない　120
   内容に耳を傾ける　81
   話し方に耳を傾ける　82
   形式や形態に耳を傾ける　83

	思考水準に耳を傾ける　84	
	無意識のコンテクストに耳を傾ける　85	
	自分のなかの声に耳を傾ける　87	
	第三の声に耳を傾ける　88	
	解釈の組み立て方　132	

5）伝え方や説明に困っている　　精神分析的治療を始めるための説明　56
　　　　　　　　　　　　　　　　見立ての伝え方　54
　　　　　　　　　　　　　　　　分析的治療が向かない場合の断り方　55
　　　　　　　　　　　　　　　　精神科治療への誘導　55
　　　　　　　　　　　　　　　　解釈の組み立て方　132
　　　　　　　　　　　　　　　　口をはさむタイミング　104
　　　　　　　　　　　　　　　　口をはさむときの配慮　100

6）面接中の対応に困っている　　行き詰まった場合　199
　　　　　　　　　　　　　　　　セッションのキャンセル　71
　　　　　　　　　　　　　　　　悪性の退行　167
　　　　　　　　　　　　　　　　危険な行動化　184
　　　　　　　　　　　　　　　　治療者に触れる　190
　　　　　　　　　　　　　　　　クライエントが専門用語を使う　202
　　　　　　　　　　　　　　　　理論で対抗してくる　203
　　　　　　　　　　　　　　　　声が小さくて聞こえない　203
　　　　　　　　　　　　　　　　沈黙　93
　　　　　　　　　　　　　　　　人が突然に侵入してくるときの対応　13
　　　　　　　　　　　　　　　　対話で対処できないアクティング・イン　192
　　　　　　　　　　　　　　　　贈り物　189
　　　　　　　　　　　　　　　　物品の持参　187
　　　　　　　　　　　　　　　　面接室に家族や友人を連れてくる，家族や友人
　　　　　　　　　　　　　　　　の治療を求める　180
　　　　　　　　　　　　　　　　終結後にかんする言及　215

7）面接と面接の間に　　　　　　セッションのキャンセル　71, 178
　　起こることに困っている　　　遅刻　178
　　　　　　　　　　　　　　　　早く来すぎる　178
　　　　　　　　　　　　　　　　電話で死，家出，大量服薬などが語られる　177
　　　　　　　　　　　　　　　　電話やファックス，手紙等が送られる　176
　　　　　　　　　　　　　　　　面接室に家族や友人を連れてくる，家族や友人

	の治療を求める　180	
	贈り物　189	
	物品の持参　187	
	ほかの治療者へ行く　179	
	危険な行動化　184	

8) 自分自身について困っている
- 逆転移への対処法　115
- 治療者の行動化　193

9) 治療者としての自分に迷っている
- 見立てに自信がないとき　23
- 治療者としての分別　67
- 治療者の身の置き方　60, 65
- 治療者の倫理　70
- 専門用語を使わない　103
- 年賀状や暑中見舞いを送るか　182
- 終結後の関係　216

10) 危険な状況に困っている
- 面接中のクライエントに重篤な危機が認められるとき　194
- 危険な行動化　184
- 悪性の退行　167
- 電話で死，家出，大量服薬などが語られる　177

11) 面接中断の危機に戸惑っている
- 中断　195
- 行き詰まった場合　199
- 早すぎる終結　195
- 危険な行動化　184
- 悪性の退行　167
- ほかの治療者へ行く　179

索　引

あ行

アイザックス Isaacs, S.　40
アクティング・アウト　171
　　―への対応　173
アクティング・イン　15, 167, 187
アスペルガー症候群　27
α機能　137, 138
陰性治療反応　200
陰性転移　157
ウィニコット
　　Clare Winnicott　213
受身性　65, 121
ウルフマン　129, 213
エナクトメント→実演
Oになること　90

か行

開始期　153
解釈　95, 124
　　いまここでの―　127
　　―の伝えかた　137
　　―へのクライエントの3つの反応　148
　　かつてあそこでの―　127
　　器官―　129
　　機能―　129
　　再構成の―　129
　　象徴―　126
　　垂直―　128
　　水平―　128
　　内容―　127

変容惹起―　130
防衛―　127
充ち足りた―　144
充ち足りた転移―　131
解離　85, 140
神田橋條治　26, 67, 70, 200
カンバーグ Kernberg, O.　37
記憶なく，欲望なく，理解なく　68, 90
器質性精神障害　30
北山修　208
逆転移　76, 88, 113, 135, 193, 198
90度対面法　63
キュビー Kubie, L.　68
強迫　34, 35, 129, 133, 213
　　―神経症　25
恐怖症（不安ヒステリー）　25, 35
禁欲　121
　　―規則　68
空気　27
　　―感　69, 89
クライン Klein, M.　34, 201, 208, 209, 212
グリーンソン Greenson, R.　144
グリッド　43, 44
グリンバーグ Grinberg, L.　115
K-リンク　44, 45
ケースメント Casement, P.　131, 133, 201, 218
劇化（ドラマタイゼーション）　117, 168
口唇パーソナリティ　34
肛門パーソナリティ　34
こころの一次過程と二次過程　45
個人分析　156, 162, 204

さ行

最終回のセッション　216
サンドラー Sandler, J.　115
ジェームス James, M.　89
自己愛　59, 159, 175, 218
　　―構造体　38, 140, 159, 201
思考機能水準　41
静けさ　13
実演（エナクトメント）　111, 115, 117, 187
醜形恐怖　169
終結期　163
初回セッション　60
神経症　30
心的構造論　33
スィーガル Segal, H.　212
スキゾイド　35
ストレイチー Strachey, J.　130
スピリウス Spillius, E.B.　38
スプリッティング　38
性格防衛　38
精神病　30, 105, 168, 194
　　―質　30
躁　17, 81, 172
　　―的防衛　159
躁うつ病　30

た行

退行　84, 111
対象関係論　34
代理自我機能　117
男根パーソナリティ　34

中立　66, 121
直面化　51, 97
治療
　―契約　71
　―構造　11
　―セッティング　11
　―頻度　58, 73
沈黙　93
D　94, 210
転移　76, 111, 120, 154
展開期
　―後期　160
　―初期　155
　―中盤　157
土居健郎　30, 51, 80, 116
トイレット・ブレスト　142
投影　38, 39
　――逆－同一化　115
　―同一化　38, 39, 85
統合失調症　11, 30, 81, 169, 207
ドラマタイゼーション→劇化
とり入れ　38
ドロップアウト恐怖症　195

な行

内的（対象）世界　38
成田善弘　19, 69, 94
におい　27

は行

パーソナリティ
　―の構成要素　36
　―類型　33
　口唇―　33
　肛門―　33
　男根―　33
ハーン Hahn, A.　215

排出　38, 115, 137
排泄　38, 168, 172
ハイマン Heimann, P.　17
how　49, 98
馬場禮子　70, 82, 112
パラノイア　30, 34
パラノイド　35
PS　94, 210
ビオン Bion, W.R.　18, 43, 68, 90, 94, 102, 109, 137, 153, 212
ひきこもり　194
ヒステリー　14, 25, 34, 35
病理構造体　38, 159, 200
不安の性質　36
フェアバーン Fairbairn, R.　35
フロイト Freud, S.　17, 129, 201, 208, 212
フロイト，アンナ Freud, A.　37
分析の隠れ身　68
防衛メカニズム　37
why　98

ま・や・ら行

前田重治　80, 90, 107, 203
交わり　119, 218
マテ－ブランコ Matte-Blanco, I.　110
丸田俊彦　66, 163, 187
無意識
　―の空想　40, 117, 134, 172
　―のコンテクスト　85
無注意の注意　80
明確化　51, 96
メニンガー Menninger, K.　216
メルツァー Meltzer, D.　142, 212, 217

妄想－分裂（PS）
　―心性　161
　―態勢　141
　―的構え　34
モネー－カイル Money-Kyrle, R.　113
喪の哀悼の仕事　159, 208
もの想い　137, 158
森田神経質　33
役割対応　115
夢　84, 160
陽性転移　155
抑うつ（D）　59, 174
　―心性　161
　―態勢　141
　―態勢のワークスルー　157, 208
　―的な構え　34
ライヒ Reich, W.　38
リビエール Riviere, J.　201
リビドー発達論　33
両眼視　170
ロゼンフェルド Rosenfeld, H.　11, 102, 201

わ行

ワークスルー　151
わからない　80
わからなさ　51
わかられること　30

what　49, 98

本書は,雑誌『臨床心理学』第3巻第1号から第4巻第6号（2003年1月～2004年11月,小社刊）に好評連載した同タイトルの論考を元に,大幅に加筆・修正されたものです。

著者略歴

松木　邦裕（まつき　くにひろ）

　1950年佐賀市生まれ。熊本大学医学部卒業後，九州大学医学部心療内科，福岡大学医学部精神科勤務．1985年から1987年に英国ロンドンのタビストック・クリニックへ留学．1999年〜2009年精神分析個人開業．2009年〜2016年京都大学大学院教育学研究科教授．現在は精神分析個人開業．日本精神分析協会正会員．京都大学名誉教授．

　著訳書に，『対象関係論を学ぶ』（岩崎学術出版社），『摂食障害の治療技法』（金剛出版），『分析空間での出会い』（人文書院），『精神病というこころ』『摂食障害というこころ』（新曜社），『精神科臨床の日常的冒険』（金剛出版），『分析臨床での発見』（岩崎学術出版社），『精神分析体験：ビオンの宇宙』（岩崎学術出版社），『精神分析臨床家の流儀』（金剛出版），『不在論』（創元社），『耳の傾け方』（岩崎学術出版社），『こころに出会う』（創元社），『メラニー・クライン トゥデイ①②③』（スピリウス編，監訳，岩崎学術出版社），『新装版ビオンの臨床セミナー』（W.R. ビオン著，共訳，金剛出版），『信念と想像：精神分析のこころの探求』（R. ブリトン著，監訳，金剛出版），『対象関係論の基礎』（編・監訳，新曜社），『患者から学ぶ』『あやまちから学ぶ』『人生から学ぶ』（P. ケースメント著，監訳，岩崎学術出版社），『新装版 再考：精神病の精神分析論』（W.R. ビオン著，監訳，金剛出版），『クライン派の発展』（D. メルツァー著，監訳，金剛出版），『精神分析過程』（D. メルツァー著，監訳，金剛出版）などがある．

［改訂増補］私説 対象関係論的心理療法入門
精神分析的アプローチのすすめ

2016年11月15日　発行
2022年12月20日　2刷

著　者　松木　邦裕
発行者　立石　正信
発行所　株式会社金剛出版

カバー写真撮影　石黒雄太
印刷・製本　太平印刷社

〒112-0005　東京都文京区水道 1-5-16
電話 03-3815-6661　振替 00120-6-34848

ISBN978-4-7724-1524-8　C3011　　　　Printed in Japan©2016

はじめてのメラニー・クライン グラフィックガイド

［著］＝ロバート・ヒンシェルウッド　スーザン・ロビンソン
［絵］＝オスカー・サーラティ
［監訳］＝松木邦裕　［訳］＝北岡征毅

A5判　並製　192頁　定価2,640円

メラニー・クラインの人生を追いながら，彼女の精神分析技法や主要概念，症例などを豊富なイラストとともに解説する。

パーソナル 精神分析事典

［著］＝松木邦裕

A5判　上製　364頁　定価4,180円

「対象関係理論」を中核に選択された精神分析概念・用語について，深く広く知識を得ることができる「読む事典」！

精神分析臨床での失敗から学ぶ
その実践プロセスと中断ケースの検討

［編］＝松木邦裕　日下紀子　根本眞弓

A5判　並製　272頁　定価3,960円

本書はさまざまな面接の失敗について，経験豊かな臨床家が，原因とプロセス，その解明を真摯に考察した貴重な論考である。

価格は10％税込です。

ビオン・イン・ブエノスアイレス 1968

［著］＝ウィルフレッド・R・ビオン
［編］＝ジョゼフ・アグアヨ　リア・ピスティナー デ コルティナス
アグネス・レジェツキー
［監訳］＝松木邦裕　　［訳］＝清野百合

A5判　上製　264頁　定価4,950円

貴重なビオン自身による症例報告やスーパービジョンを含む，
ビオンの臨床姿勢を存分に味わうことができるセミナーの記録。

リーディング・クライン

［著］＝マーガレット・ラスティン　マイケル・ラスティン
［監訳］＝松木邦裕　武藤　誠　北村婦美

A5判　並製　336頁　定価4,840円

本書では，
クライン精神分析の歴史から今日的発展までを
豊饒な業績だけでなく
社会の動向や他学問領域との関連も併せて紹介していく。

トラウマの
精神分析的アプローチ

［編］＝松木邦裕

A5判　並製　288頁　定価3,960円

第一線で臨床を実践し続ける精神分析家たちによる
豊富な臨床例を含む，
トラウマ患者の苦悩・苦痛に触れる手引きとなる一冊。

価格は10％税込です。

新訂増補
パーソナリティ障害の精神分析的アプローチ
病理の理解と分析的対応の実際

［編］＝松木邦裕　福井　敏

A5判　並製　296頁　定価4,180円

多様化する今日のパーソナリティ障害治療を，精神分析的心理療法で紐解く，松木邦裕編の名著が大幅に増補された新版となって刊行。

投影同一化と心理療法の技法

［著］＝トーマス・H・オグデン
［訳］＝上田勝久

A5判　上製　220頁　定価3,960円

米国で最も注目される精神分析家，T・オグデンの高度な精神分析の世界が展開される著作待望の邦訳。

精神分析マインドの創造
分析をどう伝えるか

［著］＝フレッド・ブッシュ
［監訳］＝妙木浩之
［訳］＝鳥越淳一

A5判　並製　288頁　定価4,620円

精神分析を知性化・形骸化させることなく，患者にとって意味のある体験とするために，どのように実践するかについて書かれた一冊。

価格は10％税込です。